Die deliktische Haftung
der Internet-Service-Provider

Europäische Hochschulschriften

Publications Universitaires Européennes

European University Studies

Reihe II

Rechtswissenschaft

Série II Series II

Droit

Law

Bd./Vol. 3065

PETER LANG

Frankfurt am Main · Berlin · Bern · Bruxelles · New York · Oxford · Wien

Andrea Schmoll

Die deliktische Haftung der Internet-Service-Provider

Eine rechtsvergleichende Untersuchung zu Deutschland, Frankreich, England und den USA

PETER LANG
Europäischer Verlag der Wissenschaften

Die Deutsche Bibliothek - CIP-Einheitsaufnahme

Schmoll, Andrea:

Die deliktische Haftung der Internet-Service-Provider : eine rechtsvergleichende Untersuchung zu Deutschland, Frankreich, England und den USA / Andrea Schmoll. - Frankfurt am Main ; Berlin ; Bern ; Bruxelles ; New York ; Oxford ; Wien : Lang, 2001
(Europäische Hochschulschriften : Reihe 2, Rechtswissenschaft ; Bd. 3065)
Zugl.: Jena, Univ., Diss., 2000
ISBN 3-631-37439-9

27
ISSN 0531-7312
ISBN 3-631-37439-9

Meiner Familie

Vorwort

An dieser Stelle möchte ich meinen Dank all jenen aussprechen, die zum Gelingen dieser Arbeit, die im Sommersemester 2000 von der juristischen Fakultät der Friedrich-Schiller-Universität zu Jena als Dissertation angenommen wurde, beigetragen haben.

Besonderer Dank gilt dabei zunächst meinem Doktorvater Professor Dr. Andreas Spickhoff, der mich zur Bearbeitung einer zivilrechtlichen Problematik aus dem Bereich des Internets angeregt und meine Arbeit betreut hat, sowie Frau Professor Dr. Monika Schlachter, die freundlicherweise das Koreferat übernommen hat.

Bedanken möchte ich vor allem bei meinen Eltern, die durch die jahrelange Unterstützung meiner Ausbildung und das unerschütterliche Vertrauen in meine Fähigkeiten sicherlich den wertvollsten Beitrag zum Gelingen dieser Arbeit geleistet haben. Zu Dank verpflichtet bin ich auch meiner Großmutter, die mir bei der Dissertation nicht nur in finanzieller Hinsicht eine große Hilfe war, sondern mich auch stets motiviert hat. Danken möchte ich weiterhin all jenen, die mich bei meinen Auslandsrecherchen unterstützt haben. Zu nennen ist hier der Deutsche Akademische Austauschdienst, der mir durch ein Doktorandenstipendium den Aufenthalt in den USA ermöglicht hat. Mein herzlicher Dank gilt auch Professor George Trubow, dem Direktor des Instituts für Information Technology Law der John Marshall Law School in Chicago, und der Leiterin des juristischen Seminars der John Marshall Law School, Mrs. Dorothy Li. Für die Hilfe während meiner Recherche in Frankreich danke ich dem Rechtsanwalt Manoir de Jayne. Dank schulde ich schließlich den Mitarbeitern von Köln-Online, die mir für technische Fragen zur Verfügung standen.

Von allen Freunden und Verwandten, die mir in den letzten beiden Jahren den Rücken gestärkt haben und denen ich an dieser Stelle herzlich danke, ist neben meinen Schwestern und Gregor insbesondere Nina Meyer hervorzuheben, die nicht müde wurde, meine Arbeit Korrektur zu lesen.

Inhaltsverzeichnis

Einführung

1. Teil: Die deliktische Haftung der Internet-Service-Provider in Deutschland

2. Teil: Die Rechtslage in Frankreich und England

3. Teil: Die E-Commerce-Richtlinie

4. Teil: Die deliktische Haftung der Internet-Service-Provider in den USA

Abkürzungsverzeichnis

A.	Atlantic Reporter
A. 2d	Atlantic Reporter, Second Series
AD 2d	Atlantic Digest, Second Series
A. C.	Appeal Cases
Abl.	Amtsblatt
AfP	Archiv für Presserecht
AFTEL	Association Française de la Télématique Multimedia
Alb. L. Rev.	Albany Law Review
All ER	All England Law Reports
Am. J. Comp. J.	American Journal of Comparative Law
App. Div.	Supreme Court, Appellate Division
Ark. L. Rev.	Arkansas Law Review
BGH	Bundesgerichtshof
BGHZ	Entscheidungen des Bundesgerichtshofs in Zivilsachen
CA	Cour d' Appel Court of Appeals
Cal. App.	Court of Appeal of California
Cal. L. Rev.	California Law Review
Cal. Reptr.	West's California Reporter
Case W. Res. L. Rev.	Case Western Reserve Law Review
Cass.	Cour de cassation
Cass. ch. réunis	Cour de cassation, chambres réunies

CR	Computer und Recht
D.	Receuil Dalloz
DA	Defamation Act 1996
D. C.	District Court
D. Conn.	United States District Court for the District of Connecticut
D. C. S. T.	United States District Court for the Southern District of Texas
D. D. C.	United States District Court for the District of Columbia
D. inf. rap.	Dalloz, information rapides
DMCA	Digital Millenium Cpoyright Act 1998
D. Md.	United States District Court for the District of Maryland
D. Wyo.	United States District Court of Wyoming
E. D. N. Y.	United States District Court for the Eastern District of New York
E. D. Va.	United States District Court for the Eastern District of Virginia
E. D. Cal.	United States District Court for the Eastern District of California
E. D. Mich.	United States District Court for the Eastern District of Michigan
EuZW	Zeitschrift für europäisches Wirtschaftsrecht
FAZ	Frankfurter Allgemeine Zeitung
F.	Federal Reporter
F. 2d	Federal Reporter, Second Series
F. 3rd	Federal Reporter, Third Series

F. Supp	Federal Supplement
Fla. Dist. Ct. App.	Florida District Court of Appeal
Fla. L. Rev.	Florida Law Review
Fordham L. Rev.	Fordham Law Review
F. R. D.	Federal Rule Decisions
FS	Festschrift
FSR	Fleet Street Law Reports
Gaz. Pal.	Gazette du Palais
Geo. Wash. L. Rev.	George Washington Law Review
GRUR Int.	Gewerblicher Rechtsschutz und Urherberecht, Auslands- und internationaler Teil
Harv. L. Rev.	Harvard Law Review
Hastings Int'l & Comp. L. Rev.	Hastings International and Comparative Law Review
JCP	La Semaine Juridique
JO	Journal Officiel
JuS	Juristische Schulung
K. B.	King's Bench Division des High Court
LPG	Landespressegesetze
L. R.	Law Reports
Med. L. Reptr.	Media Law Reporter
Minn. L. Rev.	Minnesota Law Review
MMR	Multimedia Recht
N. E.	North Eastern Reporter
NJW	Neue Juristische Wochenschrift

NY 2d	New York Reporter, Second Series
N. Y. L. J.	New York Law Journal
N. Y. L. Sch. L. Rev.	New York Law School Law Review
N. Y. U. L. Rev.	New York University Law Review
N. Y. Sup. Ct.	New York Supreme Court
P. 2d.	Pacific Reporter, Second Series
Pa. Super.	Superior Court of Pennsylvania
RStV	Rundfunkstaatsvertrag in der Fassung vom 31. 8. 1991
RTDciv	Revue trimestrielle du droit civil
S. Ct.	Supreme Court
S. C.	Court of Sessions
SE	South Eastern Reporter
S. D. N. Y.	United States District Court for the Southern District of New York
St. Thomas L. Rev.	St. Thomas Law Review
SW	South Western Reporter
Tex. L. Rev.	Texas Law Review
T. L. R.	Times Law Reports
TDG	Teledienstegesetz
TGI	Tribunal de grande Instance
Trial L. Q.	Trial Law Quarterly
U. Colo. L. Rev.	University of Colorado Law Review
UFITA	Archiv für Urheber-, Film-, Funk- und Theaterrecht
U. S.	United States Supreme Court

Va. L. Rev.	Virginia Law Review
Vand. L. Rev.	Vanderbilt Law Review
Wash. L. Rev.	Washington Law Review
Wayne L. Rev.	Wayne Law Review
WM	Wertpapier-Mitteilungen
Q. B.	Queen's Bench Division des High Court
ZUM	Zeitschrift für Urheber- und Medienrecht

Einführung

I. Bedeutung und Risiken des Kommunikationsmediums Internet

Als Netzwerk, das ursprünglich vom US-Verteidigungsministerium zu militärischen Zwecken aufgebaut wurde und als sogenanntes DARPA[1]-Netz Computer von militärischen Dienststellen, Universitäten und Computerherstellern miteinander verband[2], war das Internet vor wenigen Jahren noch einem kleinen Kreis von Akteuren vorbehalten. Heute verbindet das Internet weltweit mehr als 150 Millionen Menschen[3] und dient zur Verschaffung und Verbreitung von Informationen[4], zum grenzüberschreitenden elektronischen Handel, zur Versendung von elektronischer Post (E-mail) sowie zur Teilnahme an weltweiten Newsgroups[5]. Die Bedeutung des Internets nimmt im Zuge der fortschreitenden Technologisierung der Haushalte stetig zu. Nach bisherigen Schätzungen werden bereits Ende 2002 weltweit ca. 490 Millionen Nutzer Zugang zum Internet haben[6].

Mit der wachsenden Bedeutung und Verbreitung des Internets steigt auch die Anzahl der im Online-Bereich stattfindenden Rechtsverletzungen. Wie traditionelle Massenmedien stellt das Internet insbesondere ein Forum für die Verbreitung rufschädigender und persönlichkeitsrechtsverletzender Inhalte dar. Das breite Angebotsspektrum im Internet bietet zudem eine Vielzahl von Informationen, die darauf ausgerichtet sind, die Nutzer zu bestimmten Verhaltensweisen anzuleiten, ihnen Ratschläge und Empfehlungen zu geben. Wie bei Informationen in Printmedien besteht bei Informationen aus dem Internet die Gefahr, daß diese im Fall ihrer Fehlerhaftigkeit zu Rechtsgutsverletzungen bei den Nutzern führen. Das mit der Massenkommunikation regelmäßig verbundene Risiko einer Gefährdung der Rechte Dritter hat mit der Entwicklung des Internets zu einem allgemeinen zugänglichen Kommunikations- und Informa-

---

[1] Defence Advanced Research Project Agency

[2] *Kreuzberger*, Internet – Geschichte und Begriff eines neuen Mediums, S. 10; *Johnson-Laird*, Journal of Internet Law, Juli 1997, 16.

[3] Vgl. *Global Internet Statistics*, abrufbar unter http://www.glreach.com/globstats.evol.htm (Stand: 15. 01. 2000).

[4] Der Informationsaustausch im Internet erfolgt überwiegend über das am Centre Européen de Recherches Nucleaires (CERN) entwickelte World Wide Web (WWW), das dem Nutzer als großes Informationsnetzwerk unzählige Texte, Grafiken, Animationen und Software zur Verfügung stellt. Hinter dem WWW verbirgt sich ein über das globale Telefonnetz verbundener Rechnerverbund. Jeder Nutzer mit Internetzugang kann von seinem PC aus beliebig auf Rechner zugreifen, die über das Telefonnetz weltweit miteinander verbunden sind und sich so Informationen unterschiedlichster Art organisieren. Vgl. zu der technischen Struktur und Funktionsweise des WWW *Johnson-Laird*, Journal of Internet Law, Juli 1997, 16/20.

[5] Newsgroups sind Diskussionsforen zu verschiedenen Themen. Der Service-Provider, der eine Newsgroup anbietet und als Administrator eines News-Servers fungiert, kann frei darüber entscheiden, welche Newsgroups er abonniert und seinen Kunden zur Verfügung stellt. Die einzelnen Beiträge der Diskussionsteilnehmer werden auf einem News-Server gespeichert und sind von den anderen Teilnehmern abrufbar.

[6] Vgl. *Global Internet Statistics*, abrufbar unter http://www.glreach.com/globstats.evol.htm (Stand: 15. 01. 2000).

tionsmedium allerdings eine neue Dimension erfahren. Denn anders als bei traditionellen Massenmedien (z. B. Presse oder Rundfunk) liegt die Informationsverbreitung nicht allein in der Hand professioneller Informationsanbieter. Wegen der öffentlichen Zugänglichkeit des Internets und des Fehlens interner Kontrollinstanzen, die das Material vor seiner Verbreitung auf seine rechtliche Unbedenklichkeit hin überprüfen, kann jeder Nutzer des Internets gleichzeitig als Informationsanbieter auftreten und beliebige Inhalte verbreiten. Die globale Ausrichtung des Internets führt zudem dazu, daß die in das Internet eingespeisten Inhalte von jedem Ort der Welt aus abrufbar sind. Aufgrund dieser potentiell weltweiten Verbreitung haben im Internet bereitgehaltene ruf- und persönlichkeitsrechtsverletzende Inhalte für die Betroffenen eine besonders nachhaltige Wirkung.

II. Problembereiche bei der Deliktshaftung im Internet

Anders als teilweise befürchtet, eröffnet das Internet keinen „rechtsfreien Raum". Unerlaubte Handlungen, die „online" stattfinden, werden unter Zugrundelegung des jeweils anwendbaren Deliktsrechts ebenso verfolgt, als wären sie „offline" erfolgt. Aufgrund der besonderen Funktionsweise des Internets wirft die Anwendung deliktsrechtlicher Grundsätze auf unerlaubte Handlungen im Online-Bereich allerdings verschiedene Probleme auf. Diese Probleme sollen im Rahmen dieser Arbeit aufgezeigt und erörtert werden.

Im Vordergrund steht dabei zunächst die Frage nach der deliktischen Haftung der Content-Provider. Als Content-Provider werden im Bereich des Internets diejenigen natürlichen und juristischen Personen bezeichnet, die sich, etwa durch die Bereithaltung privater Homepages, Informationssammlungen und elektronischer Presseerzeugnisse oder die Teilnahme an elektronischen Newsgroups, aktiv an dem Informationsaustausch im Internet beteiligen. Da wegen der freien Zugänglichkeit des Internets jeder Nutzer als Content-Provider auftreten und Tätigkeiten ausüben kann, die bislang den Akteuren der traditionellen Massenmedien vorbehalten waren, stellt sich die Frage, ob für die Deliktshaftung der im Internet agierenden Personen grundsätzlich die Maßstäbe heranzuziehen sind, die für den Bereich der traditionellen Massenmedien gelten. Von großer Tragweite für das mit der Betätigung im Internet verbundene Haftungsrisiko ist zudem die Frage, ob auf im Internet abrufbar gemachte fehlerhafte Informationen neben den allgemeinen deliktsrechtlichen Grundsätzen auch die verschuldensunabhängige Produkthaftung anzuwenden ist.

Als Haftungsschuldner kommen außer den Content-Providern weiterhin diejenigen Personen in Betracht, die den Informationsaustausch im Internet durch die Bereithaltung der technischen Infrastruktur ermöglichen. Neben den Access-Providern, die den Nutzern den Zugang zum Internet vermitteln, sind dies die Host-Provider, die Inhalte der Content-Provider zur Verbreitung im Internet auf ihrem Server[7] gespeichert halten. Im Vergleich zu Content-Providern, die oftmals aus dem Ausland heraus agieren oder aufgrund von technisch relativ einfach durchzuführenden Anonymisierungen nicht zu identifizieren sind[8], sind diese Anbieter nicht nur besser ausfindig zu machen, sie verfügen in der Regel zudem auch über mehr Haftungsmasse[9]. Die Problematik einer deliktischen Haftung der Host- und Access-Provider liegt darin, daß diese aufgrund ihrer Tätigkeiten einerseits zwar an der Verbreitung rechtswidriger Inhalte beteiligt sind und über Möglichkeiten verfügen, diese Verbreitung zu beenden, wegen der Vielzahl der auf dem Server gespeicherten bzw. zugänglich gemachten Inhalte andererseits nur begrenzt in der Lage sind, rechtswidrige Inhalte zu identifizieren. Werden sie trotzdem zu umfassenden Kontrollmaßnahmen verpflichtet, steht zu befürchten, daß ihre für den Informationsaustausch im Internet unerläßlichen Tätigkeiten behindert werden. Die Frage einer Haftung dieser Anbieter für rechtswidrige Inhalte Dritter ist aufgrund dieser Situation geprägt von einer Kollision widerstreitender Interessen: dem Interesse an einer effektiven Verhinderung der Verbreitung rechtswidriger Inhalte und dem Interesse, den Informationsaustausch im Internet nicht dadurch zu hemmen, daß den Host- und Access-Provider zu hohe Haftungsrisiken auferlegt werden.

III. Der Vergleich der Rechtslage in Deutschland mit der Rechtslage in Frankreich, England und den USA

Die Problematik einer deliktischen Haftung der verschiedenen Internet-Service-Provider wird in dieser Arbeit zunächst für das deutsche Recht erörtert. Anschließend werden die im französischen, englischen und US-amerikanischen Recht auf deliktsrechtliche Sachverhalte im Internet angewandten Lösungen aufgezeigt und mit den für das deutsche Recht gefundenen Lösungen verglichen. Die praktische Relevanz dieser Gegenüberstellung ergibt sich daraus, daß das Internet aufgrund seiner globalen Ausrichtung keine nationalen Grenzen kennt, ein in das Internet gespeister Inhalt vielmehr von jedem Ort der Welt aus abgerufen werden kann. Unerlaubte Handlungen im Online-Bereich sind aus diesem Grund stets grenzüberschreitend. Da für das anwendbare Recht bei deliktsrechtlichen Sachverhalten mit Auslandsbezug im internationalen Deliktsrecht grundsätzlich an den Tatort angeknüpft wird[10], als Tatort nicht nur der Hand-

[7] Unter einem Internet-Server ist ein Rechner zu verstehen, der über eine Standleitung unmittelbar mit dem Netzwerk Internet verbunden ist. Um im Internet abrufbar zu sein, muß eine Information auf einem dieser Server abgespeichert werden. Aus Kostengründen verfügen jedoch nur wenige Content-Provider über eigene Internet-Server. In der Regel werden Host-Provider eingeschaltet, die auf ihrem Server Speicherkapazität zur Verfügung stellen und auf diese Weise die Informationsverbreitung ermöglichen.

[8] Vgl. hierzu *Federrath*, ZUM 1999, 177/178; *Sieber*, ZUM 1999, 196.

[9] *Markiewicz*, 7 CommLaw Conspectus 423 (1999).

[10] BGH NJW 1996, 1128; BGH NJW 1992, 3091; BGH NJW 1981, 1606. Vgl. nunmehr auch Art. 40 Abs. 1 EGBGB.

lungsort, d. h. der Ort der Einspeisung eines rechtswidrigen Inhalts[11], sondern auch der Erfolgsort, d. h. der Ort, an dem der rechtswidrige Inhalt abgerufen wird[12], gilt, muß jeder Content-Provider theoretisch damit rechnen, für unerlaubte Handlungen im Internet nach einer Vielzahl unterschiedlicher Rechtsordnungen zu haften[13]. Vor diesem Hintergrund dient die Untersuchung der Rechtslage in Frankreich, England und den USA der Feststellung der für Content-Provider in diesen Rechtsordnungen bestehenden Haftungsrisiken. Zudem soll untersucht werden, ob Lösungsansätze, Erfahrungen und Erkenntnisse im Bereich der Deliktshaftung der Content-Provider für deren rechtliche Behandlung in Deutschland fruchtbar gemacht werden können.

Anhand der Gegenüberstellung ist zudem zu analysieren, welche Lösung die durch einen Interessenkonflikt gekennzeichnete Problematik einer Deliktshaftung der Host- und Access-Provider in diesen Rechtsordnungen erfährt. Im Mittelpunkt steht dabei die Frage, welcher dieser Lösungsansätze die für das Internet günstigsten Resultate erzielt. Die rechtsvergleichende Untersuchung soll in diesem Zusammenhang auch der Vorbereitung einer langfristig zu erreichenden, weltweiten Harmonisierung im Bereich der Deliktshaftung dieser Anbieter dienen. Denn das Bestehen eines unterschiedlichen Haftungsniveaus wirkt sich hinsichtlich der Host- und Access-Provider, die den Meinungs- und Informationsaustausch im Internet durch die Bereithaltung der technischen Netzinfrastruktur ermöglichen, besonders ungünstig aus. Wird für das auf ihre Haftung anwendbare Recht auf den Erfolgsort, d. h. den Ort, in dem die Rechtsgutsverletzung über die Mitwirkung der Host- und Access-Provider eintritt, abgestellt, müssen sich die Anbieter zur Minimierung ihrer Haftungsrisiken grundsätzlich an dem weltweit strengsten Recht orientieren. Innerstaatliche Haftungserleichterungen laufen damit ins Leere. Eine Anknüpfung an den Handlungsort, d. h. in diesem Fall eine Anknüpfung an den Ort, in dem die Host- bzw. Access-Provider ihre technischen Vorrichtungen installiert haben und ihre jeweiligen Tätigkeiten ausüben, hat zur Folge, daß die Server vorzugsweise in den Staaten aufgestellt werden, in dem die geringsten Haftungsrisiken bestehen[14]. Ein solches „race to the bottom" führt nicht nur zu einem verminderten Schutz der Geschädigten, sondern auch zu Wettbewerbsverzerrungen. Denn die Entscheidung, in welchem Staat Investitionen vorgenommen werden, hängt entscheidend von den jeweiligen rechtlichen Rahmenbedingungen ab[15].

---

[11] *Mankowski*, 63 RabelsZ 205/257 (1999).
[12] *Mankowski*, 63 RabelsZ 205/269 (1999).
[13] Eine ausführliche Untersuchung dieser Problematik würde den Rahmen dieser Arbeit sprengen. Bei der folgenden rechtsvergleichenden Analyse wird aus diesem Grund von einer Bearbeitung kollisionsrechtlicher Fragen abgesehen. Instruktiv zum Problembereich des internationalen Deliktsrechts und seiner Anwendung im Internet sind z. B. die Beiträge von *Mankowski*, 63 RabelZ 205/257 ff. (1999) und *Spindler*, ZUM 1996, 533 ff.
[14] Aufgrund der immer günstiger werdenden Leitungskosten ist eine Verlagerung der jeweiligen Aktivitäten in das Ausland bzw. eine „Haftungsoase" für die Anbieter nicht problematisch. Vgl. Sieber, ZUM 1999, 196.
[15] Sieber, ZUM 1999, 196.

Mit der Richtlinie über bestimmte rechtliche Aspekte des elektronischen Geschäftsverkehrs im Binnenmarkt (E-Commerce-Richtlinie)[16] wurde auf EU-Ebene bereits ein Schritt in Richtung einer Angleichung der für Host- und Access-Providern geltenden Haftungsregelungen gemacht. Die Gegenüberstellung der Rechtslage in Deutschland und der Rechtslage in Frankreich und England dient in diesem Zusammenhang zum einen der Feststellung, inwieweit bereits heute – vor der Umsetzung der Richtlinie – Parallelen hinsichtlich der deliktischen Haftung dieser Anbieter gegeben sind. Neben den Auswirkungen einer solchen Richtlinie auf die deliktische Providerhaftung ist zum anderen zu analysieren, welche Schritte in Deutschland, Frankreich und England zu ergreifen sind, um der mit Inkrafttreten der Richtlinie begründeten Umsetzungsverpflichtung nachzukommen. Die Untersuchung der rechtlichen Behandlung der Host- und Access-Provider nach US-amerikanischem Recht steht vor dem Hintergrund, daß sich die USA als Ursprungsland des Internets bereits seit längerem mit der Problematik der Providerhaftung auseinandersetzen. Typische, mit der Anwendung deliktsrechtlicher Grundsätze auf Rechtsbeziehungen im Internet verbundene Fragen haben durch eine Vielzahl an Gerichtsentscheidungen in den USA bereits eine praktische Behandlung erfahren. Die langjährige Praxis der USA auf dem Gebiet des Internetrechts gibt Anlaß zur Vermutung, daß sich die in den USA gefundenen Lösungswege auch als richtungsweisend für eine über die Grenzen der Europäischen Union hinausgehende Harmonisierung darstellen werden.

IV. Gang der Darstellung

Ausgangspunkt dieser Arbeit ist im ersten Teil die Analyse der deliktischen Haftung der Internet-Service-Provider nach deutschem Recht. Nach der Auseinandersetzung mit den „Multimediagesetzen", dem Teledienstegesetz und dem Mediendienstestaatsvertrag wird im Rahmen dieser Analyse zunächst die Haftung der Content-Provider für ehr- und persönlichkeitsrechtsverletzende Inhalte sowie die Haftung für Schäden untersucht, die aus der Fehlerhaftigkeit im Internet angebotener Informationen resultieren. Unter Berücksichtigung der mit dem TDG und MDStV gegebenen Modifikationen der deliktsrechtlichen Grundsätze wird im Anschluß daran die Problematik einer deliktischen Haftung der Host- und Access-Provider erörtert. Der Untersuchung der Rechtslage in Deutschland folgt im zweiten Teil eine Analyse der deliktischen Haftung der Internet-Service-Provider im französischen und englischen Recht. Der rechtsvergleichenden Untersuchung wird im dritten Teil die Behandlung der E-Commerce-Richtlinie und eine Darstellung ihrer Auswirkungen auf die Providerhaftung in Deutschland, Frankreich und England angeschlossen. In ihrem vierten Teil widmet sich die Arbeit der Rechtslage in den USA. Der Darstellung der Rechtslage folgt eine Gegenüberstellung mit den für das deutsche Recht gefundenen Ergebnissen.

[16] Abl. EG Nr. L 187 vom 17. Juli 2000.

1. Teil: Die deliktische Haftung der Internet-Service-Provider in Deutschland

I. Einleitung

Seit dem Inkrafttreten der „Multimedia-Gesetze“, dem Teledienstegesetz (TDG)[1] und dem Mediendienstestaatsvertrag (MDStV)[2] am 1. August 1997 bemißt sich die Deliktshaftung der Internet-Service-Provider in Deutschland nicht mehr allein nach Maßgabe deliktsrechtlicher Grundsätze. Beide Gesetze enthalten vielmehr eine rechtsgebietsübergreifende Verantwortlichkeitsregelung, die sich auch modifizierend auf die Deliktshaftung der Internet-Service-Provider für im Internet bereitgehaltene und zugänglich gemachte Inhalte auswirkt. Mit der Einführung von Verantwortlichkeitsregelungen für den Bereich der elektronischen Kommunikation wurde die Beseitigung der in dieser Hinsicht bestehenden Rechtsunsicherheit bezweckt, die langfristig zu Wettbewerbsverzerrungen und Investitionshemmungen hätte führen können[3]. Um die Weiterentwicklung des neuen Kommunikations- und Informationsmediums Internet zu fördern, sollte zudem klargestellt werden, daß Anbieter elektronischer Kommunikationsdienste grundsätzlich nicht strenger haften als Anbieter traditioneller Kommunikationsmedien[4].

II. Anwendungsbereich des TDG und des MDStV

Mit dem TDG und dem MDStV wird das Internet in Deutschland von zwei Gesetzen geregelt[5]. Dieses Nebeneinander zweier Regelwerke läßt sich darauf zurückführen, daß sowohl der Bund als auch die Länder die Gesetzgebungszuständigkeit für den Online-Bereich geltend machten. Der Bund berief sich insbesondere auf seine Gesetzgebungszuständigkeit für den Bereich der Wirtschaft und Telekommunikation; die Länder stützten sich auf ihre Gesetzgebungskompetenz für massenkommunikative Dienste[6]. Durch einen Kompromiß wurde diese Kompetenzstreitigkeit gelöst[7]: Während der

---

[1] Enthalten in Art. 2 des Gesetzes zur Regelung der Rahmenbedingungen für Informations-und Kommunikationsdienste (Informations- und Kommunikationsdienste-Gesetz, IuKDG), BGBl. I 1997, S. 1870 ff.

[2] Baden-WürttGBl. 1997, S. 181; BayGVBl. 1997, S. 226; BerlGVBl. 1997, S. 360; BbgGVBl. 1997, S. 75; BremenGBl. 1997, S. 205; HbGVBl. 1997, S. 253; HessGVBl. 1997, S. 134; MVGVBl. 1997, S. 242; NdsGVBl. 1997, S. 280; NWGVBl. 1997, S. 158; RhPfGVBl. 1997, S. 235; SaarlABl 1997, S. 641; SachsGVBl. 1997, S. 500; Sachs-AnhGVBl. 1997, S. 557; SchlHGVBl. 1997, S. 318; ThürGVBl. 1997, S. 258.

[3] Für das TDG vgl. *Engel-Flechsig/Maennel/Tettenborn*, NJW 1997, 2981/2984; für den MDStV vgl. *Gounalakis*, NJW 1997, 2993.

[4] *Engel-Flechsig/Maennel/Tettenborn*, NJW 1997, 2981/2984; vgl. auch *Lehmann*, CR 1998, 232/233, der darauf hinweist, daß mit den Verantwortlichkeitsregelungen die Attraktivität des Standorts Deutschlands gesteigert werden sollte.

[5] *Engel-Flechsig/Roßnagel*, Multimedia-Recht, S. 25.

[6] *Schulz*, Regulierung von Medien- und Telediensten, S. 13; *Engel-Flechsig/Roßnagel*, Multimedia-Recht, S. 4.

Bund seine Gesetzgebungszuständigkeit im Hinblick auf Informations- und Kommunikationsdienste, die für die individuelle Nutzung bestimmt sind (Teledienste), mit der Schaffung des TDG ausgeübt hat[8], haben die Länder mit dem MDStV ein Gesetz erlassen, das sich auf Informations- und Kommunikationsdienste bezieht, die an die Allgemeinheit gerichtet sind (Mediendienste)[9]. Obwohl die zentralen Vorschriften, insbesondere die Verantwortlichkeitsregelungen der §§ 5 TDG, MDStV, zur Gewährleistung eines einheitlichen Rechtsrahmens fast wortgleich sind[10], wird an vielen Stellen deutlich, daß die Regelwerke nur unzureichend aufeinander abgestimmt sind[11]. Dies gilt insbesondere im Hinblick auf den Anwendungsbereich der Gesetze, da diese, aufgrund der Schwierigkeit, Tele- und Mediendienste voneinander abzugrenzen, oftmals überlappen.

1. Abgrenzung zwischen Tele- und Mediendiensten

a. Teledienste i. S. d. § 2 Abs. 1 TDG

Unter den Begriff des Teledienstes fallen nach der Legaldefinition des § 2 Abs. 1 TDG elektronische Informations- und Kommunikationsdienste, die für eine individuelle Nutzung von kombinierbaren Daten bestimmt sind und denen eine Übermittlung mittels Telekommunikation zugrunde liegt. Als elektronische Informations- und Kommunikationsdienste sind solche Dienste zu qualifizieren, die nicht über Darbietungscharakter verfügen, sondern die Übermittlung von Dateninformationen zum Inhalt haben[12]. Das Merkmal der individuellen Nutzung fungiert als Abgrenzungskriterium zu den an die Allgemeinheit gerichteten Mediendiensten[13] und ist bei einer „durch den Nutzer bestimmbaren Kommunikation" gegeben[14]. Erforderlich für das Vorliegen eines Teledienstes ist zudem die Übermittlung der Dienste durch Telekommunikationsanlagen. Damit kann z.B. ein Angebot in Form einer CD-Rom nicht als Teledienst eingestuft werden[15]. Die Legaldefinition des § 2 Abs. 1 TDG wird durch eine beispielhafte Auflistung verschiedener Teledienste in § 2 Abs. 2 TDG konkretisiert. Als Tele-

---

[7] Vgl. die gemeinsame Erklärung von Bund und Ländern vom 18. 12. 1996, abgedruckt in: *Engel-Flechsig/Maennel/Tettenborn*, Neue gesetzliche Rahmenbedingungen für Multimedia, S. 9; *Beucher/Leyendecker/v. Rosenberg*, Mediengesetze, § 2 RStV Rn. 2.

[8] Bei Erlaß des IUKDG hat sich der Bund nicht auf seine Gesetzgebungskompetenz für den Bereich der Telekommunikation gestützt. Vgl. Begr. RegE, BT-Dr. 13/7385, S. 17.

[9] Die Länder haben sich bei der Formulierung des MDStV stark am Rundfunkrecht und am Bildschirmtext-Staatsvertrag, der durch den MDStV abgelöst wurde, orientiert. Vgl. dazu *Schulz*, Regulierung von Medien- und Telediensten, S. 13.

[10] *Bröhl*, CR 1997, 73/74.

[11] *Schulz*, Regulierung von Medien- und Telediensten, S. 13.

[12] Ein Dienst ist als Darbietung zu qualifizieren, wenn er einen Bezug zur öffentlichen Meinungsbildung hat, vgl. *Schulz*, Regulierung von Medien- und Telediensten, S. 20.

[13] *Beucher/Leyendecker/v. Rosenberg*, Mediengesetze, § 2 TDG Rn. 2; *Gounalakis*, NJW 1997, 2993/2994; *Koch*, CR 1997, 193/194.

[14] Begr. RegE, BT-Dr. 13/7385, S. 19.

[15] *Engel-Flechsig/Maennel/Tettenborn*, Neue gesetzliche Rahmenbedingungen für Multimedia, S.11.

dienste sind entsprechend dieses Positivkatalogs Angebote aus dem Bereich der Individualkommunikation, Angebote zur Nutzung des Internets und zur Nutzung von Telespielen zu qualifizieren. Auch Angebote zur Information und Kommunikation sind gemäß § 2 Abs. 2 Nr. 2 TDG als Teledienste einzuordnen, soweit nicht die redaktionelle Gestaltung zur Meinungsbildung für die Allgemeinheit im Vordergrund steht. Neben den für die individuelle Nutzung bestimmten Datendiensten wie Verkehrsdaten (Fahr- und Flugpläne), Wetter-, Umwelt- und Börsendaten werden in der Begründung zum Regierungsentwurf auch Homepages als Teledienste i. S. d. § 2 Abs. 1 TDG qualifiziert[16].

b. Mediendienste i. S. d. § 2 Abs. 1 MDStV

Mediendienste sind gemäß § 2 Abs. 1 MDStV solche Dienste, die ihre Informations- und Kommunikationsangebote in Text, Ton oder Bild unter Benutzung elektromagnetischer Schwingungen ohne Verbindungsleitung oder längs oder mittels eines Leiters an die Allgemeinheit, d. h. an eine beliebige Öffentlichkeit richten. Vor allem mit dem Merkmal der Allgemeinheit ist der Begriff des Mediendienstes dem des Rundfunks angenähert. Im Unterschied zum Rundfunk verfügen Mediendienste jedoch nicht über Darbietungscharakter[17]. Die Nähe zum Rundfunk wird auch anhand der beispielhaften Auflistung verschiedener Mediendienste in § 2 Abs. 2 MDStV deutlich, in der es vorwiegend um Verteildienste, also um Dienste geht, bei denen der Inhalt von einer Stelle an eine unbestimmte Vielzahl von Empfängern übermittelt und der Ausstrahlungszeitpunkt zudem einseitig durch den Diensteanbieter festgelegt wird[18]. Da das Internet dadurch gekennzeichnet ist, daß der Nutzer über die im Netz verfügbaren Web-Seiten frei disponiert und auch den Zeitpunkt des Aufrufens der Web-Seiten selbst bestimmt, stellt sich die Frage, ob es sich bei den im Internet angebotenen Diensten überhaupt um Mediendienste handeln kann. Dafür spricht aber § 2 Abs. 2 Nr. 4 MDStV, nach dem auch Abrufdienste, bei denen Text-, Ton- oder Bilddarbietungen auf Anforderung aus elektronischen Speichern zur Nutzung übermittelt werden, als Mediendienste zu qualifizieren sind. Hieraus folgt, daß auch im Internet abrufbare Dienste, die auf eine Massenkommunikation gerichtet sind, wie z. B. die multimediale, elektronische Presse und andere an die Allgemeinheit gerichtete Informations- und Unterhaltungsangebote,

[16] Begr. RegE, BT-Dr. 13/7385, S. 18; a. A.: LG Düsseldorf, AfP 1998, 420, wonach eine Homepage als Mediendienst i. S. d. § 2 Abs. 2 Nr. 4 MDStV einzuordnen sein soll. In Anbetracht der Verschiedenartigkeit im Internet bereitgehaltener Homepages erscheint es als richtiger, für die Qualifizierung als Medien- oder Teledienst auf die Art des Angebots im Einzelfall abzustellen.

[17] Der Darbietungscharakter, der beim Rundfunk den strengen Ordnungsrahmen rechtfertigt, wird bei Mediendiensten mit der fragwürdigen Begründung abgelehnt, daß die Angebote nur in geringem Maße der öffentlichen Meinungsbildung dienen würden und ihnen die Suggestivkraft der bewegten Bilder fehle, vgl. Begr. MDStV, NW LT-Dr. 12/1954, S. 31. Kritisch dazu: *Hochstein*, NJW 1997, 2977/2980. Für Grenzfälle heißt es in § 20 Abs. 2 S. 1 RSTV:„Wenn und soweit Mediendienste dem Rundfunk zuzuordnen sind, bedürfen Anbieter solcher Dienste einer Zulassung nach Landesrecht".

[18] Begr. MDStV, NW LT-Dr. 12/1954, S. 31; *Gounalakis*, NJW 1997, 2993/2994.

als Mediendienste einzuordnen sind[19]. In Abgrenzung zum TDG kann dies aber nur für solche Dienste gelten, bei denen nicht der individualkommunikative Charakter oder die reine Übermittlung von Dateninformationen im Vordergrund stehen.

c. Abgrenzungsprobleme

Trotz der Versuche, durch die Einordnung in die Kategorien Individual- bzw. Massenkommunikation eine konkrete Abgrenzung zwischen Medien- und Telediensten und dem jeweiligen Geltungsbereich des TDG und MDStV zu schaffen, ist oftmals keine scharfe Trennung möglich. Grund dafür ist die Tatsache, daß sich die neuen Dienste nicht immer eindeutig als Individual- oder Massenkommunikation einordnen lassen. Gerade im Internet sind die Informationsangebote in der Weise ausgestaltet, daß sie sich an die Allgemeinheit richten und für jeden Nutzer zugänglich sind, die Nutzer aber insbesondere durch die Interaktivität der neuen Medien eine wachsende Möglichkeit der Mitgestaltung und Einflußnahme haben[20]. Zudem können die Nutzer den Zeitpunkt der Inanspruchnahme eines Angebots stets selbst bestimmen. Damit vermischen sich die für die Abgrenzung von Tele- und Mediendiensten maßgeblichen Kriterien der Allgemeinheit und der individuellen Nutzung. Die Abgrenzungsprobleme machen deutlich, daß sich Tele- und Mediendienste auch in technischer Hinsicht kaum voneinander unterschieden lassen[21]. Die den Gesetzen zugrunde liegende Differenzierung zwischen der „Übermittlung von Diensten über Telekommunikationsanlagen" und der Datenübermittlung „unter Benutzung elektromagnetischer Schwingungen ohne Verbindungsleitung oder längs oder mittels eines Leiters" hat damit nur geringe praktische Relevanz. Ist es aus diesen Gründen vielfach nicht möglich, eindeutig zu bestimmen, ob ein Tele- oder Mediendienst vorliegt, kann oftmals auch nicht entschieden werden, welches der Regelwerke zur Anwendung kommt. Um ein sinnvolles Nebeneinander des TDG und MDStV zu erreichen und die in dieser Hinsicht bestehende Rechtsunsicherheit zu beseitigen, wäre es daher wünschenswert, wenn die zur Unterscheidung von Medien- und Telediensten dienenden Kriterien den tatsächlichen Gegebenheiten der elektronischen Kommunikation angepaßt und so konkret formuliert würden, daß ein jeder Diensteanbieter erkennen kann, welchem Regelwerk er mit seiner Tätigkeit unterliegt. Wegen der Besonderheit des Internets, prinzipiell jedem Nutzer eine massenmediale Tätigkeit zu ermöglichen, erscheint hierfür insbesondere die Loslösung von der Differenzierung zwischen Diensten der Individual- und Massenkommunikation als erforderlich[22].

---

[19] Begr. MDStV, NW LT-Dr. 12/1954, S. 31.

[20] *Beucher /Leyendecker /v. Rosenberg*, Mediengesetze, § 2 TDG Rn. 2.

[21] So *Determann*, 22 Hastings Int'l & Comp. L. Rev. (1998) 113/138.

[22] Die Aufteilung des Online-Bereichs in Individual- und Massenkommunikation bzw. Tele- und Mediendienste ist in der Lehre stark kritisiert worden. Vgl. nur *Gounalakis*, NJW 1997, 2993/2995, mit der Kritik, die Aufsplittung sei unpraktikabel und wirklichkeitsfremd; *Pichler*, MMR 1998, 79/80, der die Aufteilung insgesamt für verunglückt hält, und *Kröger/Moos*, AfP 1997, 675/680, die das gesetzgeberische Vorgehen als gescheitert betrachten.

2. Diensteanbieter i. S. d. TDG, MDStV

Die Anwendung des TDG und des MDStV setzt voraus, daß es sich bei den Anbietern um Diensteanbieter i. S. d. §§ 3 TDG, MDStV handelt. Für die Anbietereigenschaft kommt es nicht darauf an, ob der Betreffende nur gelegentlich und privat oder geschäftsmäßig tätig wird[23].

a. Anbieter eigener Inhalte (Content-Provider)

Diensteanbieter i. S. d. § 3 Nr. 1 TDG, MDStV ist zunächst derjenige, der eigene Inhalte zur Nutzung bereithält[24]. Im Bereich des Internets wird der Anbieter eigener Inhalte als Content-Provider bezeichnet.

aa. Keine Anwendung des TDG und MDStV auf Inhaltsersteller ?

Aus der vom Gesetzgeber verwendeten Formulierung „zur Nutzung bereithalten" könnte geschlossen werden, daß für die Qualifizierung als Anbieter eigener Inhalte i. S. d. §§ 3 Nr. 1 TDG, MDStV eine technische Einwirkungsmöglichkeit auf den Inhalt verlangt wird. In diesem Fall wäre nur der Content-Provider als Anbieter eigener Inhalte i. S. d. §§ 3 Nr. 1 TDG, MDStV zu qualifizieren, der seine Inhalte auf einem eigenen Internet-Server speichern würde[25]. Gegen eine solche Auslegung von §§ 3 Nr. 1 TDG, MDStV spricht jedoch, daß damit derjenige Content-Provider, der seine Inhalte auf dem Server eines Host-Providers speichern würde, dem Anwendungsbereich des TDG und des MDStV entzogen wäre. Im Hinblick auf die Verantwortlichkeitsregelungen der §§ 5 TDG, MDStV spielt dies keine Rolle, da für die Anbieter eigener Inhalte keine Haftungsprivilegierung vorgesehen ist. Jedoch würden die im MDStV aufgeführten Ordnungsvorschriften keine Anwendung finden[26]. Die Geltung dieser Vorschriften könnte somit durch die Einschaltung eines Host-Providers umgangen werden. Ein solches Ergebnis entspricht nicht der mit Erlaß des TDG und MDStV bezweckten Intention, einen umfassenden Rechtsrahmen für die neuen Dienste zu schaffen. Der Begriff des „Bereithaltens" i. S. d. §§ 3 Nr. 1 TDG, MDStV ist somit weit auszulegen, er meint das Zurverfügungstellen von Inhalten, unabhängig davon, ob diese Inhalte auf einem eigenen oder fremden Server abgespeichert werden. Damit unterfällt jedermann, der sich an der elektronischen Kommunikation und Informationsverbreitung im Inter-

---

[23] Begr. RegE, BT-Dr. 13/7385, S. 19; Begr. MDStV, NW LT-Dr. 12/1954, S. 32.

[24] Der in § 3 Nr. 1 TDG, MDStV verwendete Begriff des Dienstes ist für die Qualifizierung der Provider als Content-, Host- oder Access-Provider mit dem Begriff des Inhalts in § 5 TDG, MDStV gleichzusetzen.

[25] So wohl *Koch*, Internetrecht, S. 205; *Hoeren/Pichler*, in: Loewenheim/Koch, Praxis des Online-Rechts, S. 385.

[26] Die wichtigsten Ordnungsvorschriften des MDStV sind: § 6 (Anbieterkennzeichnung);
§ 7 (Sorgfaltspflichten bei journalistisch-redaktionell gestalteten Angeboten) ; § 8 (Jugendschutz) und
§ 10 (Gegendarstellungsrecht).

net durch das Zurverfügungstellen von Inhalten aktiv beteiligt, als Anbieter eigener Inhalte i. S. d. §§ 3 Nr. 1 dem TDG bzw. MDStV.

bb. Einordnung als Tele- oder Mediendiensteanbieter

Die für die Frage des anwendbaren Regelwerks erforderliche Einordnung als Tele- oder Mediendiensteanbieter richtet sich nach der Art der von dem Provider im Einzelfall angebotenen Inhalte. Handelt es sich bei diesen um solche aus dem Bereich der Teledienste, d. h. um Inhalte mit individualkommunikativen Charakter, so ist der Anbieter als Telediensteanbieter dem TDG unterzuordnen. Sind die von ihm angebotenen Inhalte dem Bereich der Mediendienste und damit der Massenkommunikation zuzuordnen, so unterfällt er als Mediendiensteanbieter dem Anwendungsbereich des MDStV.

b. Anbieter fremder Inhalte (Host-Provider)

Diensteanbieter i. S. d. §§ 3 Nr. 1 TDG, MDStV ist weiterhin derjenige, der fremde Inhalte zur Nutzung bereithält. Im Internet wird der Anbieter fremder Inhalte als Host-Provider bezeichnet. Dessen Tätigkeit besteht darin, den Content-Providern, die nicht über einen eigenen Internet-Server verfügen, Speicherkapazität zur Verfügung zu stellen[27]. So verhält es sich etwa, wenn Nutzer ihre eigenen Web-Seiten erstellen und zur Verbreitung im Internet auf dem Server des Providers ablegen. Auch der Anbieter von News-Groups ist als Host-Provider zu qualifizieren, da er die einzelnen Diskussionsbeiträge der Teilnehmer auf seinem News-Server speichert.

aa. Abgrenzung zwischen Host- und Content-Provider

Die Abgrenzung zwischen Host- und Content-Provider, die für die Anwendung der an der Tätigkeit der Provider orientierten Verantwortlichkeitsreglungen der §§ 5 TDG, MDStV von Bedeutung ist, erfolgt über das Merkmal des eigenen bzw. fremden Inhalts. Ein Bereithalten eigener Inhalte ist ohne Zweifel gegeben, wenn der Provider den betreffenden Inhalt selbst erstellt hat, er also Verfasser oder zumindest geistiger Urheber des Inhalts ist[28]. Nach der Begründung zum TDG und MDStV ist darüber hinaus auch derjenige als Anbieter eigener Inhalte zu qualifizieren, der sich die Inhalte Dritter „zu eigen gemacht“ hat[29]. Der Begriff des „Zueigenmachens“ wird vor allem im Presserecht verwendet. Hier dient er der Differenzierung zwischen „Behaupten“

---

[27] Vgl. zu der Tätigkeit des Host-Providers ausführlich: *Komarnicki*, in: Hoeren/Sieber (Hrsg.), Handbuch Multimedia Recht, Teil 12 Rn. 5 ff; *Federrath*, ZUM 1999, 177/178.
[28] *Schulz*, Regulierung von Medien- und Telediensten, S. 23; *Köster/v. Bonin*, ZUM 1997, 821/823; *Beucher/Leyendecker/v. Rosenberg*, Mediengesetze, § 3 MDStV Rn. 3.
[29] Begr. RegE, BT-Dr. 13/7385, S. 19; Begr. MDStV, NW LT-Dr. 12/1954, S. 33.

und „Verbreiten"[30]. Für diese Differenzierung wird darauf abgestellt, wie die Darstellung auf den Durchschnittsempfänger wirkt und von ihm verstanden wird[31]. Eine Zurechnung der verbreiteten fremden Äußerung erfolgt insbesondere dann, wenn es an einer ernsthaften Distanzierung fehlt[32]. Diese presserechtlichen Kriterien werden zum Teil auch für die Abgrenzung zwischen „zu eigenen gemachten" und „fremden" Inhalten i. S. d. §§ 5 Abs. 2 TDG, MDStV herangezogen[33]. Dies führt jedoch dazu, daß ein Provider, der sich durch einen Zusatz auf seiner Web-Seite von den darin enthaltenen Inhalten ausdrücklich distanziert, als Anbieter fremder Inhalte zu qualifizieren ist und in den Genuß der in §§ 5 Abs. 2 TDG, MDSTV niedergelegten Haftungsprivilegierungen kommt.

In Anbetracht der mit Schaffung der §§ 5 Abs. 2 TDG, MDStV verfolgten Intention, für die Fälle eine Haftungsbeschränkung zu bewirken, in denen der Provider „die fremden Inhalte nicht veranlaßt hat und es ihm aufgrund der technisch bedingten Vervielfachung von Inhalten und der Unüberschaubarkeit der in ihnen gebundenen Risiken von Rechtsgutsverletzungen zunehmend unmöglich ist, alle fremden Inhalte im eigenen Dienstbereich zur Kenntnis zu nehmen und auf ihre Rechtmäßigkeit zu prüfen"[34], vermag ein solches Ergebnis nicht zu überzeugen. Anders als der Host-Provider, der seinen Dienstbereich für die Abspeicherung der Inhalte Dritter zur Verfügung stellt und diese aufgrund ihrer Vielzahl in der Regel nicht kontrollieren kann, hat der Content-Provider, der die Inhalte Dritter auswählt und auf seinen Seiten präsentiert, auch bei einer Distanzierung von den Inhalten stets die Möglichkeit, diese auf ihre Rechtmäßigkeit zu kontrollieren. Es würde mithin dem hinter den §§ 5 Abs. 2 TDG, MDStV stehenden Zweck widersprechen, wenn sich auch der Content-Provider, der nicht von den internetspezifischen Kontrollschwierigkeiten betroffen ist, auf die damit bewirkte Haftungsbeschränkung berufen könnte.

Um dem Zweck der §§ 5 TDG, MDStV gerecht zu werden, sind als „eigene Inhalte" i. S. d. §§ 5 Abs. 1 TDG, MDStV folglich alle die Inhalte Dritter zu qualifizieren, zu denen der Provider eine inhaltliche Beziehung hat. Eine solche inhaltliche Beziehung ist gegeben, wenn er diese Beiträge bewußt ausgewählt und in sein Angebot auf-

---

[30] Vgl. dazu *Wenzel*, Das Recht der Wort- und Bildberichterstattung, Rn. 4. 90 ff.; *Prinz/Peters*, Medienrecht, Rn. 34 f. Die Differenzierung zwischen „Behaupten" und „Verbreiten" ist im Hinblick auf die Haftung der Massenmedien insofern von Bedeutung, als die Rechtsprechung das Verbreiten einer Fremdäußerung in einem weiteren Umfang zuläßt als das Behaupten, vgl. nur BGH NJW 1970, 187/189 – Hormoncreme; BGHZ 66, 182/188 – Panorama.

[31] BGH NJW 1995, 861/864 – Caroline v. Monaco I; *Wenzel*, Das Recht der Wort- und Bildberichterstattung, Rn. 4. 97; *Prinz/Peters*, Medienrecht, Rn. 34.

[32] BGH NJW 1997, 1148/1149 – Chefarzt; BGH NJW 1996, 1131/1132 – Der Lohnkiller; BGH NJW 1993, 525/526 – Ketten-Mafia; BGHZ 66, 182/188 – Panorama; BGH NJW 1970, 187/189 – Hormoncreme; *Wenzel*, Das Recht der Wort- und Bildberichterstattung, Rn. 4. 90 ff., 10. 186 ff; *Soehring*, Presserecht, Rn. 16. 1 ff.

[33] *Spindler*, NJW 1997, 3193/3196; *Hoeren/Pichler*, in: Loewenheim/Koch (Hrsg.), Praxis des Online-Rechts, S. 386; *Schulz*, Regulierung von Medien- und Telediensten, S. 23; wohl auch *Wimmer*, ZUM 1999, 436/442.

[34] Begr. RegE, BT-Dr. 13/7385, S. 20.

genommen hat[35]. Als „fremd“ sind dagegen nur die Inhalte Dritter einzuordnen, die ein Provider – unabhängig von ihrem Inhalt – ausschließlich der vom Kunden erwünschten Verbreitung im Internet wegen auf seinem Server gespeichert hält[36].

Zu beachten ist, daß die Abgrenzung an dieser Stelle nur der Feststellung dient, ob sich die Verantwortlichkeit des Providers nach den allgemeinen Gesetzen bemißt (§§ 5 Abs. 1 TDG, MDStV) oder ob aufgrund seiner rein technischen Tätigkeit eine Einschränkung der Verantwortlichkeit erforderlich ist (§§ 5 Abs. 2 TDG, MDStV). Mit ihr ist noch keine Aussage darüber gemacht, ob die Inhalte bzw. Äußerungen dem Content-Provider im Einzelfall nach den allgemeinen Haftungsregeln als „eigene“ zuzurechnen sind, so daß die Verletzungshandlung in der Behauptung liegt, oder ob eine etwaige Distanzierung nur eine Qualifizierung als fremde Inhalte zuläßt, mit der Folge, daß diese vom Content-Provider nur verbreitet werden. Diese Differenzierung erfolgt erst im Rahmen der Prüfung der jeweilig einschlägigen Haftungsnorm.

bb. Einordnung als Tele- oder Mediendiensteanbieter

Auch bei den Host-Providern ist für die Einordnung als Telediensteanbieter bzw. Mediendiensteanbieter auf die Art des im Einzelfall bereitgehaltenen fremden Inhalts abzustellen. Da vor der Abspeicherung von Inhalten in der Regel keine Zugangskontrollen und Auswahl der zu speichernden Inhalte durchgeführt werden, haben die Host-Provider in der Mehrzahl der Fälle keinen Einfluß darauf, ob sie dem TDG oder dem MDStV unterfallen.

c. Zugangsvermittler zu fremden Diensten (Access-Provider)

Vom Anwendungsbereich des TDG, MDStV wird nach §§ 3 Nr. 1 TDG, MDStV auch der Diensteanbieter erfaßt, der den Zugang zu fremden Tele- oder Mediendiensten vermittelt. Nach § 2 Abs. 2 Nr. 3 TDG sind „Angebote zur Nutzung des Internets oder weiterer Netze“ grundsätzlich als Teledienste zu qualifizieren. Für die Einordnung als Teledienst kommt es bei den Access-Providern somit nicht auf die konkrete Art des Inhalts an, der Gegenstand der Zugangsvermittlung ist[37]. Damit sind Access-Provider selbst dann, wenn der Nutzer, dem der Zugang zum Internet verschafft wurde, auf

---

[35] So im Ergebnis auch *Freytag*, ZUM 1999, 185/181, der für die Abgrenzung auch darauf abstellt, ob der Provider ein wirtschaftliches Interesse an der Verbreitung des konkreten Inhalts hat. Auch *Hoeren/Pichler*, in: Loewenheim/Koch (Hrsg.), Praxis des Online-Rechts, S. 407 scheinen das „Zueigenmachen“ nicht ausschließlich an den Grundätzen, die zur Haftung von Massenmedien entwickelt wurden, festzumachen. Denn auch der Provider wird hier als Content-Provider qualifiziert, der „Texte diverser Autoren unter deren Namen zu einer Informationsgesamtheit zusammenstellt“.

[36] So auch *Hoeren/Pichler*, in: Loewenheim/Koch (Hrsg.), Praxis des Online-Rechts, S. 407. Im Hinblick auf die Inhalte Dritter ähnelt die Differenzierung zwischen Content- und Host-Provider der Differenzierung zwischen „intellektuellem“ und „technischem Verbreiter“. Vgl. zu dieser Differenzierung *Wenzel*, Das Recht der Wort- und Bildberichterstattung, Rn. 4. 90 ff.; *ders.*, AfP 1979, 276/280.

[37] *Hoeren/Pichler*, in: Loewenheim/Koch (Hrsg.), Praxis des Online-Rechts, 415/416.

einen Mediendienst zugreift, als Telediensteanbieter zu qualifizieren[38]. Diese konsequente Kategorisierung der Access-Provider als Anbieter von Telediensten erscheint als überaus sinnvoll. Würde man die Qualifizierung der Access-Provider als Tele- bzw. Mediendiensteanbieter nämlich davon abhängig machen, auf welchen konkreten Dienst der Nutzer durch die Zugangsvermittlung zugreifen konnte, wäre es für die Access-Provider unmöglich, einzuschätzen, welchem Regelungswerk sie unterfallen. Wegen der mit § 2 Abs. 2 Nr. 3 TDG gegebenen Rechtssicherheit wäre ein ebensolches Vorgehen auch hinsichtlich der Host-Provider wünschenswert.

III. Die Verantwortlichkeitsregelungen der §§ 5 TDG, MDStV

Maßgebend für die Deliktshaftung der Internet-Service-Provider sind die Regelungen der §§ 5 TDG, MDStV, mit denen die Verantwortlichkeit der Internet-Service-Provider für die im Internet bereitgehaltenen und zugänglich gemachten Inhalte rechtsgebietsübergreifend geregelt wird.

1. Regelungsinhalt

Die Verantwortlichkeitsregelungen tragen den Besonderheiten der elektronischen Kommunikation mit einer Abstufung der Verantwortlichkeit je nach Funktion der Provider Rechnung. Je stärker der Provider durch die von ihm erfüllte Funktion mit dem verbreiteten Inhalt in Berührung kommt, desto eher ist er in der Lage, diesen Inhalt auf eventuelle Gesetzesverstöße zu kontrollieren und gegebenenfalls zu sperren. Dementsprechend kommt eine Verantwortlichkeit nach dem TDG bzw. MDStV nur bei einer gewissen Nähe zum Inhalt in Betracht, sie ist beschränkt oder gar ausgeschlossen, wenn eine Kontrolle des zur Nutzung bereitgestellten oder zugänglich gemachten Inhalts den Providern aufgrund ihrer Tätigkeit nicht möglich ist. So richtet sich gemäß §§ 5 Abs. 1 TDG, MDStV nur die Verantwortlichkeit der Content-Provider uneingeschränkt nach den allgemeinen Gesetzen. Der Host-Provider ist für einen fremden Inhalt dagegen nach §§ 5 Abs. 2 TDG, MDStV nur dann verantwortlich, wenn er diesen Inhalt kennt und seine Sperrung technisch möglich und ihm zudem zumutbar ist. Die Verantwortlichkeit des Access-Providers für die von ihm zugänglich gemachten fremden Inhalte ist gemäß § 5 Abs. 3 TDG generell ausgeschlossen.

2. Der Begriff der Verantwortlichkeit

Die Verantwortlichkeitsregelungen der §§ 5 TDG, MDStV sind als Vorschriften konzipiert, die querschnittsartig alle öffentlichrechtlichen und privatrechtlichen Haftungs-

[38] a. A.: hier *Martenczuk*, ZUM 1999, 104/108, der für die Einordnung der Zugangsvermittlung als Teledienst aufgrund der aus Art. 74 Nr. 11 GG resultierenden Gesetzgebungskompetenz des Bundes für das Recht der Wirtschaft danach differenziert, ob die Zugangsvermittlung gewerblich erfolgt.

vorschriften überlagern[39]. Sie begründen keine originäre multimediarechtliche Verantwortlichkeit, sondern setzen eine Verantwortlichkeit nach den allgemeinen Gesetzen voraus[40]. Vor diesem Hintergrund ist der Begriff der Verantwortlichkeit nicht nach zivilrechtlichen, strafrechtlichen oder öffentlichrechtlichen Maßstäben auszulegen, sondern vielmehr als abstrakter, von den einzelnen Rechtsgebieten unabhängiger Begriff zu behandeln. Unter Verantwortlichkeit i. S. d. §§ 5 TDG, MDStV ist demgemäß nur allgemein das „Einstehenmüssen" der Provider für Rechtsfolgen, die an bestimmte Sachverhalte geknüpft sind, zu verstehen[41].

3. Systematische Stellung der §§ 5 TDG, MDStV im Haftungstatbestand

Aufgrund ihrer rechtsgebietsübergreifenden Wirkung beantworten die Verantwortlichkeitsregelungen der §§ 5 TDG, MDStV auch im Hinblick auf das Deliktsrecht die Frage, ob und unter welchen Voraussetzungen ein „Einstehenmüssen", d. h. eine Haftung der jeweiligen Internet-Service-Provider in Betracht kommt. Wenngleich damit die Funktion dieser Regelung feststeht, ist damit noch keine Aussage über ihre systematische Stellung im deliktsrechtlichen Prüfungsaufbau gemacht. Für die Haftung des Content-Providers spielt dieser Aspekt keine Rolle, da die §§ 5 Abs. 1 TDG, MDStV auf die allgemeinen Gesetze verweisen. Im Hinblick auf die Haftung des Host- und Access-Providers, die durch die Verantwortlichkeitsregelung eine Modifizierung erfährt bzw. gänzlich ausgeschlossen wird, ist eine systematische Einordnung dieser Regelungen jedoch unerläßlich. Zum Teil werden die Regelungen der §§ 5 TDG, MDStV als Haftungsfilter[42] bzw. spezialgesetzlich geregelte Vorfrage[43] qualifiziert, anhand derer vor der Prüfung der einschlägigen Haftungsnorm festzustellen ist, ob der jeweilige Provider für die bereitgehaltenen oder zugänglich gemachten Inhalte verantwortlich ist. Die Prüfung der Deliktshaftung würde nach dieser Auffassung in zwei Stufen erfolgen: Zunächst wäre zu untersuchen, ob nach den §§ 5 TDG, MDStV eine Verantwortlichkeit des Providers gegeben ist. Nur wenn dies zu bejahen wäre, würde sich auf der zweiten Stufe die Prüfung der Providerhaftung nach den allgemeinen Grundsätzen des Deliktsrechts anschließen. Diese offensichtlich[44] auch vom Gesetzgeber anvisierte Trennung der Verantwortlichkeitsprüfung und der materiellrechtlichen Prüfung erscheint auf den ersten Blick als geeignet, der Funktion der §§ 5 TDG, MDStV als

---

[39] *Engel-Flechsig/Maennel/Tettenborn*, NJW 1997, 2981/2984.

[40] *Pichler*, MMR 1998, 79/81; *Wimmer/Michael*, Der Online-Provider im neuen Multimediarecht, S. 53.

[41] *Helle*, in: Hoeren/*Sieber*, Handbuch Multimedia Recht, Teil 8 Rn. 28; *Engel-Flechsig/Maennel/Tettenborn*, NJW 1997, 2981/2984; *Koch*, CR 1997,193/196; *Spindler*, NJW 1997, 3193/3195.

[42] *Engel-Flechsig/Maennel/Tettenborn*, NJW 1997, 2981/2984; *Helle*, in: Hoeren/*Sieber*, Handbuch Multimedia Recht, Teil 8 Rn. 28.

[43] *Köster/v. Bonin*, ZUM 1997, 821/823.

[44] Auch die zuständigen Referenten des Regierungsentwurfs sprechen von einer Filterlösung: *Engel-Flechsig/Maennel/Tettenborn*, NJW 1997, 2981/2984. Zudem wurde eine zweistufige Prüfung auch vom Bundesrat in seiner Stellungnahme zu § 5 TDG postuliert, vgl. BT-Dr. 13/385, S. 51.

rechtsgebietsübergreifende Regelungen Rechnung zu tragen und klare Ergebnisse hervorzubringen. Sie führt jedoch dazu, daß einzelne Merkmale doppelt zu prüfen sind. Denn die für die Haftung der Host-Provider relevante „Zumutbarkeit" und „technische Möglichkeit" von Sperrungsmaßnahmen ist sowohl im Rahmen der §§ 5 Abs. 2 TDG, MDStV als auch bei der Fahrlässigkeitsprüfung im Rahmen der allgemeinen Verschuldensprüfung festzustellen[45]. Könnte dieses Problem noch durch einen Rückverweis auf die vorgelagerte „Filterprüfung" gelöst werden, erscheint das Problem, das in diesem Fall bei Irrtumsfragen auftritt[46], nur über die Schaffung einer neuen Rechtsfigur – „Irrtum über Filtermerkmale" – lösbar[47].

Um diese Abstimmungsschwierigkeiten zu vermeiden, sind die Verantwortlichkeitsregelungen in die Prüfung der jeweils einschlägigen Haftungsnorm einzubeziehen[48]. Ohne daß die von den §§ 5 Abs. 2 und Abs. 3 TDG, MDStV intendierten Privilegierungen der Host- und Access-Provider beeinträchtigt würden, gewährleistet diese einstufige Prüfung, daß die jeweiligen dogmatischen Besonderheiten eines Rechtsgebiets in ausreichendem Maße berücksichtigt und nicht von einer rechtsgebietsübergreifenden Regelung „überrollt" werden. Die sich anschließende Frage, ob die Verantwortlichkeitsregelungen ein „Einstehenmüssen" des Providers im Einzelfall über eine Modifizierung des Tatbestandes oder über eine Einschränkung etwaiger Verkehrspflichten verhindern, richtet sich nach der jeweils einschlägigen Haftungsnorm. Geht es etwa um die Verbreiterhaftung aus § 824 BGB bzw. § 823 Abs. 2 BGB i. V. m. §§ 186, 187 StGB, so wird mit den Vorgaben der §§ 5 Abs. 2 und Abs. 3 TDG, MDStV auf den gesetzliche Tatbestand eingewirkt[49]. Ist, wie für eine Haftung aus § 823 Abs. 1 BGB, die Zurechnung einer mittelbaren Rechtsgutsverletzung erforderlich, so wirken sich die §§ 5 Abs. 2 und Abs. 3 TDG, MDStV im Rahmen der Prüfung einer Verkehrspflichtverletzung aus[50].

4. Beweislast

Wenngleich die §§ 5 Abs. 2 und Abs. 3 TDG, MDStV für die Host- und Access-Provider eine Beschränkung bzw. einen Ausschluß der Verantwortlichkeit vorsehen, läßt sich das Haftungsrisiko dieser Provider erst einschätzen, wenn feststeht, wer die Beweislast für die Anwendbarkeit dieser Verantwortlichkeitsregelungen[51] und die in diesen Regelungen aufgeführten Voraussetzungen trägt. Weder den Vorschriften selbst noch den jeweiligen Gesetzesbegründungen lassen sich Angaben zu der Beweislast-

---

[45] *Haedicke*, CR 1999, 309/310; vgl. auch *Waldenberger*, MMR 1998, 124/126.
[46] Vgl. dazu *Spindler*, MMR 1998, 639/640.
[47] *Haedicke*, CR 1999, 309/310.
[48] *Haedicke*, CR 1999, 309/310; *Spindler*, MMR 1998, 639/643; *ders.*, in: Hoeren/*Sieber* (Hrsg.), Handbuch Multimedia Recht, Teil 12 Rn. 32.
[49] Zu der Frage, ob § 5 MDStV als landesgesetzliche Regelung einen bundesgesetzlichen Haftungstatbestand modifizieren kann, vgl. unten V. 2. a. bb. (2), S. 61.
[50] So *Freytag*, ZUM 1999, 185/189 und *Haedicke*, CR 1999, 309/311.
[51] Dafür ist der Nachweis zu erbringen, im konkreten Fall als Host- bzw. Access-Provider tätig geworden zu sein.

verteilung entnehmen. Zurückzugreifen ist damit auf die ungeschriebene Grundregel der Beweislastverteilung, nach der jede Partei die Beweislast für alle tatsächlichen Voraussetzungen der ihr günstigen Rechtsnorm trägt[52]. Für die Frage der Beweislast kommt es folglich darauf an, wem die Rechtswirkungen der §§ 5 Abs. 2 und Abs. 3 TDG, MDStV zugute kommen. Vor dem Hintergrund, daß diese Regelungen als Ausnahmebestimmungen zum allgemeinen Deliktsrecht das Entstehen der gegen die Provider gerichteten deliktsrechtlichen Ersatzansprüche grundsätzlich (§ 5 Abs. 3 2TDG) oder bei der Nichterfüllung der genannten Voraussetzungen (§§ 5 Abs. 2 TDG, MDStV) verhindern, liegt ihre Qualifizierung als für die Provider günstige Rechtsnormen auf der Hand. Hieraus folgt, daß die Host- und Access-Provider die Anwendbarkeit sowie die Voraussetzungen der Verantwortlichkeitsregelungen beweisen müssen. Dieses Ergebnis ist zu begrüßen. Denn die Privilegierung dieser Anbieter ginge zu weit, wenn den Geschädigten etwa der Beweis obläge, daß die fremden rechtswidrigen Inhalte dem Anbieter positiv bekannt waren.

IV. Deliktshaftung der Content-Provider

Die deliktische Haftung der Content-Provider wird weder durch das TDG noch durch den MDStV modifiziert. Nach den §§ 5 Abs. 1 TDG, MDStV ist der Anbieter, der eigene Inhalte zur Nutzung bereithält, für diese Inhalte vielmehr nach den allgemeinen Gesetzen verantwortlich. Damit unterliegt der Content-Provider, der einen rechtswidrigen oder fehlerhaften Inhalt im Internet bereithält, der uneingeschränkten Haftung nach den §§ 823 ff. BGB. Dies ist auch gerechtfertigt. Denn obgleich das Internet als öffentlich zugängliches Kommunikationsnetz in rechtlicher Hinsicht viele Besonderheiten aufweist, die es auch im Hinblick auf die Haftung der Provider zu berücksichtigen gilt, wäre es verfehlt, dem Anbieter eine Sonderbehandlung zu gewähren, der, wie der Content-Provider, nicht von internetspezifischen Kontrollschwierigkeiten betroffen ist. Fraglich ist dennoch, ob die Grundsätze des allgemeinen Deliktsrechts ohne Modifizierung auf die Haftung dieser im Internet wirkenden Provider anzuwenden sind.

1. Haftung für Äußerungsdelikte

Die mit dem Internet gegebene Möglichkeit, in Sekundenschnelle weltweit eine Vielzahl von Nutzern zu erreichen, birgt insbesondere die Gefahr, daß auf diese Weise auch Informationen und Äußerungen verbreitet werden, deren Inhalte das persönliche und geschäftliche Ansehen der Betroffenen nachhaltig schädigen. So ist vorstellbar, daß ein Content-Provider die weite Verbreitungsmöglichkeit über das Internet nutzt, um Informationen, die etwa die Privat- oder Intimsphäre eines anderen berühren, der Öffentlichkeit preiszugeben. Unter den vom Content-Provider bereitgehaltenen Inhal-

[52] BGHZ 53, 245/250.Vgl. auch *v. Rosenberg*, Die Beweislast, S. 98/99.

ten können sich zudem solche befinden, die die Ehre einer Person oder den geschäftlichen Ruf eines Unternehmens verletzen.

a. Verletzungshandlung

aa. Bereithaltung persönlichkeitsrechtsverletzender Inhalte im Internet

Schutz gegen Beeinträchtigungen der Persönlichkeit bietet das aus Art. 1 Abs. 1 i. V. m. Art. 2 Abs. 1 GG hergeleitete allgemeine Persönlichkeitsrecht, das seit der Leserbriefentscheidung des BGH[53] als ein „sonstiges Recht" i. S. d. § 823 Abs. 1 BGB[54] anerkannt wird. Es schützt den Einzelnen insbesondere vor Eingriffen in seine Privat-, Geheim- und Intimsphäre, vor Beeinträchtigungen der Ehre, des Rechts am eigenen Bild sowie des Anspruchs auf soziale Geltung[55]. Grund für die Anerkennung des allgemeinen Persönlichkeitsrechts als ein durch § 823 Abs. 1 BGB absolut geschütztes Recht war die Erkenntnis, daß der vom BGB gewährte Schutz von Persönlichkeitsrechten in Anbetracht der zunehmenden technischen Möglichkeiten, in den persönlichen Bereich einer Person einzudringen, nicht ausreichend ist[56]. Mit der rasanten Entwicklung der Kommunikations-, Nachrichten- und Informationstechnologien und den daraus resultierenden wachsenden Verbreitungsmöglichkeiten hat das allgemeine Persönlichkeitsrecht erheblich an Bedeutung gewonnen[57]. Dies gilt vor allem auch im Hinblick auf das neue Informations- und Kommunikationsmedium Internet, das nicht nur der Presse und anderen kommerziellen Informationsmedien die elektronische Verbreitung von Informationen ermöglicht, sondern jedem Nutzer mit Internetzugang eine Plattform für die weltweite Verbreitung persönlichkeitsrechtsverletzender Inhalte bietet.

(1) Schutz der Intimsphäre und des Privatlebens

Von besonderer Bedeutung für das Internet ist der über das allgemeine Persönlichkeitsrecht gewährte Schutz vor der unberechtigten Preisgabe von Angelegenheiten aus der Intimsphäre und dem Privatleben einer Person. Bestand die Gefahr einer unbefugten Veröffentlichung solcher Informationen bis vor kurzem hauptsächlich im Hinblick auf traditionelle Massenmedien wie Presse, Rundfunk und Fernsehen, kann über das World-Wide-Web heute jedermann private Informationen Dritter der weltweiten Öffentlichkeit zugänglich machen. Wie bei traditionellen Massenmedien gilt auch bei der elektronischen Kommunikation und Informationsverbreitung im Internet der Grund-

---

[53] BGHZ 13, 334/338.

[54] Palandt-*Thomas*, § 823 Rn. 177; MünchKomm-*Schwerdtner*, § 12 Rn. 187.; Soergel-*Zeuner*, § 823 Rn. 55.

[55] BVerfGE 54, 148/154.

[56] *Fikentscher*, Schuldrecht, Rn. 1225.

[57] Vgl. nur BGH NJW 1966, 2353/2354: „Das Recht darf sich (...) der technischen Entwicklung nicht beugen"; ferner *Kötz*, Deliktsrecht, Rn. 624.

satz, daß die Veröffentlichung von Informationen, die das private, der Öffentlichkeit entzogene Leben einer Person zum Gegenstand haben, ohne Einwilligung des Betroffenen unzulässig ist. Eine Ausnahme besteht nur dann, wenn es sich bei dem Betroffenen um eine Person der Zeitgeschichte handelt oder an den dargestellten persönlichen Angelegenheiten des Privatlebens aus sonstigen Gründen ein öffentliches Interesse besteht[58]. Die Veröffentlichung von Informationen, die die innere Gefühls- und Gedankenwelt, das Sexualleben oder den Gesundheitszustand einer Person betreffen, ist als Eingriff in die Intimsphäre, dem letzten unantastbaren Bereich privater Lebensgestaltung, auch bei dem Bestehen eines öffentlichen Interesses unzulässig[59].

(2) Bildnisschutz

Mit der Entwicklung des Internets zu einem öffentlich zugänglichen Kommunikationsmittel ist auch die Bedeutung des Bildnisschutzes gewachsen. Ohne technische Schwierigkeiten können über das Internet die Abbildungen anderer Personen veröffentlicht werden[60]. Schutz gegen solche Veröffentlichungen bietet das Recht am eigenen Bild, das eine besondere Ausprägung des allgemeinen Persönlichkeitsrechts darstellt und zum Teil im Kunsturhebergesetz (KUG) spezialgesetzlich geregelt wurde. So schützen die §§ 22-24 KUG das Recht des Abgebildeten, selbst zu bestimmen, ob sein Bildnis verbreitet oder öffentlich zur Schau gestellt werden darf[61]. Wird schuldhaft gegen dieses Selbstbestimmungsrecht verstoßen, ist eine Haftung aus § 823 Abs. 2 BGB i. V. m. § 22 KUG begründet[62]. Hält ein Content-Provider im Internet unbefugt die Abbildung eines anderen zum Abruf bereit, könnte allerdings fraglich sein, ob damit die Voraussetzung des § 22 KUG – Verbreiten oder öffentliches Zurschaustellen eines Bildnisses – erfüllt sind. Denn das Sichtbarhalten für andere erfolgt nicht unmittelbar mit der Bereithaltung des Bildnisses auf einer Web-Seite, sondern erst durch den nutzerseitigen Zugriff. Für das öffentliche Zurschaustellen eines Bildnisses reicht es aber aus, daß für andere die Möglichkeit geschaffen wird, das Bildnis wahrzunehmen[63]. Mit der unbefugten Abspeicherung einer Abbildung auf einer im Internet bereitgehaltenen Web-Seite ist der Tatbestand des § 22 KUG mithin erfüllt. Auch ein Content-Provider kann sich jedoch darauf berufen, daß eine der in § 23 KUG niedergelegten Ausnahmen des Selbstbestimmungsrechts gegeben ist. Er ist damit insbesondere befugt, Abbildungen von Personen der Zeitgeschichte in das Internet einzuspeisen[64].

---

[58] BVerfGE 35, 202/220 ff. – Lebach; BVerfGE 27, 344/351 ff.; BGH NJW 1981, 1366/1367; *Soergel-Zeuner*, § 823 Rn. 86; *Prinz/Peters*, Medienrecht, Rn. 61.
[59] BGH NJW 1981 1366/1367; BGH GRUR 1965, 256/257 – Gretna Green; BVerfGE 27, 344/350 – Ehescheidungsakten; BVerfGE 47, 46/73 f. – Sexualkundeunterricht; Löffler-*Steffen*, Presserecht, § 6 LPG, Rn. 66; *Soehring*, Presserecht, Rn. 19. 8; *Prinz/Peters*, Medienrecht, Rn. 54.
[60] *Legler*, CR 1999, 439/441.
[61] BGHZ 20, 345/347; BGH NJW 1971, 698/699; BGH NJW 1974, 1947/1949.
[62] *Helle*, Der Schutz der Persönlichkeit, der Ehre und des wirtschaftlichen Rufes im Privatrecht, S. 174.
[63] *Prinz/Peters*, Medienrecht, Rn. 830.
[64] *Flechsig*, AfP 1996, 333/336.

bb. Bereithaltung ehrverletzender Inhalte im Internet

Der zivilrechtliche Ehrschutz, der sowohl die innere Ehre als Gefühl der eigenen Geltung als auch die äußere Ehre als Geltung im Urteil anderer erfaßt[65], basiert zunächst auf den Strafvorschriften der §§ 185 ff. StGB, die als Schutzgesetze i. S. d. § 823 Abs. 2 BGB zu qualifizieren sind[66]. Darüber hinaus wird die Ehre einer Person im Zivilrecht durch das allgemeine Persönlichkeitsrecht geschützt.

(1) Schutz der Ehre durch § 823 Abs. 2 BGB i. V. m §§ 185 ff. StGB

Die Strafvorschrift des § 185 StGB schützt vor ehrverletzenden Angriffen, die vom Content-Provider in Form von Werturteilen geführt werden und eine Kundgabe seiner Nicht- oder Mißachtung darstellen[67]. Schutz vor unwahren bzw. nicht erweislich wahren Tatsachenaussagen, die geeignet sind, eine Person der öffentlichen Mißachtung auszusetzen, bieten dagegen die §§ 186, 187 StGB. Dabei schützt die Vorschrift des § 187 2. Alt. StGB zudem vor der Äußerung unwahrer Tatsachen, die den Kredit einer Person gefährden können. Neben der Behauptung ehrverletzender bzw. kreditgefährdender Tatsachen sanktionieren die §§ 186, 187 StGB auch deren Verbreitung. Unter dem Begriff der Verbreitung ist in diesem Zusammenhang die Weitergabe von fremden, also nicht zu eigen gemachter Äußerungen zu verstehen[68]. Wie oben festgestellt[69], bemißt sich die Haftung der Content-Provider über die §§ 5 Abs. 1 TDG, MDStV auch dann nach den allgemeinen Gesetzen, wenn er sich von den fremden Äußerungen, die von seinen Web-Seiten abgerufen werden können, distanziert. Führt eine Distanzierung somit nicht zu einer Haftungsprivilegierung nach §§ 5 Abs. 2 TDG, MDStV, kann diese Distanzierung jedoch im Rahmen der §§ 186, 187 StGB einen Ausschluß der Haftung bewirken. Denn eine aus § 823 Abs. 2 i. V. m. §§ 186, 187 StGB resultierende Verbreiterhaftung ist ausgeschlossen, wenn an der Verbreitung der Behauptung ein Informationsinteresse besteht und sich der Verbreitende ernsthaft von dem Inhalt distanziert[70].

(2) Schutz der Ehre durch das allgemeine Persönlichkeitsrecht

Mit Anerkennung des allgemeinen Persönlichkeitsrechts hat der BGH auch das Recht auf Achtung der persönlichen Ehre mit in den Schutzbereich des § 823 Abs.1 BGB

---

[65] *Zöllner*, ZUM 1997, 719 m. w. N.

[66] *Deutsch*, Unerlaubte Handlung, Schadensersatz und Schmerzensgeld, § 19 Rn. 305; Löffler-*Steffen*, Presserecht, § 6 LPG Rn. 74.

[67] Allgemein: RGSt 71, 159; BGHSt, 1, 288/289.

[68] Schönke/Schröder-*Lenckner*, StGB, § 186 Rn. 8.

[69] Zu der Abgrenzung zwischen eigenen und fremden Inhalten im Rahmen der §§ 5 TDG, MDStV siehe oben II. 2. b. aa., S. 14 ff.

[70] Vgl. hierzu ausführlich Prinz/Peters, Medienrecht, Rn. 35.

aufgenommen[71]. Wie soeben dargelegt, wird die Ehre bereits über die Strafvorschriften der §§ 185 ff. StGB geschützt. Eine Deliktshaftung kommt hier aber nur bei zumindest bedingt vorsätzlichem Verhalten des Schädigers in Betracht[72]. Im Rahmen des § 823 Abs.1 BGB führt hingegen auch schon die fahrlässige Ehrverletzung zu einer Haftung[73]. Eine Haftung des Content-Providers wegen Ehrverletzung kommt über § 823 Abs. 1 BGB unter Umständen schon dann in Betracht, wenn er die ehrverletzende Natur einer auf seiner Web-Seite bereitgehaltenen Aussage fahrlässig verkannt hat.

cc. Bereithaltung geschäftsschädigender Inhalte im Internet

(1) Kreditgefährdung § 824 BGB

Das Bereithalten geschäftsschädigender Inhalte kann zunächst über § 824 BGB zu einer deliktischen Haftung des Content-Providers führen. Die Vorschrift, deren Schutzgut die wirtschaftliche Wertschätzung von Unternehmen und Personen ist, stellt eine Ergänzung zu § 823 BGB dar und erfaßt wahrheitswidrige Tatsachenbehauptungen, die zwar nicht die Ehre, aber den Kredit gefährden[74]. Als Verletzungshandlung nennt § 824 BGB wie die §§ 186, 187 StGB nicht nur das Behaupten einer unwahren Tatsache, sondern auch deren Verbreitung. Damit kommt eine Haftung des Content-Providers auch dann in Betracht, wenn er eine nicht zu eigen gemachte Äußerung eines Dritten weitergibt. Bei einer ausreichenden Distanzierung von der Äußerung oder einer offensichtlichen Neutralität ist eine Haftung aber ausgeschlossen[75].

(2) Verletzung des Rechts am eingerichteten und ausgeübten Gewerbebetrieb

Enthalten die vom Content-Provider im Internet verbreiteten Inhalte Äußerungen, die sich negativ auf den Ruf eines Unternehmens auswirken und nicht als unwahre Tatsachenbehauptungen einzuordnen sind, kommt eine Verletzung des Rechts am eingerichteten und ausgeübten Gewerbebetrieb in Betracht. Dieses Recht, das zur Vermeidung eines lückenhaften Unternehmensschutzes entwickelt wurde, stellt ein sonsti-

---

[71] BGHZ 31, 308/311; BGHZ 35, 363/365; BGHZ 39, 124/127 f.; BGHZ 50, 133/141 f.; BGHZ 99, 133/135; MünchKomm-*Schwerdtner*, § 12 Rn. 250 ff.; a. A.: *Fikentscher*, SchuldR Rn. 1230; Löffler-*Steffen*, Presserecht, § 6 LPG Rn. 74.

[72] Bei § 186 StGB muß sich der Vorsatz auf die Ehrenrührigkeit der Tatsachenaussage beziehen; bei § 187 StGB ist zudem sicheres Wissen der Unwahrheit erforderlich, vgl. Schönke/Schröder-*Lenckner*, StGB, § 186 Rn. 11; § 187 Rn. 5.

[73] *Larenz/Canaris*, Schuldrecht BT II/2, S. 500/501; Soergel-*Zeuner*, § 823 Rn. 90. Zudem hat sich der BGH in einigen Entscheidungen auch dort auf eine Verletzung des allgemeinen Persönlichkeitsrechts gestützt, wo die Voraussetzungen des § 185 StGB erfüllt waren, vgl. z. B. BGHZ 39, 124/127 f.

[74] Löffler-*Ricker*, Handbuch des Presserechts, 42. Kapitel, Rn. 45; *Ricker*, Unternehmensschutz und Pressefreiheit, S. 52; MünchKomm-*Schwerdtner*, § 12 Rn. 255.

[75] Vgl. zu der Wirkung einer Distanzierung im Rahmen von § 824 BGB: BGH GRUR 1969, 147/150 – Korruptionsvorwurf; BGH NJW 1970, 187/189 – Hormoncreme; MünchKomm-*Mertens*, § 824 Rn. 30.

ges Recht i. S. d. § 823 Abs. 1 BGB dar[76]. In seinen Schutzbereich fällt alles, was den wirtschaftlichen Wert eines Unternehmens ausmacht, insbesondere die angefertigten Produkte, die gewerblichen Schutzrechte, der Kundenstamm sowie die gesamten Ausstrahlungen, d.h. der gesamte gewerbliche Tätigkeitskreis des Unternehmens[77]. Voraussetzung für eine Verletzung dieses Rechts ist ein unmittelbar betriebsbezogener Eingriff[78]. Neben den Fällen der auf einen Betrieb bezogenen gewerbeschädigenden Werturteile[79] ist ein solcher Eingriff etwa mit dem Aufruf zum Boykott eines bestimmten Unternehmens gegeben[80]. Befinden sich auf den Web-Seiten eines Content-Providers somit Äußerungen über ein Unternehmen, die darauf gerichtet sind, die Geschäftsbeziehungen dieses Unternehmens zu seinen Kunden zu beeinträchtigen, so ist das Recht am Gewerbebetrieb verletzt. Das gleiche gilt dann, wenn ein Content-Provider im Internet zum Boykott eines bestimmten Unternehmens aufruft[81].

b. Rechtswidrigkeit der Verletzungshandlung: Abwägung mit dem grundrechtlichen Schutz der Content-Provider aus Art. 5 Abs. 1 GG

Für eine Haftung aus Delikt muß die im Internet erfolgende Veröffentlichung ehr- und persönlichkeitsrechtsverletzender sowie geschäftsschädigender Äußerungen rechtswidrig sein. Im Mittelpunkt der Rechtswidrigkeitsprüfung bei Äußerungsdelikten steht die Kollision mit dem Grundrecht auf freie Meinungsäußerung aus Art. 5 Abs. 1 S. 1 GG. Zwar wird dieses Grundrecht durch die Vorschriften der allgemeinen Gesetze und Gesetze zum Schutz der Ehre beschränkt (Art. 5 Abs. 2 GG). Keines dieser Gesetze aber kann die grundrechtlich garantierte Meinungsfreiheit beliebig beschränken. Erforderlich ist vielmehr eine einzelfallbezogene Abwägung zwischen dem beeinträchtigten Grundrecht der freien Meinungsäußerung und den mit den allgemeinen Gesetzen bzw. den Gesetzen zum Schutz der Ehre verfolgten Interessen[82].

Die Meinungsfreiheit erstreckt sich ohne Zweifel auch auf die elektronische Kommunikation im Internet, die als neuartige Ausdrucksform für den demokratischen Prozeß freier Kommunikation von erheblicher Bedeutung ist[83]. Vor dem Hintergrund, daß das Internet, insbesondere das World-Wide-Web, es seinen Nutzern ermöglicht, Meinungen und Informationen an einen individuell nicht abgegrenzten Empfängerkreis zu leiten und damit massenmedial tätig zu werden, dem Grundrecht der Meinungsfreiheit

---

[76] BGHZ 3, 270/278 ff. – Constanze I; BGHZ 8, 142/144 – Schwarze Listen; BGHZ 24, 200/205 ff.; BGHZ 69, 128/138 f.

[77] BGHZ 3, 270 /280; *Ricker,* Unternehmensschutz und Pressefreiheit, S. 32.

[78] St. Rspr. seit BGHZ 29, 65/74 – Stromkabel.

[79] BGHZ 23, 270/280 – Constanze; BGHZ 45, 296/307 – Höllenfeuer; BGHZ 65, 325/334 – zur Zulässigkeit der Arbeit der Stiftung Warentest.

[80] BGH NJW 1985, 1620.

[81] *Bachmann,* in: Lehmann (Hrsg.), Internet und Multimediarecht, S. 169/180; *Hoeren/Pichler,* in: Loewenheim/Koch (Hrsg.), Praxis des Online-Rechts, S. 383.

[82] Sog. Wechselwirkungslehre vgl. BVerfGE 7, 198/208 f; BVerfGE 71, 206/214; BVerfGE 66, 116/150.

[83] *Mecklenburg,* ZUM 1997, 525/526.

aber zum Teil nur für die Individualkommunikation Geltung zugestanden wird[84], könnte allerdings fraglich sein, ob für die Frage der Zulässigkeit einer Meinungsäußerung im Internet nicht die Grundrechte der Presse- bzw. Rundfunkfreiheit heranzuziehen sind. Die jüngere Rechtsprechung des Bundesverfassungsgerichts zeigt aber, daß es für die Geltung der Meinungsfreiheit nicht darauf ankommt, über welches Mittel eine Meinung geäußert wird. Meinungen werden auch dann, wenn sie in Massenkommunikationsmitteln wie etwa der Presse enthalten sind, von Art. 5 Abs. 1 S. 1 GG geschützt[85].

Wegen Art. 5 Abs. 1 S. 1 GG ist jeder Content-Provider dazu berechtigt, sich im Internet frei zu äußern. Auch bei Äußerungen im Internet findet die Zulässigkeit einer Meinungsäußerung ihre Grenze jedoch dann, wenn die getroffenen Werturteile eine andere Person in ihrem persönlichen und sozialen Geltungsanspruch grob herabsetzen[86] oder wenn es dem Schädiger nicht um einen Beitrag zur geistigen Auseinandersetzung, sondern nur oder in erster Linie um die vorsätzliche Kränkung eines anderen geht[87]. So wird auch die diffamierende Schmähkritik nicht vom Schutz der Meinungsfreiheit erfaßt[88]. Für den grundrechtlichen Schutz von Tatsachenbehauptungen, d. h. solchen Behauptungen, die anders als Werturteile dem Beweis zugänglich sind und richtig oder falsch sein können[89], müssen diese zunächst meinungsbezogen sein[90]. Um nicht aus dem Schutzbereich des Art. 5 Abs. 1 S. 1 GG herauszufallen, dürfen Tatsachenaussagen zum Zeitpunkt ihrer Äußerung außerdem nicht erwiesen oder bewußt unwahr sein[91]. Tatsachenaussagen, die nicht erwiesen unwahr sind, werden allerdings von Art. 5 Abs. 1 S. 1 GG geschützt[92]. Der hiermit gegebenen Belastung für potentiell Betroffene wird dadurch Rechnung getragen, daß eine Haftung für nicht erweislich unwahre Tatsachen nur dann ausgeschlossen ist, wenn der Äußernde sich sorgfältig verhalten hat[93].

c. Verschulden

Der Content-Provider muß die Rechtsgutsverletzung verschuldet haben. Besondere Probleme stellen sich im Rahmen der Fahrlässigkeitsprüfung bezüglich des im Einzel-

---

[84] Sachs-Betghe, GG, Art. 5 Rn. 45; Jarass, in: Jarass/Pieroth, GG, Art. 5 Rn. 19, geht davon aus, daß die Meinungsfreiheit für Träger der Pressefreiheit von Art. 5 Abs. 1 S. 2 GG verdrängt wird.
[85] BVerfGE 85, 1/11 f.; BVerfGE 86, 122/128.
[86] BGH VersR 1986, 992 .
[87] BGH NJW 1987, 1397/1398.
[88] BGH NJW 1981, 2117/2119; BGH NJW 1987, 2225/2227; *v. Gamm*, NJW 1979, 513/516.
[89] Zu der Abgrenzung zwischen Tatsachenaussagen und Werturteilen vgl. BGH NJW 1996, 1131/1133; BGH NJW 1994, 2614/2615. Instruktiv zu dieser Abgrenzung in der Rechtsprechung des Bundesverfassungsgerichts ferner *Grimm*, NJW 1995, 1697/1699.
[90] BVerfGE 61, 1/8 f.; BVerfGE 65, 1/41.
[91] BVerfGE 61, 1/8 f.; BVerfGE 85, 1/15; MünchKomm-*Schwerdtner*, § 12 Rn. 208; *v. Gamm*, NJW 1979, 513/516.
[92] BVerfGE 90, 1/15; BVerfGE 90, 241/254.
[93] BVerfGE ZUM 1999, 236/239; BGH NJW 1966, 2010/2011; BGH NJW 1987, 2225/2226.

fall geltenden Sorgfaltsmaßstabs[94]. Um den Vorwurf fahrlässigen Verhaltens zu vermeiden, muß der Content-Provider die im Verkehr erforderliche Sorgfalt walten lassen (§ 276 S. 2 BGB). Dabei ist das Verhalten nicht an der in einem Bereich „üblichen" Sorgfalt zu messen[95], maßgeblich ist vielmehr die im Hinblick auf fremde Rechtskreise bestehende potentielle Gefährlichkeit, hier: die Gefährlichkeit des bereitgehaltenen Inhalts[96]. Schon aufgrund des breiten Angebotsspektrums des Internets, das von privaten Homepages bis hin zu elektronischen Presseerzeugnissen reicht, kann kein einheitlicher Sorgfaltsmaßstab gelten. Vielmehr ist für den im Einzelfall anzulegenden Sorgfaltsmaßstab nach der Art und Gefährlichkeit des konkreten Inhalts zu differenzieren.

aa. „Publizistische Sorgfaltspflicht" bei der Bereithaltung journalistisch-redaktionell gestalteter Angebote

Im Internet findet sich neben anderen Angeboten eine Vielzahl elektronischer Presseerzeugnisse. Dabei handelt es sich zum einen um Online-Ausgaben von herkömmlichen Printmedien, zum anderen um eigens zur Verbreitung über das Internet konzipierte Zeitungen. Die Gesetzgeber des in diesem Fall anwendbaren MDStV haben dieser Möglichkeit der publizistischen Einflußnahme über das Internet mit § 7 Abs. 2 MDStV Rechnung getragen und bestimmte Sorgfaltspflichten für den Content-Provider aufgestellt, die den in § 6 LPG niedergelegten presserechtlichen Sorgfaltspflichten weitgehend entsprechen. So haben journalistisch-redaktionell gestaltete Angebote, in denen die Inhalte periodischer Druckwerke wiedergegeben oder in periodischer Folge Texte verbreitet werden, die der Berichterstattung dienen oder Informationsangebote enthalten, den anerkannten journalistischen Grundsätzen zu entsprechen[97].

Der im MDStV verwendete Begriff der „journalistisch-redaktionell gestalteten Angebote" wird im Gesetz nicht näher erläutert. Der Begriff selbst macht aber deutlich, daß mit diesen Angeboten solche gemeint sind, deren Erzeugung organisatorisch und strukturell mit der Erzeugung herkömmlicher Pressewerke gleichzustellen ist. Dies geht auch daraus hervor, daß bei journalistisch-redaktionell gestalteten Angeboten wie bei sonstigen Pressewerken gemäß § 6 Abs. 2 MDStV eine Impressumspflicht besteht. § 7 MDStV stellt folglich klar, daß es im Hinblick auf den Sorgfaltsmaßstab keinen Unterschied macht, ob Presseerzeugnisse über die herkömmliche Vertriebsform als Druckerzeugnisse oder im Wege der Datenfernübertragung zum Empfänger gelangen. Wie bei § 6 LPG zieht ein Verstoß gegen § 7 Abs. 2 MDStV keine unmittelbaren Fol-

[94] Für die Deliktshaftung aus § 823 Abs. 2 BGB i. V. m. §§ 185 ff. StGB ist allerdings Vorsatz erforderlich.

[95] BGHZ 8, 138/141; BGHZ 30, 7/15.

[96] Vgl. für Veröffentlichungen in der Presse: Löffler-*Steffen*, Presserecht, § 6 LPG Rn. 37 unter Hinweis auf BGHZ 39, 281/283; BGH VersR 1974, 565/566.

[97] Zu diesen Grundsätzen zählen alle, die bei einem normativem Vergleich aus den presse- und rundfunkrechtlichen Bestimmungen der Länder sowie den Richtlinien des Deutschen Presserates zu ermitteln sind; vgl. Begr. MDStV, NW LT-Dr. 12/1954, S. 36.

gen nach sich[98]. Die in den Landesgesetzen niedergelegten Sorgfaltspflichten fassen jedoch die von der Rechtsprechung für die Pflichten der Massenmedien entwickelten Grundsätze zusammen und bewirken so eine Klarstellung und Festigung der bestehenden zivilrechtlichen Sorgfaltspflichten[99]. Die Nichteinhaltung der in § 7 Abs. 2 MDStV geregelten Pflichten ist folglich auch als Nichteinhaltung der im Verkehr erforderlichen Sorgfalt nach § 276 BGB zu werten[100].

(1) Wahrheitspflicht und gleitender Sorgfaltsmaßstab

In § 7 Abs. 2 S. 2 MDStV wird der wichtigste journalistische Grundsatz, die Verpflichtung zur Wahrheit, hervorgehoben. Wie die in § 6 LPG niedergelegte presserechtliche Wahrheitspflicht zielt auch die Wahrheitspflicht der Mediendiensteanbieter auf die Verbreitung zutreffender Informationen ab. Ihre Erfüllung erfordert aus diesem Grund neben einer sorgfältigen Recherche[101] vor allem die Zuverlässigkeit der Informationsquelle[102]. Die Formulierung „mit der nach den Umständen gebotenen Sorgfalt" macht deutlich, daß im Hinblick auf die Prüfungspflicht der auch für die Presse angelegte „gleitende Sorgfaltsmaßstab"[103] gilt. Damit richtet sich der im Einzelfall anzulegende Sorgfaltsmaßstab danach, wie groß der durch die Berichterstattung verursachte Schaden für den Betroffenen sein kann[104].

(2) Keine Überspannung der Sorgfaltspflichten wegen des grundrechtlichen Schutzes von Massenmedien

Bei der Bemessung der den Akteuren im Bereich der traditionellen Massenmedien obliegenden Sorgfaltspflichten gilt der Grundsatz, daß diese nicht durch eine Überspannung der Sorgfaltspflichten in ihrer durch Art. 5 Abs. 1 S. 2 GG geschützten Tätigkeit behindert werden dürfen[105]. Das Grundrecht der Pressefreiheit aus Art. 5 Abs. 1 S. 2 GG, das der Funktion der Presse als essentiellem Faktor der öffentlichen Meinungsbildung Rechnung trägt[106], bewirkt für seine Träger mithin die Ausgestaltung der im Rahmen des § 276 BGB zu erfüllenden Sorgfaltspflichten zu Pflichten, die mit deren massenmedialer Tätigkeit zu vereinbaren sind. Es fragt sich, ob Art. 5 Abs. 1 S. 2 GG auch bezüglich der den Content-Providern obliegenden Sorgfaltspflichten Berücksich-

---

98 Allerdings wird die Einhaltung dieser Pflichten gemäß § 18 Abs. 2 MDStV durch die zuständigen Aufsichtsbehörden der Länder überwacht.

99 *Helle*, in: Hoeren/Sieber (Hrsg.), Handbuch Multimedia Recht, Teil 8 Rn. 5.

100 Für § 6 LPG: *Prinz/Peters*, Medienrecht, Rn. 715; *Peters*, NJW 1997, 1334/1340.

101 Für § 6 LPG: *Peters*, NJW 1997, 1334/1335f.

102 Für die presserechtliche Wahrheitspflicht: *Helle*, Der Schutz der Persönlichkeit, der Ehre und des wirtschaftlichen Rufes im Privatrecht , S. 171.

103 Löffler-*Steffen*, Presserecht, § 6 LPG Rn. 163; *Peters*, NJW 1997, 1334/1336.

104 Löffler-*Steffen*, Presserecht, § 6 LPG, Rn. 163.

105 BGH NJW 1987, 2225/2226; *Helle*, Der Schutz der Persönlichkeit, der Ehre und des wirtschaftlichen Rufes im Privatrecht, S. 172; *Peters*, NJW 1997, 1334/1335.

106 BVerfGE 12, 205/260.

tigung verlangt. Dies wäre der Fall, wenn die Bereithaltung journalistisch-redaktionell gestalteter Inhalte im Internet in den Schutzbereich der Pressefreiheit fiele. Unter dem Begriff der Presse i. S. d. Art. 5 Abs. 1 S. 1 2 GG sind alle zur Verbreitung an die Allgemeinheit bestimmten Druckerzeugnisse zu verstehen[107]. Wenngleich dieser Begriff entwicklungsoffen ist[108], verlangt er, vor allem in Abgrenzung zu Rundfunk und Film, das Vorliegen eines Druckerzeugnisses. Bei Inhalten, die über das Internet verbreitet werden, handelt es sich jedoch um elektronisch übermittelte Daten, die schon aufgrund der Art ihrer Herstellung und Vervielfältigung nicht als Druckerzeugnisse einzustufen sind. Eine Anwendung des Grundrechts der Pressefreiheit auf den Bereich des Internets scheint mithin ausgeschlossen.

In Anbetracht der Tatsache, daß die elektronische Presse einen funktionellen Ersatz zu der gedruckten Presse darstellt[109], ist dieses Ergebnis jedoch unbefriedigend. Dies gilt insbesondere im Hinblick darauf, daß im Internet verbreitete Inhalte aufgrund der Art ihrer Verbreitung und dem in der Regel fehlenden Darbietungscharakter auch nicht als Rundfunk einzuordnen sind[110], die Content-Provider demgemäß nicht unter den Schutz der von Art. 5 Abs. 1 S. 2 GG gewährten Rundfunkfreiheit fallen dürften. Allerdings sind die Massenmedien Presse, Rundfunk und Film in Art. 5 Abs. 1 S. 2 GG nur beispielhaft genannt[111]. Vor dem Hintergrund, daß mit diesem Grundrecht „Massenkommunikationsmittel" geschützt werden sollen[112], spricht nichts dagegen, auch Content-Provider, die sich im Internet durch die Abrufbarmachung von Inhalten für einen unbegrenzten Empfängerkreis massenmedial betätigen, den verfassungsrechtlichen Schutz dieser „Massenmedienfreiheit" zu gewähren[113]. Die den Content-Providern obliegenden Sorgfaltspflichten sind im Lichte von Art. 5 Abs. 1 S. 2 GG mithin so auszugestalten, daß die geschützte Kommunikationstätigkeit nicht unzumutbar erschwert wird.

bb. Sorgfaltspflicht bei der Bereithaltung „allgemeiner" Inhalte

Die Besonderheit des Internets als öffentlich zugängliches Informations- und Kommunikationsmedium liegt darin, daß in ihm jede Art von Inhalten veröffentlicht werden kann. Neben elektronischen Presseerzeugnissen findet sich im Internet aus diesem Grund eine Vielzahl von Web-Seiten und privater Homepages, auf denen Beiträge und Informationen zu allen nur denkbaren Themen gegeben werden. Mangels journalistisch-redaktioneller Gestaltung dieser Seiten greift hier nicht die Regelung des § 7

---

[107] *Jarass*, in: Jarass-Pieroth, GG, Art. 5 Rn. 20; Sachs-*Betghe*, GG, Art. 5 Rn. 68.
[108] Sachs-*Betghe*, GG, Art. 5 Rn. 68.
[109] *Bullinger*, AfP 1996, 1/3.
[110] Zur Abgrenzung zum Rundfunk siehe oben II. 1. b., S. 10.
[111] *Hoffmann-Riem*, AfP 1996, 9.
[112] BVerfGE 12, 205/228.
[113] So auch *Spindler*, ZUM 1996, 533/539; *Hoeren/Pichler*, in: Loewenheim/Koch (Hrsg.), Praxis des Online-Rechts, S. 427 im Hinblick auf den grundrechtlichen Schutz der Host-Provider; *Mecklenburg*, ZUM 1997, 525 ff., spricht sich gar für die Einführung des Grundrechts der Internetfreiheit aus.

MDStV. Es fragt sich damit, welcher Sorgfaltsmaßstab auf das Bereithalten solcher „allgemeinen" Inhalte anzuwenden ist. Grundsätzlich gilt es dabei zu berücksichtigen, daß die Bereithaltung eines Inhalts im Internet dessen weltweite Abrufbarkeit bewirkt[114]. Das bedeutet nicht, daß jede im Internet bereitgehaltene Äußerung tatsächlich einen weltweiten Empfängerkreis hat. Bereits die Möglichkeit, eine Vielzahl von Nutzern zu erreichen und eine großflächige Wirkung zu erzielen, macht jedoch bei Inhalten, die die Persönlichkeit, die Ehre oder den wirtschaftlichen Ruf anderer gefährden können, eine möglichst umfassende Rechtmäßigkeitsprüfung erforderlich.

Der anzulegende Sorgfaltsmaßstab darf jedoch nicht so streng sein wie bei der Bereithaltung journalistisch-redaktionell gestalteter Angebote. Der hier geltende publizistische Sorgfaltsmaßstab wurde entwickelt, um dem besonderen Einfluß der Massenmedien auf die gesellschaftliche Meinungsbildung Rechnung zu tragen[115]. Auch wenn im Internet bereitgehaltene Inhalte wegen ihrer weltweiten Abrufbarkeit sogar einen potentiell größeren Empfängerkreis haben als Veröffentlichungen in herkömmlichen Massenmedien, kommt ihnen als solche nicht die diesen innewohnende publizistische Breiten- und Tiefenwirkung zu. Eine solche, für die Rechte Dritter besonders gefährliche Wirkung ist im Bereich des Internets nur bei journalistisch-redaktionell gestalteten Inhalten gegeben, da die Nutzer bei diesen wie bei herkömmlichen Pressewerken von einer strengen Objektivität der Berichterstattung ausgehen und auf die Richtigkeit der Angaben vertrauen. Private Content-Provider, die nicht über den organisatorischen Hintergrund der elektronischen Presse verfügen, haben in der Regel zudem nur schlechte Recherchemöglichkeiten. Bei der Bereithaltung allgemeiner Inhalte im Internet ist im Vergleich zu journalistisch-redaktionell gestalteten Inhalten somit die Anwendung eines weniger strengen Sorgfaltsmaßstabs geboten[116].

d. Rechtsfolgen

Entsteht dem Geschädigten durch die rechtswidrige und schuldhafte Ehr- oder Persönlichkeitsrechtsverletzung oder Geschäftsschädigung ein Schaden, ist ein Anspruch des Geschädigten auf materiellen Schadensersatz begründet. Als Schaden kommt insbesondere der entgangene Gewinn in Betracht. Der Geschädigte muß jedoch nachweisen, daß der Gewinn ihm aufgrund der persönlichkeitsrechtsverletzenden oder geschäftsschädigenden Äußerung entgangen ist[117]. Bei Persönlichkeitsrechtsverletzungen kann darüber hinaus ein Anspruch auf Geldentschädigung für immaterielle Nachteile beste-

---

[114] Etwas anderes gilt nur für die elektronische Post und solche Inhalte, die nur von ausgewählten Nutzern mit entsprechender Zugangsberechtigung abgerufen werden können.

[115] BGH NJW 1966, 2010/2011; *Wenzel*, Das Recht der Wort- und Bildberichterstattung, Rn. 6108; *Helle*, Der Schutz der Persönlichkeit, der Ehre und des wirtschaftlichen Rufes im Privatrecht, S. 156 ff.

[116] Vgl. allgemein zu den geringeren Anforderungen an die Sorgfaltspflichten von Privatpersonen BVerfG ZUM 1999, 236/239; BGH NJW 1966, 2010/2011; *Wenzel*, Das Recht der Wort- und Bildberichterstattung, Rn. 6. 116.

[117] Zu den Schwierigkeiten dieses Nachweises vgl. *Prinz/Peters*, Medienrecht, Rn. 713.

hen[118]. Dies gilt auch bei Verstößen gegen § 823 Abs. 2 BGB i. V. m. §§ 185 ff. StGB[119]. Für die Begründung dieses Anspruchs, der aus Art. 1 i. V. m. Art. 2 Abs. 1 GG hergeleitet wird, muß die Beeinträchtigung so schwerwiegend sein, daß sie anders nicht aufgefangen werden kann[120].

Zur Abwehr künftiger Störungen kann der Geschädigte zudem einen aus § 1004 BGB hergeleiteten Unterlassungsanspruch geltend machen[121]. Dieser ist, ebenso wie der gegenüber unwahren Tatsachenbehauptungen gegebene Berichtigungsanspruch[122], unabhängig von einem Verschulden des Schädigers. Das Persönlichkeitsrecht wird gegen unwahre Tatsachenbehauptungen zudem über den Anspruch des Betroffenen auf Gegendarstellung geschützt[123]. Im Bereich des Internets besteht ein Gegendarstellungsanspruch gemäß § 10 MDStV allerdings nur gegenüber publizistisch relevanten Mediendiensten, d. h. bei journalistisch-redaktionell gestalteten Angeboten, in denen Inhalte periodischer Druckerzeugnisse verbreitet oder in periodischer Folge wiedergegeben werden (§ 6 Abs. 2 MDStV). Für alle anderen Fälle, in denen „allgemeine“ Inhalte oder die vom TDG anvisierten, rein individualkommunikativen Inhalte zur Nutzung bereitgehalten werden, ist keine Verpflichtung zur Aufnahme einer Gegendarstellung gegeben[124]. Damit wird dem Umstand Rechnung getragen, daß eine solche Waffe des Geschädigten wegen bei elektronischen Presseerzeugnissen erforderlich ist, die aufgrund ihrer publizistischen Breiten- und Tiefenwirkung eine besondere Gefährdung für das Persönlichkeitsrecht Dritter darstellen, nicht aber bei privaten Homepages.

e. Ergebnis

Die deliktische Haftung der Content-Provider für die Veröffentlichung ehr- und persönlichkeitsrechtsverletzender sowie geschäftsschädigender Äußerungen im Internet wird bestimmt von der Differenzierung nach der Art der bereitgehaltenen Inhalte. Denn obwohl das Internet durch die weite Verbreitung der eingespeisten Inhalte grundsätzlich allen in ihm tätigen Content-Providern eine massenmediale Betätigung ermöglicht, finden die für die Kommunikation über herkömmliche Massenmedien geltenden Grundsätze nur dann Anwendung, wenn die Inhalte wie Presseveröffentlichungen oder Rundfunk- und Fernsehsendungen einen weittragenden Einfluß auf die gesellschaftliche Meinungsbildung haben. Dies ist der Fall bei elektronischen Presseerzeugnissen, in der Regel jedoch nicht bei privaten Homepages. Gilt für Content-

---

118 BGHZ 26, 349; BGH NJW 1996, 1131/1134; Löffler-*Steffen*, Presserecht, § 6 LPG, Rn. 56. Vgl. auch BVerfGE 34, 269 ff, in der das Bundesverfassungsgericht die Geldentschädigung wegen immateriellen Schadens mit § 253 BGB für vereinbar erklärt hat.

119 BGHZ 95, 212/214.

120 BGHZ 35, 363; BGHZ 95, 212/215.

121 Vgl. dazu ausführlich *Prinz/Peters*, Medienrecht, Rn. 303 ff.

122 Vgl. dazu *Prinz/Peters*, Medienrecht, Rn. 673 ff.

123 BVerfGE 73, 118/201.

124 Vgl. hierzu auch LG Düsseldorf, MMR 1998, 376, das eine Homepage als Mediendienst eingeordnet, deren Qualifizierung als journalistisch-redaktionellen Inhalt i. S. d. § 6 Abs. 2 MDStV jedoch abgelehnt hat.

Provider, die im Internet elektronische Presseerzeugnisse bereithalten, wie für Akteure im Bereich der Printmedien der publizistische Sorgfaltsmaßstab und das Gegendarstellungsrecht, ist der Sorgfaltsmaßstab bei der Bereithaltung allgemeiner Inhalte weniger streng. Auch ein Gegendarstellungsanspruch der Geschädigten kommt nicht in Betracht.

2. Haftung für das Bereithalten fehlerhafter Informationen im Internet

Das unerschöpfliche Angebotsspektrum des Internets beinhaltet auch eine Vielzahl von Angeboten, die nicht die Verbreitung der subjektiven Meinung oder der individuellen geistigen Leistung des Verfassers bezwecken, sondern den Nutzern Anleitungen zu bestimmten Verhaltensweisen, Ratschläge oder Empfehlungen geben. Da diese Inhalte darauf ausgerichtet sind, daß der Nutzer sich an ihnen orientiert, sie unter Umständen sogar praktisch umsetzt, ist im Fall ihrer Fehlerhaftigkeit mit Rechtsgutsverletzungen bei dem Nutzer oder einem Dritten zu rechnen. So kann der Fall, in dem ein Börseninformationsdienst den Rat gab, Aktien einer bestimmten Gesellschaft zu kaufen und dabei wichtige Informationen verschwieg[125], genauso im Internet stattfinden, wie der vielzitierte Fall einer auf einem Druckfehler beruhenden Empfehlung eines diagnostischen Handbuchs, vor Urinproben eine 25 % Kochsalzlösung zu injizieren[126]. Die bislang überwiegend im Hinblick auf Druckwerke diskutierte Gefahr der Rechtsgutsverletzung aufgrund fehlerhafter Informationen besteht damit auch bei der Verwendung von Informationen, die über das Internet verbreitet werden. Dabei ist nicht zu übersehen, daß das Risiko der Fehlerhaftigkeit einer Information im Internet noch in einem stärkeren Maße als bei Druckwerken gegeben ist. Denn als öffentlich zugängliches Netzwerk ermöglicht das Internet nicht nur professionellen Informationsanbietern die Verbreitung von Informationen, sondern eröffnet auch privaten, nichtprofessionellen Anbietern ein Forum zum Austausch von Informationen. Weniger noch als bei Informationen aus Druckwerken ist bei den im Internet verfügbaren Informationen somit davon auszugehen, daß diese exakt und fehlerfrei sind. Zu fragen ist damit, ob Content-Provider, die fehlerhafte Informationen in das Internet stellen, für die daraus resultierenden Schäden haften.

a. Haftung aus § 823 Abs. 1 BGB

Hält ein Content-Provider im Internet fehlerhafte Informationen zum Abruf bereit, die bei den Nutzern oder Dritten zu einem Schaden führen, so kommt zunächst eine Haftung aus § 823 Abs. 1 BGB in Betracht. Diese Vorschrift schützt den Einzelnen vor schuldhaften Verletzungen der dort genannten Rechte und Rechtsgüter.

---

[125] BGH NJW 1978, 997 – Börseninformationsdienst.
[126] BGH NJW 1970, 1963 – Kommafehler. Zu weiteren Fällen fehlerhafter Informationen in Druckwerken vgl. *Foerste*, NJW 1991, 1433 ff.

aa. Verletzung von durch § 823 Abs. 1 BGB geschützten Rechtsgütern

Für welche der von § 823 Abs. 1 BGB geschützten Rechtsgüter die im Internet bereitgehaltenen Informationen ein Verletzungsrisiko darstellen, hängt von der Art der Informationen ab. Handelt es sich etwa um Informationen aus dem Bereich der Medizin, Gesundheitsvorsorge oder Ernährung, führt eine falsche Angabe unter Umständen zur Verletzung des Lebens, des Körpers oder der Gesundheit des Nutzers[127]. Leiten die Informationen zu handwerklichen Tätigkeiten an, ist neben der Verletzung von Persönlichkeitsgütern auch eine Verletzung des Eigentums denkbar. § 823 Abs. 1 BGB schützt jedoch nicht das Vermögen einer Person[128]. Damit scheidet eine Haftung aus § 823 Abs. 1 BGB z. B. bei fehlerhaften Angaben durch einen Online-Börsendienst, die zu finanziellen Einbußen der Nutzer führen, aus.

bb. Kausalzusammenhang

Hält der Content-Provider fehlerhafte Informationen zum Abruf bereit, stellt sich der typische Kausalverlauf so dar, daß der Nutzer sein Verhalten an den Anleitungen, Empfehlungen oder Ratschlägen orientiert und dadurch die Rechtsgutsverletzung bei sich selbst oder bei einem Dritten verursacht. Damit beruht die letztlich zu einer Verletzung führende Handlung auf einem Willensentschluß des Verletzten und ist nur insofern kausal mit der Handlung des Content-Providers verknüpft, als daß die gegebene Information ihn zu dieser Handlung motiviert hat. Ob in diesem Fall eine Unterbrechung des Kausalverlaufs oder aber eine psychisch vermittelte Kausalität[129] gegeben ist, hängt davon ab, ob bei dem Geschädigten eine mindestens im Ansatz billigenswerte Motivation zu dessen selbstgefährdendem Verhalten gesetzt wurde, dieser sich also zu dem zur Rechtsgutsverletzung führenden Verhalten herausgefordert fühlen durfte[130]. Das Institut der psychisch vermittelten Kausalität findet auch in den Fällen Anwendung, in denen die Fehlerhaftigkeit eines Druckwerks den Leser zu einer Rechtsgutsverletzung veranlaßt hat[131]. Hier wird eine Herausforderung angenommen, wenn das Druckwerk die Wahrscheinlichkeit in sich birgt, daß der Leser in Richtung auf den beschriebenen Erfolg hinwirkt und damit die Rechtsgutverletzung verursacht; die Handlung des Lesers also eine naheliegende Konsequenz der fehlerhaften Information ist[132]. Wenngleich sich die aus dem Internet stammenden Informationen durch die öffentliche Zugänglichkeit des Internets dadurch von Informationen aus Druckwerken

---

[127] Vgl. nur BGH NJW 1970, 1963 – Kommafehler.

[128] Soergel-*Zeuner*, § 823 Rn. 47. Ausdrücklich gegen den Ersatz von Vermögensschäden bei fehlerhaften Anleitungen: BGH NJW 1973, 843/845 – Nottestamentmappe.

[129] Vgl. dazu BGHZ 70, 374/376; BGH NJW 1978, 421/422; *Deutsch*, Unerlaubte Handlung, Schadensersatz und Schmerzensgeld, § 5 Rn. 45; *Lang*, Haftung für Fehler in Druckwerken, S. 83 f; *Fikentscher*, Schuldrecht, Rn.489; *Röhl*, JZ 1979, 369/378.

[130] BGHZ 57, 25/31; BGHZ 63, 189/193; BGHZ 70, 374/376; BGH NJW 1978, 421/422.

[131] *Höckelmann*, UFITA Bd. 135 (1997), 81/132; *Lang*, Haftung für Fehler in Druckwerken, S. 83 f; *Röhl*, JZ 1979, 369/378; *Rolland*, Produkthaftungsrecht, Teil II, Rn. 38.

[132] *Lang*, Haftung für Fehler in Druckwerken, S. 84; *Höckelmann*, UFITA Bd.135 (1997), 81/132.

unterscheiden, daß sie auch von fachfremden Autoren verfaßt worden sein können und ihnen damit möglicherweise weniger Vertrauen in die inhaltliche Richtigkeit entgegengebracht wird, sind diese Grundsätze doch auch auf das Internet zu übertragen. Für die Frage nach der Kausalität kommt es nicht auf das Vertrauen und die Sicherheitserwartungen der Nutzer in die Richtigkeit der Informationen, sondern darauf an, ob es sich um eine Information handelt, die der Nutzer seinen Entscheidungen erfahrungsgemäß zugrunde legt. Unabhängig von der Art der Informationsquelle ist dies der Fall bei Informationen mit Anleitungscharakter, Ratschlägen und Empfehlungen.

cc. Pflichtwidrigkeit – Verletzung einer Verkehrspflicht

Mit der Erfüllung des Tatbestandes der adäquat kausalen Rechtsgutsverletzung ist die Rechtswidrigkeit des Tatbestands grundsätzlich indiziert[133]. Demgemäß wäre das Bereithalten fehlerhafter Informationen im Internet, das zu einer Rechtsgutsverletzung führt, bereits auf dieser Stufe mit einem Unwerturteil zu belegen und als rechtswidrig einzustufen. Dagegen bestehen jedoch Bedenken. Denn das Bereithalten fehlerhafter Informationen im Internet zieht als solches nicht ohne weiteres einen Verletzungserfolg nach sich. Der Verletzungserfolg beruht vielmehr darauf, daß ein Nutzer die fehlerhafte Information abruft und umsetzt. Während die Unrechtsindikation bei unmittelbaren Rechtsgutsverletzungen, also bei Handlungen, die ohne das Dazutreten von Zwischenursachen ein von § 823 Abs. 1 BGB geschütztes Rechtsgut verletzen, gerechtfertigt ist, ist bei einem Verhalten, das als solches nicht notwendig zu einem Verletzungserfolg führt, das aber in der Weise eine Gefahr darstellt, daß es bei dem Hinzutreten weiterer Umstände ursächlich für einen Verletzungserfolg werden kann, eine Einschränkung erforderlich. So ist eine mittelbar schädigende Handlung erst dann mit einem Unwerturteil zu belegen, wenn der Verletzungserfolg dem Handelnden aufgrund des Verstoßes gegen eine Verkehrspflicht zugerechnet werden kann[134]. Das Bereithalten einer fehlerhaften Information, Ratschläge oder Empfehlungen durch den Content-Provider ist also nur dann rechtswidrig, wenn ein Verstoß gegen eine Verkehrspflicht gegeben ist.

Als Verkehrspflicht wird allgemein die Pflicht desjenigen bezeichnet, der eine Gefahrenquelle schafft oder unterhält, die erforderlichen und zumutbaren Vorkehrungen zu treffen, um drohende Schädigungen anderer zu verhindern[135]. Anknüpfungspunkt für die Begründung einer Verkehrspflicht ist insbesondere die Beherrschung eines bestimmten Sachbereichs, die Schaffung einer besonderen Gefahrenlage, die Eröffnung und Veranstaltung eines Verkehrs sowie das Inverkehrbringen von Sachen[136]. Hält der

---

[133] Sog. Lehre vom Erfolgsunrecht, vgl. nur BGHZ 24, 21/27f.; BGHZ 74, 9/14.

[134] *Larenz/Canaris*, Schuldrecht BT II/2, § 75 II, S. 365/366; *Fikentscher*, Schuldrecht, Rn. 1058/1232 ff.; *v. Bar*, Verkehrspflichten, S. 175; *ders.*, JuS 1988, 169/173; *Mertens*, VersR 1980, 397/399; *Medicus*, BR, Rn. 646 f.

[135] BGHZ 5, 378/380f.; BGHZ 9, 373/386; BGHZ 14, 83/85; BGHZ 16, 95/98; BGHZ 62, 265/270.

[136] *Mertens*, VersR 1980, 397/402.

Content-Provider im Internet Informationen bereit, die darauf ausgerichtet sind, vom Nutzer umgesetzt zu werden, ist damit die Gefahr begründet, daß diese Informationen den Nutzer auch dann zu einem bestimmten Verhalten motivieren, wenn sie inhaltlich fehlerhaft sind. Angesichts der in diesem Fall drohenden Rechtsgutsverletzungen ist ein vorbeugendes, schadenverhütendes Tätigwerden des Content-Providers erforderlich. Steht fest, daß dem Content-Provider, der Informationen mit Anleitungscharakter, Ratschläge oder Empfehlungen im Internet bereithält, aufgrund der damit begründeten Gefahr grundsätzlich eine Verkehrspflicht obliegt, ist fraglich, welche Anforderungen an die im Einzelfall zu treffenden Sicherheitsvorkehrungen zu stellen sind.

(1) Bereithalten fehlerhafter Inhalte im Internet als Anwendungsfall der deliktischen Produzentenhaftung?

In der Lehre wird vorgeschlagen, auf den Content-Provider, der fehlerhafte Informationen im Internet bereithält, die Regeln der deliktischen Produzentenhaftung anzuwenden[137]. Die Anwendung der Produzentenhaftung hätte neben einer Umkehr der Beweislast bezüglich der schuldhaften Verletzung der Verkehrspflicht[138] zur Folge, daß dem Content-Provider die für den Warenhersteller entwickelten, besonders strengen[139] Gefahrenabwendungspflichten oblägen. Diese zeichnen sich im Vergleich zu allgemeinen Verkehrspflichten dadurch aus, daß das Maß an gebotenen Sicherheitsvorkehrungen an den potentiellen Fehlern industriell gefertigter Produkte orientiert und durch Ausformung verschiedener Verhaltenspflichten typisiert wurde[140].

(a) Vorliegen eines körperlichen Gegenstands als Voraussetzung der Produzentenhaftung?

In Anbetracht der Unkörperlichkeit über das Internet übertragener Informationen stellt sich für die Anwendung produzentenhaftungsrechtlicher Grundsätze zunächst die Frage, ob das schädigende Erzeugnis wie bei der Anwendung des Produkthaftungsgesetzes einen körperlichen Gegenstand darstellen muß. *Spindler* vertritt in diesem Zusammenhang die Auffassung, daß für das Maß an gebotenen Sicherheitsvorkehrungen

---

[137] *Spindler*, MMR 1998, 23/24; *ders.*, in: Hoeren/*Sieber*, Handbuch Multimedia Recht, Teil 12 Rn.176; ders., in ZUM 1996, 533/545. Zu der Diskussion, ob die Regeln der Produzentenhaftung auf fehlerhafte Druckwerke Anwendung finden, vgl. *Lang*, Haftung für Fehler in Druckwerken, S.69 ff.; *Cahn*, NJW 1996, 2899/2001; *Röhl*, JZ 1979, 369/375; *Wenzel*, Das Recht der Wort- und Bildberichterstattung, Rn.10.198; *Brüggemeier*, WM 1982, 1294/1307. Die Diskussion wurde nicht zuletzt durch das Urteil des BGH im sogenannten Kommafehler-Fall ausgelöst, in dem der BGH die Frage der Anwendbarkeit der Produzentenhaftung ausdrücklich offen gelassen hatte: BGH NJW 1970,1963 = JZ 1971, 63 m. Anm. *Deutsch*.

[138] Zur Anwendbarkeit der produzentenhaftungsrechtlichen Beweislastumkehr siehe unten, IV. 2. a. ee., S. 49.

[139] *Cahn*, NJW 1996, 2899/2900; *Röhl*, JZ 1979, 369/375; wohl auch *Lang*, Haftung für Fehler in Druckwerken, S. 100.

[140] *Röhl*, JZ 1979, 369/374.

nicht die Verkörperung, sondern die der Information innewohnende Gefahr für deliktisch geschützte Rechtsgüter entscheidend sei und kommt zu dem Ergebnis, daß die Anwendung der Produzentenhaftung auf Informationen im Internet „kein besonderes Problem" darstellt [141]. Dieser Auffassung ist nur insoweit zuzustimmen, als es für die Anwendbarkeit der deliktischen Produzentenhaftung nicht darauf ankommen kann, daß es sich bei dem schädigenden Erzeugnis um einen körperlichen Gegenstand handelt[142]. Denn anders als die im Produkthaftungsgesetz geregelte verschuldensunabhängige Produkthaftung knüpft die deliktische Produzentenhaftung ihre Rechtsfolge nicht an das Vorliegen eines fehlerhaften Produktes, sondern an den schuldhaften Verstoß gegen eine spezifische Gefahrenabwendungspflicht des Warenherstellers.

(b) Schutzzweck der Produzentenhaftung im Hinblick auf die spezifischen Gefahrenabwendungspflichten des Warenherstellers

Allein die Gefährlichkeit von Informationen für die Rechtsgüter Dritter rechtfertigt jedoch nicht die Gleichbehandlung des Content-Providers mit einem Warenhersteller. Vielmehr gilt es, unter Berücksichtigung der Umstände, deretwegen für Warenhersteller ein spezifischer Pflichtenkatalog entwickelt wurde, zu untersuchen, ob mit dem Verfassen und Verbreiten fehlerhafter Informationen im Internet eine Fallgestaltung gegeben ist, die der Herstellung und dem Inverkehrbringen fehlerhafter Waren gleichzusetzen ist. Grundlegende Motivation zur Entwicklung spezifischer Herstellerpflichten war das Bedürfnis, Risiken der industriellen Produktion abzuwehren[143]. Denn die Entwicklung von der manuellen Fertigung einzelner Erzeugnisse hin zur industriellen Massenproduktion hat nicht nur dazu geführt, daß sich das Herstellungsverfahren für den Abnehmer als besonders unüberschaubar und undurchsichtig darstellt. Die im Wege der industriellen Produktion hergestellten Produkte bergen zudem das Risiko, daß ihnen besondere, auf den Produktionsablauf zurückzuführende Fehler anhaften. Dementsprechend ist der Warenhersteller verpflichtet, Fehler zu verhindern, die aus der Konstruktion[144] und aus der Fabrikation[145] eines Produktes resultieren können. Sind mit der Verwendung des Produktes spezifische Gefahren verbunden, ist der Her-

---

[141] *Spindler*, MMR 1998, 23/24; *ders.* in: Hoeren/Sieber, Handbuch Multimedia Recht, Teil 12 Rn. 179.

[142] a. A. *Höckelmann*, UFITA Bd. 135, 81/85, der daran festhält, daß es sich bei dem schädigenden Erzeugnis um eine „Ware" und damit um einen körperlichen Gegenstand handelt. Auch andere Befürworter der Produzentenhaftung für fehlerhafte Druckwerke halten an dem Erfordernis der Verkörperung fest, das sie bei Druckwerken für gegeben erachten, vgl. *Cahn*, NJW 1996, 2899/2901; *Röhl*, JZ 1979, 369/375; MünchKomm-*Mertens*, § 823 Rn. 277.

[143] *Simitis*, FS für Duden, S. 605/620. Dies erklärt, warum das Merkmal der industriellen Produktion zum Teil als Tatbestandsvoraussetzung der Produzentenhaftung eingeordnet wurde, vgl. nur *Brüggemeier*, WM 1982, 1294/1299.

[144] BGHZ 67, 359; BGH VersR 1971, 673; BGH VersR 1977, 500; *Brüggemeier*, WM 1982, 1294/1300.

[145] BGHZ 51, 91 – Hühnerpest; BGH VersR 1972, 559; OLG Düsseldorf NJW 1978, 1693.

steller zudem verpflichtet, den Verbraucher darüber zu informieren, wie das Produkt gefahrlos genutzt werden kann[146].

(c) Geltung dieser Grundsätze für den Content-Provider

Wenngleich Fehler online übermittelter Informationen, die auf Tippfehlern oder einer geistigen Fehlleistung des Content-Providers beruhen, als Konstruktionsfehler und das Versäumnis des Content-Providers, auf die besondere Gefährlichkeit einer Information hinzuweisen, als Instruktionsfehler bezeichnet werden könnten[147], wäre es übereilt, hieraus den Schluß zu ziehen, daß die spezifischen Gefahrenabwendungspflichten des Warenherstellers auf den Content-Provider zu übertragen sind[148]. Denn die einer Information innewohnenden Fehler sind, unabhängig davon, ob sie in das produzentenhaftungsrechtliche Begriffsschema der Konstruktions- bzw. Instruktionsfehler gepreßt werden können, nicht als spezifische Risiken der Produktionsabläufe einer modernen Industriegesellschaft einzuordnen. Kann für die Herstellung von Druckwerken noch der Vervielfältigungsprozeß als fehlerträchtiger Produktionsablauf herangezogen werden[149], ist die „Herstellung" von Informationen im Internet, d. h. die Beschaffung und Aufbereitung von Informationen, der damit verbundene intellektuelle Vorgang sowie die Eingabe von Gedanken in den Computer, nicht mit der in der Regel maschinell gesteuerten industriellen Herstellung oder Verarbeitung einer Ware zu vergleichen[150]. Die Fehler online übertragener Informationen sind damit auch nicht auf Risiken der industriellen bzw. technologischen Massenproduktion, sondern allein auf menschliches Versagen bei der manuellen Herstellung von Informationen zurückzuführen. Zu ihrer Vermeidung bedarf es aus diesem Grund auch anderer Maßnahmen als zur Vermeidung von Fehlern bei der Warenproduktion.

(d) Zwischenergebnis

Wegen unterschiedlicher Fehlerquellen führt eine Gleichbehandlung der Content-Provider mit dem Warenhersteller an dieser Stelle nicht weiter. Sie ist auch nicht erforderlich. Denn der Geschädigte bleibt ohne Anwendung der spezifischen Herstellerpflichten nicht ohne Schutz, vielmehr bestimmen sich die an die Sicherheitsvorkeh-

---

[146] BGHZ 64, 46; BGHZ 80, 186 – Apfelschorf; BGH NJW 1975, 1829; BGH NJW 1981, 2514; BGH NJW 1986, 1863; BGH NJW 1987, 372.

[147] Fabrikationsfehler, d. h. Fehler, die bei der Herstellung selbst entstehen und nur einzelnen Produkten anhaften, sind bei der Herstellung und Verbreitung von Informationen über das Internet nicht vorstellbar. Denn der Text, der auf dem Internet-Server abgelegt und in das Internet eingespeist wird, erscheint in genau dieser Form auf dem Bildschirm jedes auf diesen Text zugreifenden Nutzers. Das Vorliegen eines Fehlers, der nur einzelnen „Produkten" anhaftet, ist für den Bereich des Internets somit nicht denkbar.

[148] a. A.: *Spindler*, MMR 1998, 23/25.

[149] Vgl. *Foerste*, NJW 1991, 1433/1434.

[150] *Hoeren/Pichler*, in: Loewenheim/Koch (Hrsg.), Praxis des Online-Rechts, S. 409, die dieses Argument allerdings erst zur Ablehnung der Anwendbarkeit des PHG anführen.

rungen zu stellenden Anforderungen nach den für allgemeine Verkehrspflichten geltenden Kriterien der Erforderlichkeit und Zumutbarkeit. Der eigentliche Grund für die Heranziehung produzentenhaftungsrechtlicher Grundsätze zur Bestimmung der providerseitigen Pflichten dürfte wohl darin liegen, daß auf diesem Weg die Hürde für die Anwendung der produzentenhaftungsrechtlichen Beweislastumkehr überwunden werden soll. Die Frage einer Beweislastumkehr ist jedoch unter Berücksichtigung anderer Gesichtspunkte als die Frage nach Verhaltenspflichten zu beantworten, so daß dieses Vorgehen abzulehnen ist.

(2) Bestimmung des Maßes an Sicherheitsvorkehrungen nach den Kriterien der Erforderlichkeit und Zumutbarkeit

Außerhalb der Produzentenhaftung bestimmt sich der Inhalt der dem Pflichtigen obliegenden Verkehrspflicht allein danach, welche Maßnahmen erforderlich und zumutbar sind, um die Gefahr von den Rechtsgütern Dritter abzuwenden[151]. Für die Bestimmung, welche Maßnahmen zur Gefahrenabwehr im Einzelfall erforderlich sind, kommt es neben den Sicherheitserwartungen der typischen Benutzerkreise[152] auf die Art und Intensität der von der Tätigkeit ausgehenden Gefahren an[153]. Die Frage der Zumutbarkeit bestimmter Maßnahmen ist dagegen abhängig von deren Erforderlichkeit, so daß dem Content-Provider umfassende Sicherheitsvorkehrungen in jedem Fall zuzumuten sind, wenn er das Vertrauen der Leser in die Richtigkeit erweckt und ein gefährliches Thema behandelt.

(a) Sicherheitserwartungen der Nutzer

Der Schutz berechtigter Vertrauenserwartungen ist ein wesentliches Element bei der Bestimmung des Pflichteninhalts. Sind die Sicherheitserwartungen des Nutzers im Hinblick auf eine ihm zur Verfügung gestellte Information besonders hoch, so verläßt er sich auf deren Zuverlässigkeit und Richtigkeit und ist geneigt, sein Verhalten daran zu orientieren[154]. Je höher die einem Informationsangebot entgegengebrachten Sicherheitserwartungen sind, desto umfassender muß der Content-Provider folglich dafür sorgen, daß diese Information richtig ist und von ihr keine Gefahren für die Rechtsgüter Dritter ausgehen.

---

[151] *Deutsch*, Unerlaubte Handlung, Schadensersatz und Schmerzensgeld, § 17 Rn. 257 f.

[152] BGH NJW 1990, 906/907; *Foerste,* in: Graf von Westphalen (Hrsg.), Produkthaftungshandbuch, Bd. 1, § 23 Rn. 13; *v. Bar*, JuS 1988, 169/170.

[153] *Foerste,* NJW 1991, 1433/1435; *ders.,* in: Graf von Westphalen (Hrsg.), Produkthaftungshandbuch, Bd.1, § 23 Rn. 13; *Spindler*, MMR 1998, 23/26.

[154] Allgemein *Fikentscher*, Schuldrecht, Rn. 1234.

(aa) Art und Aufmachung der Inhalte

Für die Höhe der Sicherheitserwartungen kommt es zunächst darauf an, wie eine Veröffentlichung aufgemacht ist, welche Formulierungen vom Verfasser gewählt wurden[155]. So wird der Nutzer einer Online-Publikation, die auf hohem stilistischen Niveau wissenschaftliche Erkenntnisse preisgibt, eher auf die inhaltliche Richtigkeit vertrauen und eine solche auch erwarten als der Nutzer einer allgemeinen Informationsseite mit Gesundheits- oder Reisetips[156]. Hohe Sicherheitserwartungen werden auch in die Richtigkeit von Artikeln elektronischer Presseerzeugnisse gesetzt werden. Das besondere gesellschaftliche Ansehen der Presse bewegt den Nutzer auch bei online abrufbaren Presserzeugnissen dazu, auf die Richtigkeit der Informationen zu vertrauen und sein Verhalten daran zu orientieren[157]. Ist für den Nutzer dagegen zu erkennen, daß der Provider auf einer Web-Site lediglich seinen persönlichen Standpunkt zu einem Thema darlegt, ohne den Anspruch der Vollständigkeit und der Richtigkeit zu erheben, sind auch die Sicherheitserwartungen entsprechend gering. Der Content-Provider kann folglich schon durch die Aufmachung seiner Web-Seiten auf die Sicherheitserwartungen der Nutzer einwirken und damit auch die Anforderungen, die an die zur Gefahrenabwehr erforderlichen Maßnahmen zu stellen sind, steuern.

(bb) Sachkunde und Lebenserfahrung der Nutzerkreise

Die Sicherheitserwartungen der Nutzer sind jedoch nicht nur von der Aufmachung der Informationen abhängig, sondern richten sich daneben grundsätzlich auch nach ihrer jeweiligen Ausbildung, Sachkunde und Lebenserfahrung[158]. Während der angesprochene Leserkreis bei Druckwerken anhand des behandelten Themenkomplexes, des Verkaufspreises und des Verkaufsortes in der Regel relativ einfach zu bestimmen ist[159] und sich die Autoren bzw. Verleger im Hinblick auf die zu treffenden Gefahrenabwehrmaßnahmen auf einen bestimmten Lesertypus einstellen können, ist eine solche Eingrenzung bei den im Internet bereitgehaltenen Informationen nur schwer durchzuführen. Aufgrund der Eigenart des Internets, grundsätzlich jedem Nutzer mit Internetzugang den Zugriff auf die weltweit verfügbaren Informationen zu ermöglichen[160], muß der Verfasser einer Information damit rechnen, daß nicht nur fachlich vorgebildete Nutzer auf seine Web-Seiten zugreifen, sondern daß auch ein „zufällig hineinsur-

---

[155] Für Druckwerke vgl. *Foerste*, NJW 1991, 1433/1435.
[156] Vgl. *Spindler*, MMR 1998, 23/26.
[157] Für Printmedien vgl. *Lang*, Haftung für Fehler in Druckwerken, S.91; für elektronische Publikationen vgl. *Spindler*, MMR 1998, 23/25; *ders.*, ZUM 1996, 533/545; *Hoeren/Pichler*, in: Koch/Loewenheim, Praxis des Online-Rechts, S.18.
[158] Für Druckwerke vgl. *Foerste*, NJW 1991, 1433/1435.
[159] So ist z. B. nicht davon auszugehen, daß medizinische oder juristische Fachbücher, die in der Regel zu hohen Preisen in Fachbuchhandlungen angeboten werden, von fachfremden Interessenten genutzt werden.
[160] Mit Ausnahme solcher Informationen, die aus Gründen des Jugendschutzes verschlüsselt sind.

fender"[161] Nutzer die bereitgehaltenen Informationen verwendet. Damit müßte sich der Content-Provider, wollte er jegliche Gefahren vermeiden, grundsätzlich auf die Sicherheitserwartungen desjenigen Nutzers einrichten, der ohne fachliche Vorbildung auf seine Information stößt. Aber ebensowenig wie sich ein Autor oder Verleger darauf einstellen muß, daß ein Laie ein fachspezifisches Druckwerk erwirbt[162] und Fehler übersieht, die für einen fachlich vorgebildeten Leser mühelos zu erkennen gewesen wären, kann der Content-Provider dazu verpflichtet sein, sich für den Umfang der zu treffenden Gefahrenabwehrmaßnahmen an dem zufällig hineinsurfenden Nutzer zu orientieren[163]. Vielmehr muß es für die Bestimmung des Pflichteninhalts auf die Erwartungen desjenigen Nutzers ankommen, an den sich der Provider mit seinen Informationen wendet.

(cc) Entgeltlichkeit der Informationserlangung

Die Sicherheitserwartungen der Nutzer sind weiterhin auch von der Entgeltlichkeit bzw. Unentgeltlichkeit der Informationserlangung abhängig. Ist dem Nutzer die Erlangung einer Information nur gegen ein entsprechendes Entgelt möglich, wird er zu Recht erwarten, daß die ihm mitgeteilten Informationen inhaltlich richtig sind. Der Content-Provider ist in diesem Fall gehalten, die bereitgestellten Informationen vor der Einspeisung ins Internet intensiv auf eventuelle Fehler zu untersuchen.

(b) Art und Intensität der drohenden Gefahren

Maßgeblich für den Inhalt und Umfang der zu treffenden Maßnahmen ist weiterhin die Art und Intensität der mit der Veröffentlichung zusammenhängenden Gefahren. Dabei ist insbesondere zu berücksichtigen, welche Themenbereiche die angebotenen Inhalte behandeln. Handelt es sich um wissenschaftliche Informationen und Daten aus dem Bereich der Medizin und Pharmazie, die ein extremes Gefährdungspotential aufweisen, kann eine Fehlerhaftigkeit zu falschen Dosierungen oder Anwendungsmethoden und damit zu Gesundheitsschäden führen. Dies gilt insbesondere dann, wenn der Fehler auch für einen fachmännischen Nutzer nicht ohne weiteres zu erkennen ist[164]. Zum Schutz der Gesundheit Dritter ist in diesem Bereich deshalb die unbedingte Vermeidung von Fehlern geboten[165]. Eine ebenso sorgfältige Kontrolle ist auch in anderen sensiblen Bereichen, bei denen eine fehlerhafte Darstellung von Daten zu außerordentlichen Schäden führen kann, wie z.B. See- und Flugkarten, geboten. Auch der BGH, der ausdrücklich betont hat, daß bei Druckwerken im Einzelfall nicht jeder Fehler mit

---

161 *Spindler*, MMR 1998, 23/26.

162 *Höckelmann*, Die Produkthaftung für Verlagserzeugnisse, S. 88; *ders.* UFITA Bd. 135, 81/109.

163 *Spindler*, MMR 1998, 23/26; ders., in: Hoeren/Sieber, Handbuch Multimedia Recht, Teil 12 Rn.182.

164 *Larenz/Canaris*, Schuldrecht BT II/2, § 76 III, S. 428.

165 So im Hinblick auf Druckwerke *Foerste*, NJW 1991, 1433/1436; im Hinblick auf Informationen im Internet *Hoeren/Pichler*, in: Loewenheim/Koch, Praxis des Online-Rechts, S. 408.

Sicherheit vermieden werden kann, erkennt an, daß Fehler bei bestimmten Druckwerken, etwa mathematischen oder technischen Tabellen, unbedingt vermieden werden müssen[166]. Dasselbe muß auch dann gelten, wenn solche Informationen im Internet verbreitet werden.

(c) Zwischenergebnis

Die Ausführungen zeigen, daß nicht jeder Content-Provider, der auf seinen Web-Seiten Informationen mit Anleitungscharakter, Ratschläge und Empfehlungen bereithält, dazu verpflichtet ist, die gegebenen Informationen so umfassend zu kontrollieren, daß jeder Fehler auszuschließen ist. Für das Maß an gebotenen Sicherheitsvorkehrungen kommt es vielmehr auf den Gefahrengrad der konkreten Information für die Rechte Dritter und die Sicherheitserwartungen der Nutzer an. Dabei sind die für die Sicherheitserwartungen der Nutzer maßgeblichen Faktoren im Einzelfall miteinander abzuwägen. Als Richtschnur ist festzuhalten, daß ein Content-Provider verpflichtet ist, Fehler durch gründliche Recherchen, sorgfältiges Eingeben der Informationen in den Computer sowie gründliche Inhaltskontrollen zu vermeiden, wenn die Informationen aufgrund ihrer Aufmachung oder ihrer Entgeltlichkeit einen Anspruch auf Vertrauenswürdigkeit und Seriosität vermitteln. Dies gilt verstärkt dann, wenn der behandelte Themenkomplex eine Gefahr für die körperliche Integrität der Nutzer darstellt.

dd. Berücksichtigung des grundrechtlichen Schutzes aus Art. 5 GG

Bei der Frage, ob die Problematik einer Haftung für fehlerhafte Informationen auch eine Berücksichtigung des Grundrechts der Meinungsfreiheit verlangt, gilt es zu beachten, daß der Schutzbereich des Art. 5 Abs. 1 S. 1 GG sich von vornherein nicht auf Tatsachenmitteilungen erstreckt, die, wie etwa statistische Angaben, keinen Meinungsbezug haben[167]. Bei Informationen mit Anleitungscharakter, bei denen oftmals nicht die eine Meinung prägenden Elemente der Stellungnahme, des Dafürhaltens und der Beurteilung[168], sondern meinungsneutrale Angaben zu praktischen Verhaltensweisen im Vordergrund stehen, ist aus diesem Grund zunächst zu untersuchen, ob diese überhaupt in den Schutzbereich der Meinungsfreiheit fallen. Zu beachten ist weiterhin, daß unrichtige Informationen, d. h. Tatsachenmitteilungen, die bereits im Zeitpunkt ihrer Äußerung evident unwahr sind, nicht vom Schutzbereich dieses Grundrechts erfaßt werden[169]. Erstreckt sich der Schutzbereich der Meinungsfreiheit im Einzelfall aber auch auf eine im Internet veröffentlichte fehlerhafte Information, kann hieraus keine Beschränkung oder gar ein Ausschluß der Haftung folgen. Denn die Meinungsfreiheit tritt zurück, wenn ihre Ausübung höherrangige Interessen beeinträchtigen

---

[166] BGH NJW 1970, 1963/1964 – Kommafehler.
[167] BVerfGE 65, 1/40 –Volkszählungsgesetz .
[168] BVerfGE 61, 1/8.
[169] BVerfGE 54, 208/219; vgl. dazu auch *Grimm*, NJW 1995, 1697/1699.

würde[170]. Insbesondere bei Informationen, die ihrer Art nach zu einer Verletzung des Lebens oder des Körpers der Nutzer führen können, wird der mit einem Haftungsrisiko gegebene Eingriff in die Meinungsfreiheit aus diesem Grund gerechtfertigt sein.

ee. Beweislast – Anwendung der produzentenhaftungsrechtlichen Beweislastumkehr?

Nach den allgemeinen Grundsätzen der Beweislastverteilung hat der Geschädigte im Haftungsfall die schuldhafte Verkehrspflichtverletzung des Content-Providers und die dadurch verursachte Rechtsgutsverletzung mit nachfolgendem Schadenseintritt zu beweisen. Etwas anderes würde gelten, wenn, wie von den Befürwortern einer Produzentenhaftung der Content-Provider vertreten wird, die für die Produzentenhaftung entwickelte Beweislastumkehr zur Anwendung käme[171]. In diesem Fall obläge es dem Content-Provider, nachzuweisen, die ihm obliegenden Verkehrspflichten bei der Herstellung und Verbreitung von Informationen erfüllt zu haben.

Die von der Rechtsprechung entwickelte Beweislastumkehr beruht auf der Erkenntnis, daß der Hersteller, der die Produktionssphäre überblickt und den Herstellungsprozeß organisiert, besser in der Lage ist, den objektiven Geschehensablauf aufzuklären und darzulegen, ob er seine Verkehrspflicht ordnungsgemäß erfüllt hat[172]. Zudem soll der Hersteller als wirtschaftlicher Nutznießer der Warendistribution auch das Risiko tragen, daß schädliche Produkte in den Verkehr gelangen können[173]. Es fragt sich, ob diese Argumente auch im Verhältnis zwischen Content-Provider und Nutzer Bestand haben. Wie bereits im Hinblick auf die spezifische Verhaltenspflicht der Warenhersteller erörtert, handelt es sich bei internetrechtlichen Sachverhalten nicht um solche, die von der industriellen Massenproduktion geprägt sind. Die Rechtsprechung zeigt jedoch, daß es für die Anwendung der produzentenhaftungsrechtlichen Beweislastumkehr nicht darauf ankommt, daß das schädigende Produkt im Wege der industriellen Massenproduktion hergestellt wurde[174]. Maßgeblich ist vielmehr die Unübersichtlichkeit des Produktionsablaufs für den geschädigten, außenstehenden Dritten, dem aufgrund dieser Sachlage die Möglichkeit zur Beweisführung versperrt ist.

Die besondere Funktionsweise des Internets, die es den Content-Providern ermöglicht, von jedem Ort der Welt Informationen in das Internet zu speisen, führt dazu, daß die Nutzer die Content-Provider nicht lokalisieren können und keinen Einblick in deren Arbeits- und Organisationssphäre haben. Der Herstellungsprozeß erfolgt für die Nutzer unsichtbar, sichtbar ist nur das auf dem Bildschirm erscheinende Ergebnis. Aufgrund dieser Situation wird es für einen Nutzer überaus beschwerlich sein, den Sachverhalt im nachhinein aufzuklären und nachzuvollziehen, welche Sicherheitsvor-

[170] BVerfGE 7, 198/209f.
[171] *Spindler*, in Handbuch Multimedia Recht, Teil 8, Rn. 188.
[172] BGHZ 51, 91/105.
[173] *Diederichsen*, NJW 1978, 1281.
[174] Vgl. nur BGHZ 114, 104/109 f.

kehrungen getroffen wurden. Erscheint eine Beweislastumkehr zugunsten des Geschädigten aufgrund dieser Sachlage als naheliegend, ist zu berücksichtigen, daß das Internet vielfach von privaten Content-Providern verwendet wird, die bei der Informationsverbreitung keine wirtschaftlichen Zwecke verfolgen. In diesem Fall trifft der für die Beweislastumkehr bei der Produzentenhaftung angeführte, auf dem Interessenprinzip basierende Gedanke, daß derjenige, der wirtschaftliche Vorteile aus seiner Tätigkeit zieht, auch das aus dieser Tätigkeit resultierende Verletzungsrisiko tragen soll, nicht zu. Um im Hinblick auf eine Beweislastumkehr gerechte Ergebnisse zu erzielen, könnte vorsichtig der in § 1 Abs. 2 Nr. 3 PHG Produkthaftungsgesetz niedergelegte Gedanke fruchtbar gemacht werden, denjenigen vor einer strengen Haftung zu schützen, der das Produkt weder für den Verkauf noch für eine andere Form des Vertriebs mit wirtschaftlichem Zweck im Rahmen seiner beruflichen Tätigkeit hergestellt oder vertrieben hat. Damit würde die Beweislastumkehr nur in dem Fall Anwendung finden, in dem mit der Bereithaltung der fehlerhaften Information ein wirtschaftlicher Zweck verfolgt wurde oder dies im Rahmen der beruflichen Tätigkeit des Content-Providers stattgefunden hat.

b. Haftung nach dem Produkthaftungsgesetz

In Betracht kommt weiterhin eine Haftung nach dem Produkthaftungsgesetz (PHG), das neben den allgemeinen deliktsrechtlichen Grundsätzen anwendbar ist. Das PHG, mit dem die EG-Produkthaftungsrichtlinie von 1985 umgesetzt wurde, dient dem Schutz der Verbraucher vor Schäden, die aus dem Gebrauch fehlerhafter Produkte resultieren und statuiert eine verschuldens-unabhängige Haftung[175]. Aufgrund des Verzichts auf eine Verkehrspflichtverletzung würde die Geltung des PHG für die als Informationsverbreiter im Internet agierenden Content-Provider ein außerordentlich großes Haftungsrisiko darstellen.

aa. Informationen im Internet als Produkte i. S. d. PHG

Voraussetzung für die Anwendbarkeit des PHG ist das Vorliegen eines fehlerhaften Produktes. Nach der Legaldefinition des § 2 PHG ist als Produkt so wie auch Elektrizität jede bewegliche Sache zu qualifizieren, auch wenn diese in eine bewegliche oder unbewegliche Sache eingebaut wird.

(1) Online übermittelte Informationen als Sache i. S. d. § 2 PHG

Maßgebend für den Begriff der beweglichen Sache i. S. d. § 2 S. 1 PHG ist § 90 BGB, der als Sache nur körperliche Gegenstände begreift[176]. Damit ist das PHG auf Sachen

[175] *Taschner*, NJW 1986, 611; *Graf von Westphalen*, Produkthaftungshandbuch, Bd. 2, § 59 Rn. 10.
[176] *Frietsch,* in: Taschner/Frietsch, PHG, § 2 Rn. 17; *Graf von Westphalen*, Produkthaftungshandbuch, Bd. 2, § 61 Rn. 4.

zugeschnitten, die in irgendeiner Form verkörpert sind[177], und schützt aus diesem Grund zunächst auch nur vor physischen Gefahren, die von einer Sache als körperlichem Gegenstand ausgehen. Informationen, die im Wege der Datenfernübertragung über das Internet verbreitet werden, sind aber gerade dadurch gekennzeichnet, daß sie eben nicht verkörpert, sondern körperlos sind. Ihre Gefährlichkeit für Dritte resultiert nicht aus der physischen Beschaffenheit, sondern aus einer fehlerhaften intellektuellen Leistung, einem Schreib- oder Übermittlungsfehler. Vor diesem Hintergrund stellt sich die Frage, ob das PHG auf die im Internet verbreiteten fehlerhaften Informationen überhaupt Anwendung finden kann.

Hilfreich für die Beantwortung dieser Frage ist der Vergleich zu Druckwerken, denn auch bei diesen ist in der Regel nicht das die Information enthaltene verkörperte Medium wie z. B. das Zeitungspapier, der Buchumschlag etc. als solches gefährlich, sondern die Information, die dieses Medium enthält. Trotz der Körperlosigkeit der eigentlichen Information wird bei Druckwerken wie z. B. Büchern, Landkarten oder Zeitschriften die Anwendbarkeit des PHG überwiegend bejaht[178]. Der Ansicht, daß das PHG ausschließlich Schutz vor physischen Gefahren biete und somit nicht vor intellektuellen Fehlleistungen schütze, wird entgegengehalten, daß die intellektuelle Fehlleistung bei Druckwerken so eng mit dem Trägermedium verknüpft sei, daß sie nicht isoliert betrachtet werden könne[179]. Zudem würde der Verbraucher ein erhöhtes Vertrauen in verkörperte intellektuelle Leistungen setzen[180] und sich auf die Richtigkeit von Druckwerken verlassen[181]. Ein veröffentlichtes Druckwerk erwecke beim Verbraucher den Anschein, daß es vom Verfasser nicht mehr geändert werden soll und zudem mehrere Überarbeitungen und Korrekturen erfahren hat[182]. Es stellt sich die Frage, ob eine vergleichbare Situation auch bei Informationen gegeben ist, die im Wege der Datenfernübertragung über das Internet zum Empfänger gelangen. Dabei ist zu berücksichtigen, daß der Empfänger online übertragener Informationen diese zum einen durch schlichtes Ablesen von seinem Bildschirm erhalten kann, er aber zum anderen oftmals auch die Möglichkeit hat, die Informationen auszudrucken oder aber auf seiner Festplatte oder einem Trägermedium abzuspeichern.

(a) Kurzzeitig vorgehaltene Informationen

Anders als gedruckte Informationen, die dem Nutzer mit Besitz des Druckwerks dauerhaft zur Verfügung stehen, sind online übertragene Informationen nur für eine be-

---

[177] *Rolland*, Produkthaftungsrecht, § 2 Rn. 13; *Spindler*, MMR 1998, 119/120; *Cahn*, NJW 1996, 2899/2901.

[178] MünchKomm-*Cahn*, PHG, § 2 Rn. 6; *Rolland*, Produkthaftungsrecht, § 2 Rn. 16/20; *Frietsch*, in: Taschner/Frietsch, PHG, § 2 Rn. 20; *Cahn*, NJW 1996, 2899, 2901 ff.; *Ricker-Müller/Malm*, AfP 1988/89, 506; a. A.: *Foerste*, NJW 1991,1433/1438.

[179] *Rolland*, Produkthaftungsrecht, § 2 Rn. 16.

[180] MünchKomm-*Cahn*, PHG, § 2 Rn. 6.

[181] *Cahn*, NJW 1996, 2899/2903.

[182] *Höckelmann*, Die Produkthaftung für Verlagserzeugnisse, S. 119.

grenzte Zeit, nämlich die Zeit, in der der Nutzer „online“ ist, zu empfangen. Damit ist bei Informationen im Internet auch nicht die einem verkörperten Produkt anhaftende fortdauernde potentielle Gefährlichkeit gegeben[183], die eine Anwendung des PHG rechtfertigen würde. Die im Vergleich zu Druckwerken fehlende Verknüpfung mit einem ständig verfügbaren Trägermedium macht deutlich, daß das für die Anwendung des PHG auf Druckwerke angeführte Argument des erhöhten Vertrauens der Verbraucher in verkörperte intellektuelle Leistungen nicht auf online übertragene Informationen zu transferieren ist. Informationen, die von einer Web-Seite abgerufen werden, können, da sie dem Einflußbereich des Verfassers nicht entzogen sind, jederzeit geändert und berichtigt werden. Dementsprechend besteht kein Bedürfnis, das Vertrauen der Nutzer auf die Unveränderlichkeit der Information zu schützen. Angesichts der mangelnden Verkörperung sowie der fehlenden Verknüpfung zu einem Trägermedium sind Informationen, die im Wege der Datenfernübertragung zum Nutzer gelangen und diesem nur kurzzeitig zur Verfügung gestellt werden, nicht dem PHG zu unterstellen.

(b) Vom Nutzer ausgedruckte bzw. abgespeicherte Informationen

Wie bereits angedeutet, besteht für den Nutzer aber die Möglichkeit, Informationen auszudrucken oder aber auf der Festplatte oder einer Diskette abzuspeichern. In diesem Fall ist durch die Verknüpfung mit einem Trägermedium eine Verkörperung der Information gegeben. Nach einer bislang vereinzelt vertretenen Auffassung führt die durch das Ausdrucken bzw. Speichern bewirkte Verkörperung der Information zur Anwendung des PHG[184]. Dagegen ist einzuwenden, daß die durch den Ausdruck oder die Speicherung der Information erfolgte Verkörperung durch eine Handlung des Nutzers herbeigeführt wird. Die in diesem Fall mit der Verkörperung entstandene Unveränderlichkeit der Information, die bei Druckwerken das erhöhte Vertrauen der Verbraucher rechtfertigt, erfolgt somit unabhängig vom Willen des Verfassers. Auch wenn der Nutzer die Information ausgedruckt oder gespeichert hat, bleibt es dem Verfasser unbenommen, seine über das Netz verbreitete Information in der nächsten Minute zu verändern oder zu berichtigen. Anders als bei den dem Verbraucher zur Verfügung stehenden Druckwerken ist die online übertragene Information dem Einflußbereich des Verfassers auch in dieser Fallkonstellation somit nicht dauerhaft entzogen. Der Nutzer des Internets kann aus diesem Grund nicht darauf vertrauen, daß ihm die aktualisierte und berichtigte Version der Information zur Verfügung steht. Auch der Vorschlag, das PHG nur dann zur Anwendung kommen zu lassen, wenn der Content-Provider die nutzerseitige Abspeicherung oder den Ausdruck der Information vorgesehen hat[185], überzeugt nicht. Denn es liegt auf der Hand, daß die Content-Provider zur Vermeidung einer Haftung in diesem Fall davon absähen, ihre Informationen vom Nutzer abspeichern oder ausdrucken zu lassen. Dieses Ergebnis

[183] *Spindler*, MMR 1998, 119/121.
[184] *Spindler*, MMR 1998, 119/121; *ders.*, in: Hoeren/Sieber, Handbuch Multimedia Recht, Teil 12 Rn. 221 f. Dieser Auffassung hat sich *Koch*, Internetrecht, S. 217, angeschlossen.
[185] So aber *Spindler*, in: Hoeren/Sieber, Handbuch Multimedia Recht, Teil 12 Rn. 221f.

Nutzer abspeichern oder ausdrucken zu lassen. Dieses Ergebnis widerspräche jedoch dem Bestreben einer Informationsgesellschaft, die Funktionen des Internets voll auszuschöpfen und eine Weiterentwicklung dieses Informationsmediums nicht zu behindern. Dem Vorschlag, die Anwendbarkeit des PHG von der Speicherung oder dem Ausdruck der online übermittelten Information abhängig zu machen, ist somit nicht zu folgen[186].

(2) Online übermittelte Informationen als Elektrizität i. S. d. § 2 PHG

Da es sich bei online übermittelten Informationen um Daten handelt, die mit Hilfe von Elektrizität transportiert werden, ist es denkbar, eine Anwendung des PHG über das ausdrücklich in § 2 S. 1 PHG genannte Merkmal der Elektrizität zu erreichen. So wird zumindest im Hinblick auf online übertragene Software erklärt, daß die Parallele zur Elektrizität „auf der Hand" liege[187]. Grund für die ausdrückliche Nennung der Elektrizität in der Produktdefinition des PHG war der Umstand, daß Elektrizität im deutschen Recht nicht als Sache definiert wird[188], nach den Vorgaben der EG-Produkthaftungsrichtlinie jedoch als „Produkt" vom Anwendungsbereich des nationalen Produkthaftungsgesetzes erfaßt sein sollte[189]. Mit der so erzielten Aufnahme der Elektrizität in die nationalen Produkthaftungsgesetze der Mitgliedstaaten wurde bezweckt, die in diesem Zusammenhang bestehende Uneinheitlichkeit in den Mitgliedstaaten zu beseitigen[190]. Eine darüber hinaus gehende Intention, etwa die mit elektrischer Energie ermöglichte Datenfernübertragung vom Anwendungsbereich der nationalen Gesetze zu erfassen, bestand dagegen nicht[191]. Vor diesem, den Ausnahmecharakter der Elektrizität im Produktbegriff des PHG verdeutlichenden Hintergrund wäre es verfehlt, das Merkmal der Elektrizität weit auszulegen und auf online übertragene Informationen Anwendung finden zu lassen[192].

bb. Ergebnis

Informationen, die im Wege der Datenfernübertragung über das Internet zu den Nutzern gelangen, sind nicht als Produkte im Sinne des § 2 PHG zu qualifizieren. Das Produkthaftungsgesetz findet aus diesem Grund keine Anwendung auf online übertragene Informationen. Eine verschuldensunabhängige Haftung für Schäden, die durch online verbreitete fehlerhafte Informationen verursacht werden, ist damit ausgeschlossen.

---

[186] So im Ergebnis auch: *Beckmann/Müller*, MMR 1999, 14/17 f.
[187] So *Graf v. Westphalen*, Produkthaftungshandbuch, Bd. 2, § 61 Rn. 44.
[188] RGZ 86, 14; MünchKomm-*Hoch*, § 90 Rn. 28.
[189] *Taschner*, NJW 1986, 611/612.
[190] *Beckmann/Müller*, MMR 1999, 14/16.
[191] Vgl. *Frietsch*, in: Taschner/Frietsch, PHG, § 2 Rn. 22 zu online übertragener Software.
[192] *Spindler*, in: Hoeren/Sieber, Handbuch Multimedia Recht, Teil 12 Rn. 220; im Ergebnis auch *Hoeren/Pichler*, in: Loewenheim/Koch (Hrsg.), Praxis des Online-Rechts, S. 409.

c. Ergebnis

Eine Haftung der Content-Provider für fehlerhafte Informationen mit Anleitungscharakter, Ratschlägen und Empfehlungen gründet im Bereich des Deliktsrechts allein auf § 823 Abs. 1 BGB. Die Haftung bemißt sich zum einen nach der Höhe der den Informationen entgegengebrachten Sicherheitserwartungen, zum anderen nach der Gefährlichkeit der Information für die Rechte Dritter. Bei der Informationsverbreitung durch gewerbliche Content-Provider ist in Anlehnung an die Grundsätze der deliktischen Produzentenhaftung zudem von einer Beweislastumkehr zugunsten der Geschädigten auszugehen. Eine Anwendung der verschuldensunabhängigen Produkthaftung, die bei Druckwerken noch wegen der Verknüpfung der Informationen mit einem Trägermedium vertretbar ist, kommt mangels Produkteigenschaft im Internet abrufbarer Informationen nicht in Betracht.

V. Deliktshaftung der Host-Provider

Bereitet die deliktische Haftung der Content-Provider in der Theorie keine Schwierigkeiten, stellt sich in der Praxis vielfach das Problem, daß die einen rechtswidrigen oder fehlerhaften Inhalt verbreitenden Content-Provider anonym bleiben, nicht über ausreichende Haftungsmasse verfügen oder aus dem Ausland heraus agieren. Diese Sachlage lenkt die Aufmerksamkeit auf die Haftung der Host-Provider, die einen rechtswidrigen oder fehlerhaften Inhalt auf ihrem Server gespeichert halten. Zwar besteht zu den Materialien Dritter keine inhaltliche Verbindung, die Abspeicherung von Daten auf einem Internet-Server ermöglicht jedoch deren Abrufbarkeit und Verbreitung im Internet.

1. Erläuterungen zu den §§ 5 Abs. 2 TDG, MDStV

Um die Host-Provider nicht vor unzumutbare Haftungsrisiken zu stellen, sind mit den §§ 5 Abs. 2 TDG, MDStV Regelungen geschaffen worden, die ihre Verantwortlichkeit für fremde Inhalte nur unter bestimmten Voraussetzungen zulassen. So setzt eine Verantwortlichkeit im Sinne dieser Vorschriften voraus, daß die Host-Provider Kenntnis von den Inhalten haben und eine Verhinderung der Nutzung dieser Inhalte technisch möglich und zumutbar ist. Grundsätzlich bleibt damit auch im Bereich der elektronischen Kommunikation allein der Verfasser rechtswidriger Inhalte für diese verantwortlich. Das schließt aber nicht aus, daß bei Erfüllung der genannten Voraussetzungen auch die Host-Provider eine Verantwortlichkeit für die zur Nutzung bereitgehaltenen Inhalte Dritter trifft. Zu berücksichtigen ist, daß sich die mit §§ 5 Abs. 2 TDG, MDStV bewirkte Beschränkung nicht auf etwaige Unterlassungsansprüche der Geschädigten bezieht. Vielmehr stellen die §§ 5 Abs. 4 TDG, MDStV klar, daß sich aus den allgemeinen Gesetzen auch dann, wenn nach §§ 5 Abs. 2 TDG, MDStV keine Verantwortlichkeit des Host-Providers gegeben ist, die Verpflichtung zur Sperrung der rechtswidrigen Inhalte ergeben kann.

a. Kenntnis der Inhalte

Anknüpfungspunkt für eine Verantwortlichkeit der Host-Provider ist zunächst ihre Kenntnis von den fremden Inhalten. Dem Wortlaut der §§ 5 Abs. 2 TDG, MDStV, der auf die Kenntnis und nicht auf ein Kennenmüssen der Inhalte abstellt, ist zu entnehmen, daß ausschließlich die positive Kenntnis (Wissen um die konkreten Inhalte) zu einer Verantwortlichkeit führt. Bei fahrlässiger Nichtkenntnis eines Inhalts ist eine Verantwortlichkeit ausgeschlossen[193].

Aus dem Gesetz geht nicht hervor, auf welche Weise die Host-Provider Kenntnis von den Inhalten erlangt haben müssen. Daraus ist zu schließen, daß zur Begründung einer Verantwortlichkeit i. S. d. §§ 5 Abs. 2 TDG, MDStV jede Art der Kenntniserlangung ausreicht. So kann ein Provider z. B. durch private Nutzer auf einen rechtswidrigen Inhalt aufmerksam gemacht worden sein oder aber durch behördlichen Hinweis Kenntnis von einem Inhalt erhalten haben. Häufig werden auch Selbstkontrollorganisationen, die über die Rechtmäßigkeit der im Internet verbreiteten Inhalte wachen, an die Provider herantreten[194]. Angesichts der aus der Kenntnis eines Inhalts folgenden Rechtsfolge[195] ist zu verlangen, daß der Provider über den konkreten verdächtigen Inhalt informiert wurde[196]. Handelt es sich bei dem Host-Provider nicht um eine Einzelperson, sondern um ein arbeitsteilig organisiertes Unternehmen, ist für das Merkmal der Kenntnis nicht allein auf die persönliche Kenntnis des Geschäftsführers oder des Vorstandes abzustellen. Vielmehr ist das Wissen der mit der Entgegennahme und Weiterleitung von Informationen betrauten Personen den jeweiligen juristischen Personen und nichtrechtsfähigen Gesellschaften zuzurechnen, wenn es sich um „typischerweise aktenmäßig festgehaltenes Wissen“ handelt[197]. Ein als Host-Provider tätiges Unternehmen ist aus diesem Grund in der Weise zu organisieren, daß jedenfalls konkrete Hinweise auf rechtswidrige Inhalte sorgfältig nachgeprüft werden. Wird dies versäumt, so ist im Haftungsfall keine Berufung auf das Fehlen der Kenntnis möglich[198].

b. Technisch mögliche und zumutbare Handlungen

Die Kenntnis der Inhalte allein reicht nicht aus, um eine Verantwortlichkeit der Host-Provider nach §§ 5 Abs. 2 TDG, MDStV zu begründen. Vielmehr wird weiterhin verlangt, daß eine Verhinderung der Nutzung des betreffenden Inhalts zum einen tech-

---

193 *Engel-Flechsig/Roßnagel*, Multimedia-Recht, S. 35; *Engel-Flechsig/Maennel/Tetten- born*, Neue gesetzliche Rahmenbedingungen für Multimedia, S. 18; *Pichler*, MMR 1998, 79/87; *Hoeren/Pichler*, in: Loewenheim/Koch (Hrsg.), Praxis des Online-Rechts, S. 429; *Schulz*, Regulierung von Medien- und Telediensten, S. 23.

194 In Deutschland gibt es z. B. die Selbstkontrollorganisation „Freiwillige Selbstkontrolle Multimedia-Diensteanbieter e. V.“, dazu *Rath-Glawatz/Waldenberger*, CR 1997, 766 ff.

195 Kontroll- und Sperrungsverpflichtung, vgl. dazu im einzelnen V. 2. b. cc. (3), S. 73 ff.

196 *Spindler*, NJW 1997, 3193/3196.

197 *Hoeren/Pichler*, in: Loewenheim/Koch (Hrsg.), Praxis des Online-Rechts, S. 429; *Pichler*, MMR 1998, 79/87, mit Hinweis auf BGH NJW 1996, 1205; BGH NJW 1996, 1339/1340.

198 *Spindler*, NJW 1997, 3193/3197; *Pichler*, MMR 1998, 79/87; *Decker*, MMR 1999, 7/9.

nisch möglich und dem Provider zum anderen zumutbar ist. Mit der Formel „technisch möglich und zumutbar" hat sich der Gesetzgeber eines unbestimmten, auslegungsbedürftigen Rechtsbegriffes bedient, der eine Anpassung an technische Veränderungen ermöglicht[199].

aa. Technische Möglichkeit der Nutzungsverhinderung

Die technische Möglichkeit der Nutzungsverhinderung stellt ein rein objektives Kriterium dar, so daß es nicht auf die individuellen technischen Möglichkeiten des einzelnen Providers ankommt[200]. Als Maßnahmen zur Verhinderung der Nutzung bestimmter Inhalte kommt zum einen die Sperrung der Inhalte, zum anderen deren Löschung in Betracht. Der Unterschied zwischen diesen Maßnahmen liegt darin, daß bei der Löschung die konkreten Daten unwiderruflich vernichtet werden, wohingegen eine Sperrung auch nur vorübergehender Art sein kann. Welche Maßnahme im Einzelfall zu treffen ist, bleibt dem Provider überlassen[201]. Auffällig ist, daß der Gesetzgeber in § 5 Abs. 2 TDG nicht bestimmt hat, in welchem Zeitraum die nutzungsverhindernden Maßnahmen zu ergreifen sind. Daraus kann jedoch nicht folgen, daß der Host-Provider, auf dessen Server sich rechtswidriges Material befindet, sich zum Ergreifen dieser Maßnahmen wochenlang Zeit lassen kann. Zum Schutz der durch einen rechtswidrigen Inhalt Geschädigten ist vielmehr zu verlangen, daß die Beeinträchtigung deren Rechte durch eine Nutzungsverhinderung schnellstmöglich beendet wird. Vor dem Hintergrund, daß eine Sperrung oder Löschung von Daten, die sich auf dem Server eines Host-Providers befinden und bereits als rechtswidrig identifiziert sind, in der Regel nicht problematisch ist[202], wird die Voraussetzung der technischen Möglichkeit einer Nutzungsverhinderung in der Praxis allerdings nur selten zu einem Haftungsausschluß des Host-Providers führen.

bb. Zumutbarkeit

Über das Zumutbarkeitserfordernis der §§ 5 Abs. 2 TDG, MDStV soll verhindert werden, daß die Host-Provider verpflichtet sind, jeden nur erdenkbaren Aufwand zu betreiben, um den Zugriff auf einen rechtswidrigen Inhalt unmöglich zu machen[203]. Anders als bei dem Kriterium der technischen Möglichkeit wird mit der Zumutbarkeitsklausel der persönlichen und vor allem der wirtschaftlichen[204] Situation der Provider Rechnung getragen. Die Zumutbarkeit von Maßnahmen zur Nutzungsverhinde-

---

[199] *Sieber*, CR 1997, 581/583.
[200] *Schulz*, Medien- und Teledienste, S. 24.
[201] *Engel-Flechsig/Roßnagel*, Multimedia-Recht, S. 35.
[202] *Sieber*, CR 1997, 653/655; *Wimmer/Michael*, Der Online-Provider im neuen Multimediarecht, S. 59.
[203] Begr. RegE, BT-Dr. 13/7382, S. 20; *Engel-Flechsig/Maennel/Tettenborn*, NJW 1997, 2981/2985; *Bröhl*, CR 1997, 73/75.
[204] Auf die Bedeutung des Begriffs Zumutbarkeit als wirtschaftliche Zumutbarkeit weist insbesondere hin: *Koch*, CR 1997, 193/200.

rung ist im Einzelfall im Wege einer Abwägung festzustellen. Dabei ist insbesondere der mit einer Nutzungsverhinderung verbundene technische und wirtschaftliche Aufwand sowie die Auswirkung einer Nutzungsverhinderung auf andere Dienste und Nutzer zu berücksichtigen[205]. Auch die Wirksamkeit der Nutzungsverhinderung muß in der Abwägung Berücksichtigung finden. Diese ist etwa zu bezweifeln, wenn der betreffende Inhalt durch Zugriff auf entsprechende Angebote im Ausland ohne übermäßigen Aufwand besorgt werden kann. Ist in einem solchen Fall der mit einer Nutzungsverhinderung verbundene Aufwand für den Provider sehr groß, kann die Verpflichtung zur Verhinderung des Zugriffs unzumutbar sein[206]. In Anbetracht der wirtschaftlichen Vorteile, die für die Host-Provider durch das Zurverfügungstellen von Speicherkapazität auf ihrem Server entstehen, sowie der mit der Haftungsvoraussetzung der positiven Kenntnis gegebenen Einschränkung des Haftungsrisikos sind an das Kriterium der Zumutbarkeit jedoch grundsätzlich nicht zu hohe Anforderungen zu stellen[207]. Es darf nicht in der Weise mißbraucht werden, daß sich Host- Provider ihrer Verantwortlichkeit für rechtswidrige Inhalte zu leicht entziehen können.

2. Die Haftung der Host-Provider nach den §§ 823 ff BGB i. V. m. §§ 5 Abs. 2 TDG, MDStV

Für eine deliktische Haftung der Host-Provider ist darauf abzustellen, daß mit der Speicherung von Inhalten Dritter auf einem Internet-Server deren Verbreitung im Internet bewirkt wird[208].

a. Verbreiterhaftung aus § 823 Abs. 2 BGB i. V. m. §§ 186, 187 StGB und aus § 824 BGB

In den Vorschriften der §§ 186, 187 StGB und § 824 BGB wird nicht nur das Behaupten unwahrer ehrverletzender bzw. kreditgefährdender Tatsachenaussagen, sondern auch deren Verbreitung sanktioniert. Unter dem Begriff der „Verbreitung" ist dabei die Weitergabe einer fremden Äußerung zu verstehen[209]. Da die Inhalte und Aussagen Dritter durch ihre Abspeicherung auf dem Server des Host-Providers an die Nutzer des Internets weitergegeben werden, müßte auch die vom Host-Provider durchgeführte rein technische Verbreitung vom Anwendungsbereich der §§ 186, 187 StGB und des § 824 BGB erfaßt werden. Angesichts der fehlenden inhaltlichen Beziehung zu den fremden Inhalten und der Tatsache, daß der Host-Provider die auf seinem Server be-

---

[205] *Engel-Flechsig/Maennel/Tettenborn*, NJW 1997, 2981/2985.
[206] *Engel-Flechsig/Maennel/Tettenborn*, NJW 1997, 2981/2985.
[207] *Spindler*, NJW 1997, 3193/3197.
[208] Lediglich bei rechtsverletzenden Äußerungen Dritter in E-mails kann dem Provider, der den Email-Verkehr auf seinem Server regelt, nicht der Vorwurf einer Mitverantwortlichkeit gemacht werden, da er diese aufgrund des § 85 TKG nicht einsehen darf. So *Engel-Flechsig/Roßnagel*, Multimedia-Recht, S. 35.
[209] Schönke/Schröder-*Lenckner*, § 186 Rn. 8; MünchKomm-*Mertens*, § 824 Rn. 29; Soergel-*Zeuner*, § 824 Rn. 11.

findlichen Inhalte zumeist nicht kennt, erscheint dieses Ergebnis jedoch als unbefriedigend. Zwar würde eine Deliktshaftung des Host-Providers aus § 823 Abs. 2 BGB i. V. m. §§ 186, 187 StGB bei Unkenntnis der konkreten rechtswidrigen Inhalte zumeist am Vorsatzerfordernis scheitern. Für eine Deliktshaftung aus § 824 BGB genügt hinsichtlich der Unwahrheit der verbreiteten Tatsachenaussage indes Fahrlässigkeit[210].

aa. Begrenzung der Haftung des technischen Verbreiters im Bereich traditioneller Medien

Das Problem, daß unter das Merkmal der Verbreitung strenggenommen auch die technische Verbreitung fällt, stellt sich auch bei der Haftung traditioneller Medien. Hier wären als Verbreiter grundsätzlich nicht nur die Drucker und Importeure von Druckschriften, sondern auch die Kioskinhaber und Zeitungsboten zu qualifizieren[211]. Für die Frage der Haftung wird jedoch zwischen der intellektuellen und der technischen Verbreitung differenziert. Während der intellektuelle Verbreiter, der zu den fremden Äußerungen eine inhaltliche Beziehung hat (d. h. der Verleger bzw. Herausgeber), nach den allgemeinen deliktischen Grundsätzen haftet, wird die Haftung des technischen Verbreiters begrenzt[212].

bb. Beschränkung der Haftung des Host-Providers

Der Host-Provider, der die Inhalte Dritter zum Zweck der Weiterverbreitung im Internet auf seinem Server gespeichert hält, ist aufgrund dieser Funktion als technischer Verbreiter zu qualifizieren. Auch für ihn gilt es, eine Beschränkung der Haftung zu erwirken. Allerdings ist kein Rückgriff auf die für traditionelle Verbreiter entwickelten Grundsätze erforderlich, ihre Funktion erfüllt § 5 Abs. 2 TDG.

(1) Haftungsbeschränkung durch § 5 Abs. 2 TDG

Die Vorschrift des § 5 Abs. 2 TDG ist in den Tatbestand der § 823 Abs. 2 BGB i. V. m. §§ 186, 187 StGB bzw. § 824 BGB hineinzulesen. Auch wenn mit der Abspeicherung eines Inhalts auf dem Internet-Server des Host-Providers die im Gesetz aufgeführte Verletzungshandlung der Verbreitung einer unwahren Tatsachenaussage gegeben ist, muß der Host-Provider für eine Schadensersatzhaftung somit zum einen positive Kenntnis von den verbreiteten, rechtswidrigen Inhalten gehabt haben, zum anderen muß eine Sperrung dieser Inhalte möglich und ihm zumutbar gewesen sein. Die Vorschrift des § 5 Abs. 2 TDG findet grundsätzlich allein auf die Diensteanbieter im

---

[210] Palandt-*Thomas*, § 824, Rn. 5.
[211] *Wenzel*, AfP 1979, 276/280.
[212] Siehe hierzu *Wenzel*, Das Recht der Wort- und Bildberichterstattung, 10. 186 f.; *ders.*, AfP 1979, 276/280; MünchKomm-*Mertens*, § 824 Rn. 31. Etwas anderes gilt jedoch im Hinblick auf Unterlassungsansprüche. Diese bestehen auch gegenüber dem als „Störer" zu qualifizierenden technischen Verbreiter, vgl. BGH NJW 1976, 799/800 - Alleinimporteur.

Bereich der Teledienste Anwendung, so daß die über § 5 Abs. 2 TDG bewirkte Haftungsbeschränkung zunächst nur für diese gilt.

(2) Haftungsbeschränkung durch § 5 Abs. 2 MDStV?

Ein Bedürfnis zur Haftungsbeschränkung besteht freilich auch für die Host-Provider, die Inhalte aus dem Bereich der Mediendienste auf ihrem Server gespeichert halten. Diese Haftungsbeschränkung könnte über § 5 Abs. 2 MDStV erfolgen, der dem § 5 Abs. 2 TDG von seinem Wortlaut her entspricht. Gegen eine Modifizierung der zivilrechtlichen Anbieterhaftung durch die landesrechtliche Regelung des § 5 Abs. 2 MDStV bestehen indes kompetenzrechtliche Bedenken. Nach der Kompetenzverteilung des Grundgesetzes steht dem Bund gemäß Art. 72, 74 Abs. 1 Nr. 1 GG die konkurrierende Gesetzgebungskompetenz auf dem Gebiet des bürgerlichen Rechts und des Strafrechts zu. In diesem Bereich der konkurrierenden Gesetzgebung sind die Länder nur befugt, Gesetze zu erlassen, solange und soweit der Bund von seiner Gesetzgebungszuständigkeit nicht durch Gesetz Gebrauch gemacht hat (Art. 72 Abs. 1 GG).

Ein „Gebrauchmachen" i. S. d. Art. 72 Abs. 1 GG ist gegeben, wenn eine bestimmte Frage ausdrücklich durch ein Bundesgesetz geregelt wird oder wenn einem Gesetz zu entnehmen ist, daß es eine bestimmte Materie erschöpfend regeln soll[213]. Mit dem Erlaß des BGB und StGB hat der Bund seine in dieser Hinsicht bestehenden Kompetenzen jedoch ausgeschöpft. Mit Ausnahme einiger, hier nicht einschlägiger, landesrechtlicher Vorbehalte lassen diese Regelungen keinen Raum für landesrechtliche Vorschriften[214]. Die zum Teil vertretene, auf der Parallelgesetzgebung des TDG und MDStV gründenden Auffassung, der Bundesgesetzgeber habe im Wege einer stillschweigenden Ermächtigung einen „Gesetzgebungskorridor"[215] bzw. einen „Freiraum[216]" zur Schaffung des § 5 MDStV durch die Länder geöffnet, vermag nicht zu überzeugen. Wenngleich für diese Auffassung der Umstand spricht, daß mit dem Erlaß des TDG und MDStV ein einheitlicher Rechtsrahmen für die neuen Dienste geschaffen werden sollte, der insbesondere der Entstehung von Regelungslücken im Bereich der neuen Medien vorbeugen sollte[217], hätte der Bundesgesetzgeber, wenn er denn eine Beschränkung seiner Kompetenz gewollt hätte, dies deutlicher formulieren müssen[218]. Mit einer bloßen Mutmaßung kann eine Gesetzgebungskompetenz der Länder jedoch nicht begründet werden. Abzulehnen ist auch das Argument einer Annexkompetenz der Länder[219]. Auch wenn die Länder die Kompetenz zur Regelung der Mediendienste

---

[213] BVerfGE 7, 342/347; BVerfGE 49, 343/358; BVerfGE 67, 299/324.
[214] *Maunz*, in: Maunz/Dürig/Herzog/Scholz, GG, Art. 74 Rn. 55.
[215] *Müller-Terpitz*, MMR 1998, 478/480.
[216] *Wimmer*, ZUM 1999, 436/441f.
[217] *Engel-Flechsig/Maennel/Tettenborn*, Neue gesetzliche Rahmenbedingungen für Multimedia, S. 17.
[218] So zu Recht *Martenczuk*, ZUM 1999, 104/111; *Beucher/Leyendecker/v. Rosenberg*, Mediengesetze, § 5 MDStV Rn. 3; *Pichler*, MMR 1998, 79/81.
[219] *Knothe*, AfP 1997, 494/496f.; zweifelnd: *Spindler*, NJW 1997, 3193/3194; ablehnend: *Pichler*, MMR 1998, 79/81.

haben, bedeutet dies nicht, daß sie gleichzeitig auch dazu ermächtigt sind, die zivilrechtliche Haftung zu regeln[220]. Damit fehlt den Ländern für eine Regelung oder Beschränkung der zivilrechtlichen Anbieterhaftung die Gesetzgebungskompetenz[221]. Gegen die Vorschrift des § 5 Abs. 2 MDStV bestehen im Hinblick auf die Modifizierung zivilrechtlicher Haftungsnormen also erhebliche verfassungsrechtliche Bedenken.

Daraus kann jedoch nicht zu schließen sein, daß ein Host-Provider, auf dessen Server Inhalte aus dem Bereich der Mediendienste gespeichert werden, für diese ohne Einschränkung haftet. Für eine solche Ungleichbehandlung von Teledienste- und Mediendiensteanbietern bestehen keine sachlichen Gründe. Dies gilt um so mehr, wenn man berücksichtigt, daß die Abgrenzung zwischen Tele- und Mediendiensten äußerst problematisch ist[222] und der Host-Provider zudem in der Regel keinen Einfluß darauf nimmt, ob es sich bei den gespeicherten Inhalten um solche aus dem Bereich der Medien- oder Teledienste handelt. Die Parallelgesetzgebung in TDG und MDStV, mit der ein einheitlicher Rechtsrahmen für die neuen Informations- und Kommunikationsdienste geschaffen werden sollte, macht zudem deutlich, daß eine Ungleichbehandlung nicht bezweckt war. Vor diesem Hintergrund ist zu überlegen, ob die Verantwortlichkeitsregelung des § 5 Abs. 2 TDG nicht analog auf Mediendienste angewendet werden kann. Daß die für eine Analogie erforderliche planwidrige Regelungslücke gegeben ist, läßt sich in Anbetracht der der Intention der Gesetzgeber widersprechenden Lücke im Verantwortlichkeitssystem kaum bestreiten[223]. Auch eine Vergleichbarkeit der Sachverhalte ist gegeben. Im Hinblick auf das Bedürfnis einer Privilegierung der Host-Provider macht es keinen Unterschied, ob es sich bei den bereitgehaltenen fremden Inhalten um solche aus dem Bereich der Medien- oder Teledienste handelt. Gegen eine analoge Anwendung des § 5 Abs. 2 TDG auf Mediendienste könnte jedoch sprechen, daß Mediendienste gemäß § 2 Abs. 4 Nr. 3 TDG ausdrücklich vom Anwendungsbereich des TDG ausgeschlossen sind. Allerdings basiert diese Vorschrift auf der von Bund und Ländern vereinbarten Kompromißlösung, die Regelwerke jeweils nur auf Tele- bzw. Mediendienste zu erstrecken. Da diese föderalismusbedingte Trennung von Tele- und Mediendiensten überhaupt erst zu der festgestellten Regelungslücke geführt hat, wäre es wenig konstruktiv, mit Hinweis auf § 2 Abs. 4 Nr. 3 TDG eine analoge Anwendung des § 5 Abs. 2 TDG auszuschließen.

Festzuhalten bleibt, daß die Verantwortlichkeitsregelung des § 5 Abs. 2 TDG wegen der im Hinblick auf § 5 Abs. 2 MDStV bestehenden verfassungsrechtlichen Bedenken analog auch auf Mediendienste anzuwenden ist[224]. Angesichts der mit § 5 Abs.

---

[220] *Pichler*, MMR 1998, 79/ 81; *Martenczuk*, ZUM 1999, 104/111. Dies zeigt sich auch im Bereich des Presserechts. So hat § 6 LPG, der Sorgfaltspflichten der Presse aufstellt, neben § 276 BGB keine eigenständige Bedeutung.

[221] *Koch*, CR 1997, 193/198; *Gounalakis*, NJW 1997, 2993/ 2995; *Pichler*, MMR 1998, 79, 80/81; *Martenczuk*, ZUM 1999, 104/109; *Spindler*, NJW 1997, 3193/3194.

[222] Vgl. zu den Abgrenzungsproblemen unter II. 1. c., S. 11 f.

[223] *Wimmer*, ZUM 1999, 436/441; *Martenzcuk*, ZUM 1999, 104/112.

[224] *Engel-Flechsig/Maennel/Tettenborn*, Neue gesetzliche Rahmenbedingungen für Multimedia, S. 17; *Martenczuk*, ZUM 1999, 104/112. Hilfsweise spricht sich auch Wimmer, ZUM 1999, 436/441, Fn. 19,

2 MDStV gegebenen Rechtsunsicherheit wäre es jedoch wünschenswert, wenn vom Bundesgesetzgeber in dieser Hinsicht etwa über eine Änderung des Wortlauts des § 5 Abs. 2 TDG eine Klarstellung bewirkt werden würde.

cc. Ergebnis

Mit der Vorschrift des § 5 Abs. 2 TDG werden die Haftungsnormen der § 824 BGB und § 823 Abs. 2 BGB i. V. m. §§ 186, 187 StGB auf Tatbestandsebene modifiziert. Eine Haftung der Host-Provider entfällt mithin nicht nur dann, wenn sie keine positive Kenntnis von einer unwahren bzw. nicht erweislich wahren Tatsachenaussage hatten, sondern auch dann, wenn sie diese zwar positiv kannten, ihre Sperrung oder Löschung technisch aber nicht möglich oder zumutbar war. Wegen der gegenüber einer solchen Wirkung des § 5 Abs. 2 MDStV bestehenden verfassungsrechtlichen Bedenken ist § 5 Abs. 2 TDG analog auch auf solche Host-Provider anzuwenden, die Inhalte aus dem Bereich der Mediendienste gespeichert halten.

b. Haftung aus § 823 Abs. 1 BGB

Das Bereithalten fremder Inhalte, die in das Persönlichkeitsrecht eines anderen eingreifen[225], geschäftsschädigend sind oder aufgrund ihrer Fehlerhaftigkeit zu einer Rechtsgutsverletzung bei den Nutzern führen, könnte eine Haftung des Host-Providers aus § 823 Abs. 1 BGB begründen. Diese Vorschrift verbietet nicht das Verbreiten rechtsverletzender Inhalte als solches, sie schützt den Einzelnen jedoch vor einer Beeinträchtigung der in § 823 Abs. 1 BGB aufgeführten Rechtsgüter sowie der von der Rechtsprechung entwickelten Rahmenrechte.

aa. Verletzungshandlung – Abgrenzung zwischen Tun und pflichtwidrigem Unterlassen

Für eine Haftung muß das Verhalten des Host-Providers zunächst eine Verletzungshandlung i. S. d. § 823 Abs. 1 BGB darstellen. Diese kann sowohl in einem positiven Tun als auch in einem Unterlassen bestehen[226]. Für eine Verletzungshandlung könnte hier zunächst darauf abzustellen sein, daß der Host-Provider es unterlassen hat, die auf seinem Server gespeicherten Inhalte Dritter auf ihre Rechtmäßigkeit hin zu kontrollieren und ihre Weiterverbreitung durch Sperrung oder Löschung zu verhindern[227]. Die Verletzungshandlung könnte aber auch in einem aktiven Tun liegen: in der mit der

---

für eine analoge Anwendung von § 5 Abs. 2 TDG aus. Vgl. ferner auch *Beucher/Leyendecker/v. Rosenberg*, Mediengesetze, § 5 MDStV Rn. 6, die in Anbetracht von § 2 Abs. 4 Nr. 3 TDG eine analoge Anwendung des aus § 5 Abs. 2 TDG resultierenden Rechtsgedankens befürworten.

[225] Zu den für das Internet relevanten Schutzbereichen des allgemeinen Persönlichkeitsrechts vgl. unter IV. 1. a. aa., S. 22 ff.

[226] Palandt-*Thomas*, § 823 Rn. 2.

[227] So wohl *Wimmer*, Zum 1999, 436/437.

Zurverfügungstellung von Speicherplatz auf seinem Server bewirkten Verbreitung rechtswidriger Inhalte. Vor dem Hintergrund, daß der Täter bei einem Unterlassen nicht an dem zum Eintritt des Schadens führenden Wirken beteiligt ist[228]; daß er nicht wie der Handelnde die Gefahr an das Rechtsgut heran trägt, sondern es unterläßt, die Gefahr vom Rechtsgut abzuwenden[229], erscheint das Abstellen auf ein aktives Tun des Providers als vorzugswürdig. Denn erst durch das Zurverfügungstellen von Speicherplatz auf seinem Server ermöglicht der Host-Provider den nutzerseitigen Zugriff auf diesen Inhalt und eröffnet die für die Verbreitung des Inhalts erforderliche technische Infrastruktur. Damit ist er an dem Wirken, das zum Schadenseintritt führt, maßgeblich beteiligt. Da ohne die von ihm ausgeführte Abspeicherung des Inhalts auf seinem Internet-Server dieser Inhalt nicht im Internet verbreitet würde, trägt er die Gefahr an das Rechtsgut heran. Die Verletzungshandlung des Host-Providers besteht somit in einem aktiven Tun, der Zurverfügungstellung der für die Verbreitung rechtswidriger Inhalte erforderlichen technischen Infrastruktur[230].

bb. Kausalzusammenhang

Die Tätigkeit des Host-Providers muß kausal für die eingetretene Rechtsgutsverletzung sein. Stellt der Host-Provider auf seinem Internet-Server Speicherplatz für einen Fremdinhalt zur Verfügung, ermöglicht er hierdurch die Abrufbarkeit dieses Inhalts über das Internet. Da ohne eine solche Abrufbarmachung auf diesen Inhalt nicht zugegriffen werden könnte, der Inhalt somit nicht an die Öffentlichkeit dringen würde, ist die Tätigkeit des Host-Providers äquivalent kausal für eine dadurch bewirkte Rechtsverletzung. Es liegt zudem nicht außerhalb des vorhersehbaren Geschehensablaufs, daß eine Dritten zur Verfügung gestellte Verbreitungsinfrastruktur zur Verbreitung rechtswidriger Inhalte verwendet wird. Damit ist auch die Haftungsvoraussetzung des adäquaten Kausalzusammenhangs erfüllt.

cc. Pflichtwidrigkeit

Obgleich die Tätigkeit des Host-Providers für die Rechtsgutsverletzungen adäquat kausal ist, bestehen im Hinblick auf eine Rechtswidrigkeitsindikation erhebliche Bedenken. Denn die Tätigkeit des Host-Providers, die den Bedürfnissen einer Informationsgesellschaft entspricht und grundsätzlich erlaubt ist, führt als solche nicht ohne weiteres zu einem Verletzungserfolg. Der Verletzungserfolg wird vielmehr erst dadurch verursacht, daß ein Dritter die vom Host-Provider zur Verfügung gestellte technische Infrastruktur dazu mißbraucht, um seinen rechtswidrigen Inhalt im Internet abrufbar zu machen. Damit stellt sich die Frage nach der Zurechenbarkeit des Verlet-

---

[228] *v. Bar*, Verkehrspflichten, S. 69.
[229] *Deutsch*, Unerlaubte Handlung, Schadensersatz und Schmerzensgeld, § 4 Rn. 38.
[230] So auch *Hoeren/Pichler*, in: Loewenheim/Koch (Hrsg.), Praxis des Online-Rechts, S. 411/412; *Pichler*, MMR 1998, 79/82.

zungserfolges. Die Zurechnung mittelbarer Rechtsgutsverletzungen erfolgt über das Institut der Verkehrspflichtverletzung[231]. Für den Host-Provider bedeutet dies, daß seine Handlung nur dann rechtswidrig ist, wenn ihm die über seinen Server erfolgende Rechtsgutsverletzung wegen eines Verstoßes gegen eine Verkehrspflicht zuzurechnen ist.

(1) Verkehrspflicht des Host-Providers

(a) §§ 5 Abs. 2 TDG, MDStV als gesetzlich normierte Verkehrspflicht des Host-Providers?

Vereinzelt wird davon ausgegangen, daß eine Verkehrspflicht des Host-Providers unmittelbar aus den §§ 5 Abs. 2 TDG, MDStV resultiert[232]. Begründet wird diese Auffassung mit dem Argument, daß der in diesen Vorschriften niedergelegten Verantwortlichkeitsregelung die Aufgabe zukomme, Maßstäbe für die Zurechnung mittelbarer Rechtsgutsverletzungen zu setzen. Die Regelung stelle Verhaltenspflichten auf, die zur Vermeidung einer Schadensersatzpflicht zu erfüllen seien. Damit erfülle die Verantwortlichkeitsregelung des §§ 5 Abs. 2 TDG, MDStV die Funktion, die bei der Zurechnung mittelbarer Rechtsgutsverletzungen von Verkehrspflichten erfüllt würden. Aus diesem Grund sei es naheliegend, die Regelung selbst als gesetzlich normierte Verkehrspflicht zu qualifizieren.

Ein solches Verständnis der §§ 5 Abs. 2 TDG, MDStV widerspricht jedoch der hinter diesen Regelungen stehenden Intention des Gesetzgebers, die Host-Provider vor zu großen Haftungsrisiken zu schützen. Zwar bewirkt auch die gesetzliche Normierung einer Verkehrspflicht, trägt sie denn den Kontrollschwierigkeiten des Host-Providers Rechnung, eine Haftungsprivilegierung. Die für die Vorschriften gewählte Terminologie – „Diensteanbieter sind für fremde Inhalte (...) nur dann verantwortlich, wenn sie (...)“ macht jedoch deutlich, daß eine Privilegierung der Host-Provider über die Einschränkung möglicher Pflichten oder Tatbestände erfolgen soll. Damit setzen die §§ 5 Abs. 2 TDG, MDStV jedoch das Bestehen von Pflichten voraus und sind selbst nicht als gesetzlich normierte Verkehrspflicht zu qualifizieren[233].

(b) Speicherung fremder Inhalte auf einem Server als eine Verkehrspflicht begründende Gefahrenquelle

Eine Verkehrspflicht des Host-Providers könnte daraus resultieren, daß er mit dem „Hosting“ eine Gefahrenquelle eröffnet. Denn dadurch, daß dem Ersteller von Inhalten Speicherplatz auf dem Internet-Server eingeräumt wird, wird diesem die für die

---

[231] Zu der Zurechnung mittelbarer Rechtsgutsverletzungen vgl. oben IV. 2. a. cc., S. 39.
[232] *Haedicke*, CR 1999, 309/311 f.
[233] Aus §§ 5 Abs. 2 TDG, MDStV selbst resultiert auch keine Garantenstellung des Host-Providers, vgl. *Engel-Flechsig/Maennel/Tettenborn*, NJW 1997, 2981/2985.

Verbreitung seiner Inhalte im Internet erforderliche technische Infrastruktur zur Verfügung gestellt und die Verbreitung von rechtsverletzenden Inhalten ermöglicht. Als gefährlich erweist sich vor allem der Umstand, daß mit dem Bereithalten eines rechtswidrigen Inhalts auf einem Server faktisch dessen weltweite Verbreitung bewirkt wird[234]. Gerade bei Inhalten, die in das Persönlichkeitsrecht einer Person eingreifen oder dessen geschäftlichen Ruf schädigen, spielt die Größe des Rezipientenkreises eine besondere Rolle. Wird bei traditionellen Massenmedien davon ausgegangen, daß sich persönlichkeitsrechtsverletzende Meldungen aufgrund der Schwierigkeit einer Rehabilitation für den Betroffenen besonders gravierend auswirken – „irgendwas bleibt immer hängen“[235] –, so gilt dies auch für das Internet, das einen potentiell größeren Rezipientenkreis aufweist[236]. Zwar verfügt nicht jeder im Internet verbreitete Inhalt über die Breiten- und Tiefenwirkung einer Presseveröffentlichung[237]. Allein die weltweite Abrufbarkeit eines rechtswidrigen Inhalts kann für den Betroffenen jedoch bereits schwerwiegende Konsequenzen haben.

Wird das Zurverfügungstellen der zur Verbreitung erforderlichen Infrastruktur als Gefahrenquelle eingestuft, könnte hiergegen eingewendet werden, daß diese Tätigkeit nur dadurch zur Gefahrenquelle wird, daß Dritte die Verbreitungsmöglichkeit mißbrauchen und rechtswidrige Inhalte verbreiten. So löst beispielsweise der Mißbrauch eines einem anderen zur Verfügung gestellten Gegenstands im allgemeinen keine Haftung wegen verletzter Verkehrspflicht aus[238]. Anders verhält es sich aber dann, wenn gerade die Gefahr darin besteht, daß der Gegenstand zweckwidrig verwendet wird und es hierdurch zu Rechtsverletzungen des Benutzers oder Dritter kommt. In diesem Fall obliegt es dem den Gegenstand zur Verfügung Stellenden, die nötigen Schutzvorkehrungen zu treffen[239].

Die Bereithaltung einer „Kommunikations- und Informationsinfrastruktur“[240] durch den Host-Provider, die von Dritten zweckwidrig zur Verbreitung rechtswidriger Inhalte verwendet werden kann, stellt demnach eine Gefahrenquelle dar, aus der für diesen Kontrollpflichten erwachsen. In Anbetracht der Tatsache, daß nur der Host-Provider als „Herr über den Server“[241] die Möglichkeit hat, auf die gespeicherten rechtswidrigen Inhalte einzuwirken und deren Weiterverbreitung zu verhindern, erscheint es auch als naheliegend, ihm die Pflicht aufzuerlegen, die aus seiner Tätigkeit erwachsenen Gefahren zu verhindern. Zieht man zudem den auf dem Interessenprinzip basierenden

---

[234] *Spindler*, in: Hoeren/Sieber (Hrsg.), Handbuch Multimedia Recht, Teil 12 Rn. 244.
[235] *Lang*, Haftung für Fehler in Druckwerken, S. 91.
[236] Vgl. hier auch BGH NJW 1966, 2353/2354, wo darauf hingewiesen wird, daß mit der im Vergleich zur Presse weiten Verbreitung einer Äußerung über das Fernsehen das Persönlichkeitsrecht leichter verletzbar geworden ist.
[237] Siehe hierzu bereits oben IV. 1. cc., S. 33.
[238] *Deutsch*, Unerlaubte Handlung, Schadensersatz und Schmerzensgeld, § 17 Rn. 270.
[239] Vgl. BGH VersR 1973, 32/33; BGH NJW 1978, 1629.
[240] *Haedicke*, CR 1999, 309/312.
[241] Vgl. *Ackermann*, Ausgewählte Probleme der Mailboxkommunikation, S.120 „Herr seines Mailboxsystems“ sowie *Spindler*, ZUM 1996, 533/536: „Herr über die mailbox“.

Gedanken heran, daß derjenige, der aus einer Handlung einen wirtschaftlichen Vorteil erlangt, auch die mit dieser Handlung verbundenen Haftungsrisiken tragen soll[242], so stellt sich dieses Ergebnis vor dem Hintergrund, daß der Host-Provider in der Regel ein Entgelt für seine Tätigkeit erlangt oder von der Nutzung der auf seinem Server gespeicherten Inhalte als Werbeplattform profitiert, auch als gerecht dar.

(2) Sachlicher Umfang der Verkehrspflicht

Die Verbreitung rechtswidriger Inhalte über den Server eines Host-Providers würde nur durch die Verpflichtung des Providers verhindert, alle auf seinem Server gespeicherten Inhalte auf ihre Rechtmäßigkeit hin zu überprüfen und im Fall ihrer Rechtswidrigkeit zu sperren oder zu löschen. Für traditionelle Informationsmedien ist eine solche umfassende, sich auch auf alle Fremdinhalte erstreckende Kontrollverpflichtung nicht ungewöhnlich. Zur Vermeidung der Verbreitung rechtswidriger Inhalte ist z. B. der Verleger dazu verpflichtet, auch solche Beiträge, die ihm erkennbar nicht als eigene zuzurechnen sind, auf ihre rechtliche Unbedenklichkeit hin zu kontrollieren. Dies gilt sowohl für Leserbriefe[243] als auch für private Anzeigen, sofern bei diesen Anlaß zur Befürchtung des Mißbrauchs besteht[244]. Die Heranziehung presserechtlicher Grundsätze muß hier jedoch versagen. Denn der Host-Provider hat zu den Inhalten Dritter aufgrund seiner rein technischen Funktion nicht nur ein erheblich neutraleres Verhältnis als der Verleger. Eine Kontrolle aller auf seinem Server gespeicherten Inhalte ist für ihn sowohl in zeitlicher als auch in wirtschaftlicher Hinsicht nicht möglich. So befinden sich auf dem WWW-Server eines Host-Providers in der Regel Datenangebote von mehreren Tausend Nutzern. Diese Datenangebote bestehen zumeist aus mehreren Web-Seiten, die zudem häufigen Änderungen durch die Nutzer unterworfen sind[245]. Noch schwieriger ist die Durchführung von Inhaltskontrollen für die Betreiber von Newsservern, da sich auf diesen Servern eine Vielzahl verschiedener Newsgroups mit mehreren Millionen Einzelnachrichten befinden können[246].

Trotz dieser Situation wurde, vor allem vor Inkrafttreten des TDG und des MDStV, die Auffassung vertreten, daß der Host-Provider alle auf seinem Server gespeicherten Inhalte kennen müsse und aus diesem Grund gezwungen sei, umfassende Zugangskontrollen und bei Newsgroups Moderationen durchzuführen[247]. Begründet wurde dies u. a. damit, daß die sich auf dem Server des Host-Providers befindlichen Inhalte in der Regel völlig unkontrolliert seien und damit im Vergleich zu Inhalten in Fernsehen und Printmedien ein noch größeres Gefährdungspotential aufwiesen. Dieses erhöhte Gefährdungspotential stärke die Erwartung des Verkehrs in eine vom Host-Provider

---

[242] *v. Bar*, JuS 1988, 169/171.
[243] BGH NJW 1986, 2503/2505; *Wenzel*, Das Recht der Wort- und Bildberichterstattung, Rn. 10.191; *Prinz/Peters*, Medienrecht, Rn. 40 f.
[244] BGHZ 59, 76/80 f.; *Wenzel*, Das Recht der Wort- und Bildberichterstattung, Rn. 10.194.
[245] *Sieber*, CR 1997, 653/656.
[246] *Sieber*, CR 1997, 653/656.
[247] So *Spindler*, ZUM 1996, 533/536 und 544.

durchzuführende umfassende Kontrolle, die eine Kenntnisnahme aller Inhalte voraussetze[248]. Dagegen wurde eingewendet, daß dem Provider eine Überprüfung aller Inhalte aufgrund ihrer Vielzahl nicht zumutbar sei[249] und zudem auf ein faktisches Verbot seiner Tätigkeit hinauslaufe[250].

(a) Konkretisierung des sachlichen Umfangs der Verkehrspflicht durch § 5 Abs. 2 TDG

Mit Inkrafttreten des § 5 Abs. 2 TDG hat sich die Diskussion über den Umfang der Kontroll- und Sperrungsverpflichtung des Host-Providers erübrigt. Das in § 5 Abs. 2 TDG niedergelegte Erfordernis der positiven Kenntnis der Inhalte bewirkt, daß sich die Kontroll- und Sperrungsverpflichtung des Host-Providers nur auf die ihm bekannten Inhalte erstreckt[251]. Mit der Aufnahme der Kenntniserfordernis in die Regelung des § 5 Abs. 2 TDG hat der Gesetzgeber somit eine Grundsatzentscheidung getroffen, die der Tatsache Rechnung trägt, daß derjenige, der fremde Inhalte zum Abruf im Internet bereithält, aufgrund der technisch bedingten Vervielfachung und der unüberschaubaren Menge an Daten nicht in der Lage ist, jeden Inhalt zu kennen und auf seine Rechtmäßigkeit hin zu überprüfen[252].

(aa) Kritik in der Literatur

Die Beschränkung der Kontroll- und Sperrungspflichten des Host-Providers auf die ihm bekannten Inhalte ist in der Literatur auf Kritik gestoßen. So wird bemängelt, daß die Regelung des § 5 Abs. 2 TDG den Bemühungen entgegenlaufe, die Provider zu innerbetrieblicher oder verbandsseitiger Selbstkontrolle zu verpflichten[253]. Anstatt präventiv – etwa durch Zugangskontrollen – möglichst viele Inhalte zu kontrollieren, um so die Verbreitung von rechtswidrigen und fehlerhaften Inhalten zu vermeiden, wären die Provider versucht, jegliche Kontrollen zu unterlassen, um bei Vorliegen eines rechtswidrigen Inhalts nicht die eine Verantwortlichkeit begründende Kenntnis aufzuweisen. Zu Lasten der Geschädigten könnten sich die Provider auf diesem Weg einem Haftungsrisiko weitgehend entziehen.

(bb) Stellungnahme

Dieser Kritik ist aus verschiedenen Gründen nicht zuzustimmen. Zunächst erfolgt die Kenntniserlangung des Host-Providers in vielen Fällen nicht durch eigene Kontrollen,

---

[248] So *Pichler*, MMR 1998, 79/84.
[249] *Waldenberger*, ZUM 1997, 176/185; *Engel*, AfP 1996, 220/222; *Flechsig*, in: Becker (Hrsg.), Rechtsprobleme internationaler Datennetze, 57/74 ff.
[250] *Waldenberger*, ZUM 1997, 176/185.
[251] *Wimmer*, ZUM 1999, 436/440; für eine solche Eingrenzung der Providerpflichten schon vor Inkrafttreten des TDG und MDStV: *Flechsig*, AfP 1996, 333/341.
[252] Vgl. Begr. RegE, BT-Dr. 13/7385, S. 20.
[253] *Pichler*, MMR 1998, 79/87.

sondern durch Hinweise von Seiten Dritter, etwa Selbstkontrollorganisationen, Nutzern oder einschlägigen Fachzeitschriften. Da der Host-Provider verpflichtet ist, dafür zu sorgen, daß der Zugang solcher Hinweise und deren weitere Bearbeitung ordnungsgemäß organisiert wird, besteht nicht die Gefahr, daß er solche Hinweise mit dem Ziel ignoriert, eine Kenntniserlangung zu vermeiden. Gegen eine auf alle Inhalte bezogenen Kontrollverpflichtung hätten ohne die Beschränkung auf die den Providern positiv bekannten Inhalte auch verfassungsrechtliche Bedenken bestanden. Die Tätigkeit der Host-Provider, durch die eine Vielzahl verschiedener Inhalte weltweit einer breiten Öffentlichkeit zugänglich gemacht wird, ist ohne Zweifel als Mittel der Massenkommunikation zu qualifizieren. Massenkommunikationsmittel fallen in den Schutzbereich des Art. 5 Abs. 1 S. 2 GG[254], so daß auch das „Hosting" Grundrechtsschutz genießt[255]. Um den von Art. 5 GG anvisierten Kommunikationsprozeß nicht zu hemmen, darf diese Tätigkeit nicht unzumutbar erschwert werden. Die Verpflichtung zur Kontrolle aller sich auf dem Server der Host-Provider befindlichen Inhalte hätte wegen der Unmöglichkeit, die Vielzahl von Inhalten umfassend zu kontrollieren, jedoch eine solche unzumutbare Erschwerung dargestellt. Die Provider wären, um diese Aufgabe zu bewältigen, genötigt gewesen, die Anzahl der zu verbreitenden Inhalte zu Lasten der Nutzer auf ein Minimum zu reduzieren. Eine solche Folge widerspräche auch der Intention des Gesetzgebers, die Weiterentwicklung des Internets und den in ihm erfolgenden Meinungs- und Informationsaustausch zu fördern.

(b) Konkretisierung der Verkehrspflicht durch § 5 Abs. 2 MDStV

Da § 5 Abs. 2 MDStV als landesrechtliche Regelung die zivilrechtliche Anbieterhaftung nicht beschränken kann, ist die wortgleiche Vorschrift des § 5 Abs. 2 TDG analog anzuwenden. Damit sind auch Host-Provider, die auf ihrem Server Inhalte aus dem Bereich der Mediendienste gespeichert halten, nur zur Kontrolle der ihnen bekannten Inhalte verpflichtet.

(3) Inhalt der Verkehrspflicht

Die Verpflichtung des Host-Providers umfaßt zwei Handlungsschritte: Zunächst ist er dazu verpflichtet, die ihm bekannten Inhalte zu kontrollieren. Stellt er fest, daß ein rechtswidriger Inhalt gegeben ist, so ist er in einem weiteren Schritt dazu verpflichtet, die weitere Nutzung dieses Inhalts zu verhindern.

---

[254] BVerfGE 12, 205/228.

[255] So auch *Hoeren/Pichler*, in: Loewenheim/Koch (Hrsg.), Praxis des Online-Rechts, S. 427; *Spindler*, ZUM 1996, 533/539.

(a) Erster Schritt: Kontrolle der bekannten Inhalte

(aa) Rechtmäßigkeitsprüfung

Für die Feststellung, ob ein Verstoß gegen die Verkehrspflicht gegeben ist, stellt sich zunächst die Frage, welche Anforderungen an die Rechtmäßigkeitsprüfung zu stellen sind. Die Verbreitung eines rechtswidrigen Inhalts kann dem Host-Provider nämlich nur dann vorgeworfen werden, wenn er die Rechtswidrigkeit eines Inhalts hätte erkennen müssen. Aus § 5 Abs. 2 TDG, MDStV, der für eine Verantwortlichkeit des Host-Providers auf die Kenntnis des betreffenden Inhalts, nicht aber auf die Kenntnis oder fahrlässige Nichtkenntnis der Rechtswidrigkeit abstellt, könnte zu schließen sein, daß der Host-Provider sich auch dann pflichtwidrig verhält, wenn er die rechtswidrige Natur der kontrollierten Inhalte weder erkennt noch erkennen konnte und die Inhalte aus diesem Grund weiter zur Nutzung bereithält. Aufgrund des in diesem Fall bestehenden hohen Haftungsrisikos widerspräche ein solches Verständnis des § 5 Abs. 2 TDG jedoch der mit dieser Vorschrift bezweckten Haftungsprivilegierung des Host-Providers[256]. Denn der Host-Provider könnte einer Schadensersatzverpflichtung – wenn überhaupt – nur dadurch entgehen, daß er die ihm bekannten Inhalte, etwa unter Zuhilfenahme eines Rechtsbeistandes, umfassender juristischer Kontrollen unterzöge. Um die mit § 5 Abs. 2 TDG bewirkte Privilegierung nicht über die Schaffung einer besonders strengen Kontrollverpflichtung ins Gegenteil zu verkehren, ist die dem Host-Provider obliegende Verpflichtung zur Rechtmäßigkeitskontrolle auf die erkennbar rechtswidrigen Inhalte und auf grobe und eindeutige Gesetzesverstöße zu begrenzen[257].

(bb) Prüfung der inhaltlichen Richtigkeit ?

Fraglich ist, ob sich die Kontrollverpflichtung auch auf die inhaltliche Richtigkeit der Inhalte erstreckt, so daß der Host-Provider auch für Schäden haftet, die aus der Fehlerhaftigkeit verbreiteter Informationen resultieren. Wie oben dargelegt, begründet der Host-Provider mit der Zurverfügungstellung von Speicherplatz auf seinem Server auch die Gefahr, daß auf diesem Weg unrichtige Informationen, die bei der praktischen Umsetzung durch den Nutzer zu einem Schaden führen, in das Internet gelangen. Ge-

---

[256] *Hoeren/Pichler*, in: Loewenheim/Koch (Hrsg.), Praxis des Online-Rechts, S. 431.

[257] So auch *Hoeren/Pichler*, in: Loewenheim/Koch (Hrsg.), Praxis des Online-Rechts, S.431. Entgegen der Auffassung von *Spindler*, MMR 1999, 199/102 ist diese Begrenzung der Kontrollpflichten des Host-Providers auf grobe und eindeutige Gesetzesverstöße nicht mit den eingeschränkten Kontrollpflichten des Verlegers im Bereich des Anzeigenwesens zu begründen Denn die für den Bereich des Anzeigenwesens entwickelten Grundsätze fußen darauf, daß eine umfassende Überprüfung der Vielzahl eingehender Inserate angesichts des Zeitdrucks, unter denen die Verlage gerade im Anzeigenwesen zu arbeiten haben, die Arbeit der Presse unzumutbar erschweren würde (Vgl. BGH NJW-RR 1994, 874 - Schlankheitswerbung; BGH GRUR 1990, 1012/1014 – Pressehaftung; BGH NJW 1972, 232 – Badische Rundschau). Diese Argumente lassen sich mangels einer vergleichbaren Situation, insbesondere mangels eines vergleichbaren Zeitdrucks, m. E. nicht auf den Host-Provider übertragen.

gen eine hieraus resultierende Verpflichtung des Host-Providers, die Exaktheit der ihm bekannten Inhalte zu überprüfen, spricht aber, daß dieser in der Regel nicht über das für eine solche Kontrolle notwendige Fach- und Hintergrundwissen verfügen wird. Es kann von ihm auch nicht erwartet werden, sich inhaltlich mit den Inhalten Dritter auseinanderzusetzen und womöglich anhand von Sekundärliteratur deren Richtigkeit zu überprüfen. Eine Verpflichtung des Host-Providers zur Überprüfung der inhaltlichen Richtigkeit der ihm bekannten Informationen muß aus diesem Grund ausgeschlossen sein.

(b) Zweiter Schritt: Nutzungsverhinderung

Hat der Host-Provider die Rechtswidrigkeit des Fremdinhalts festgestellt, ist er in einem zweiten Schritt dazu verpflichtet, die weitere Nutzung dieses Inhalts unverzüglich zu verhindern[258]. Dabei hat der Host-Provider nur die Maßnahmen durchzuführen, die ihm möglich und zumutbar sind. Dies ergibt sich zum einen aus den allgemeinen Grundsätzen der Verkehrspflichten[259], zum anderen geht dies auch aus § 5 Abs. 2 TDG hervor, nach dem der Host-Provider für Fremdinhalte nur dann verantwortlich ist, wenn eine Nutzungshinderung technisch möglich und ihm zumutbar ist.

dd. Verschulden

Der Host-Provider muß die Verletzung der ihm obliegenden Verkehrspflicht weiterhin verschuldet haben. Da die Außerachtlassung der äußeren Sorgfalt sich bereits in der Verkehrspflichtverletzung manifestiert, bezieht sich die Verschuldensprüfung nur auf die innere Sorgfalt, d. h. die persönliche Vorhersehbarkeit und die persönliche Vermeidbarkeit der Rechtsverletzung[260].

(1) Vorhersehbarkeit

Für die Prüfung der Vorhersehbarkeit der Rechtsgutsverletzung ist darauf abzustellen, ob der Verletzer die Möglichkeit einer Beeinträchtigung des betreffenden Rechtsguts hätte erkennen müssen[261]. Für ein Verschulden des Host-Providers bei der Bereithaltung fremder rechtsverletzender Inhalte kommt es mithin darauf an, ob es für ihn vorherzusehen war, daß seine Tätigkeit von seinen Nutzern dazu mißbraucht werden würde, Inhalte zu verbreiten, die in die Rechte eines Dritten eingreifen. Vereinzelt wird vertreten, daß der Host-Provider nicht in der Lage sei, ein hinreichend konkretes Fehlverhalten durch seine Nutzer vorherzusehen. Aus diesem Grund sei die Möglichkeit

---

[258] Zu den in Betracht kommenden Maßnahmen vgl. oben V. 1. b. aa.
[259] *Kötz*, Deliktsrecht, Rn. 234; *Deutsch*, Unerlaubte Handlung, Schadensersatz und Schmerzensgeld, § 17 Rn. 258.
[260] *Deutsch*, Unerlaubte Handlung, Schadensersatz und Schmerzensgeld, § 17 Rn. 261; *Medicus*, BR, Rn. 659; *v. Bar*, JuS 1988, 169/173.
[261] *Larenz/Canaris*, Schuldrecht II/2, § 76 III, S. 426.

des Mißbrauchs für den Provider nicht zu erkennen[262]. Dem ist jedoch entgegenzuhalten, daß es im Rahmen der Vorhersehbarkeit eben nicht darauf ankommt, daß der eingetretene Erfolg in seiner konkreten Form für den Verletzer voraussehbar ist. Ausreichend ist vielmehr, daß die Möglichkeit einer solchen Beeinträchtigung im allgemeinen hätte vorhergesehen werden können[263]. Angesichts der Tatsache, daß die sich für den Host-Provider ergebenden Kontrollschwierigkeiten allgemein bekannt sind und der Ersteller von rechtswidrigen Inhalten im Internet zudem oftmals anonym bleibt[264], muß derjenige, der ohne die Durchführung von Zugangskontrollen fremde Inhalte auf seinem Server speichert und zur Nutzung bereithält, davon ausgehen, daß die von ihm zur Verfügung gestellte technische Infrastruktur auch zur Verbreitung rechtswidrigen Materials verwendet wird[265]. Daher ist für den Host-Provider vorhersehbar, daß sich unter den auf seinem Server gespeicherten Fremdinhalten auch solche befinden können, die die Rechte Dritter verletzen.

(2) Vermeidbarkeit

Die Rechtsgutsverletzung muß für den Host-Provider weiterhin persönlich vermeidbar gewesen sein. Wie bereits dargelegt, bereitet die Sperrung oder Löschung eines bekannten Inhalts keine Schwierigkeiten. Eine Haftung des Host-Providers wird aus diesem Grund in der Regel nicht daran scheitern, daß diesem eine Vermeidung der Rechtsgutsverletzung persönlich nicht möglich war.

ee. Ergebnis

Mit der Zurverfügungstellung von Speicherplatz für die Inhalte Dritter auf einem Internet-Server ist eine Gefahrenquelle gegeben, aus der für Host-Provider bestimmte Verkehrspflichten erwachsen. Dieser Pflichtenkreis wird durch § 5 Abs. 2 TDG konkretisiert. Eine Haftung für rechtswidrige Inhalte Dritter aus § 823 Abs.1 BGB kommt unter Zugrundelegung dieser Vorschrift nur dann in Betracht, wenn der Host-Provider die ihm bekannten, grob rechtswidrigen Inhalte nicht von seinem Server entfernt oder den Zugriff auf diese verhindert hat.

3. Ergebnis

Die Vorschrift des § 5 Abs. 2 TDG, die analog auch für Host-Provider aus dem Bereich der Mediendienste gilt, führt im Rahmen der Haftung aus § 823 Abs. 1 BGB zu

---

[262] *Waldenberger*, ZUM 1997, 176/184.

[263] BGHZ 41, 123/128; BGHZ 57, 25/33; BGHZ 58, 48/56; Löffler-*Steffen*, Presserecht, Rn. 254; *Larenz/Canaris*, SchuldR BT II/2, § 76 III, S. 426.

[264] *Engel*, AfP 1996, 220 spricht in diesem Zusammenhang von einer „Enthemmung durch Anonymität".

[265] So auch *Hoeren/Pichler*, in: Loewenheim/Koch (Hrsg.), Praxis des Online-Rechts, S. 419; *Pichler*, MMR 1998, 79/82.

einer an den technischen Aktionsmöglichkeiten der Host-Provider orientierten Ausgestaltung der diesen obliegenden Verkehrspflichten. Des weiteren bewirkt sie eine Beschränkung der Verbreiterhaftung aus § 824 BGB und § 823 Abs. 2 BGB i. V. m. §§ 186, 187 StGB. Eine Haftung für rechtswidrige Inhalte Dritter kommt in allen Fällen nur dann in Betracht, wenn die Host-Provider positive Kenntnis von diesen Inhalten haben und eine Nutzungsverhinderung technisch möglich sowie zumutbar war. Sofern diese Voraussetzungen erfüllt sind und der für den rechtswidrigen Inhalt unmittelbar verantwortliche Content-Provider identifiziert ist, haften Content- und Host-Provider dem Geschädigten gegenüber als Gesamtschuldner (§ 840 BGB).

Die mit § 5 Abs. 2 TDG bewirkte Beschränkung des Haftungsrisikos für Host-Provider manifestiert, daß die Bekämpfung rechtswidriger Inhalte im Internet in Deutschland nicht zu Lasten der Host-Provider und der von diesen bewirkten Informationsverbreitung gehen soll. Mit Erlaß des § 5 Abs. 2 TDG hat der Gesetzgeber vielmehr versucht, einen Weg zu finden, die Verbreitung rechtswidriger Inhalte zu verhindern, ohne die für die Weiterentwicklung und Funktionsfähigkeit des Internets wichtige Tätigkeit der Host-Provider durch zu große Haftungsrisiken zu behindern. Die Haftungsvoraussetzung der positiven Kenntnis trägt dabei dem Umstand Rechnung, daß sich auf den Servern der Host-Provider größtenteils eine unüberschaubare Masse an Daten befindet, deren umfassende Überprüfung diesen Anbietern in der Regel nicht möglich ist. Die Beschränkung der Kontrollpflichten auf die positiv bekannten Inhalte macht deutlich, daß die Host-Provider nur im Rahmen ihrer tatsächlichen Handlungsmöglichkeiten an der wegen der Vielzahl an Inhalten besonders problematischen Ermittlung rechtswidriger Inhalte beteiligt werden. Für die Identifizierung rechtswidriger Inhalte wird mehr darauf gesetzt, daß die Host-Provider von Dritten, insbesondere von Selbstkontrollorganisationen und Nutzern, auf verdächtige Inhalte hingewiesen werden. Die an die Kenntniserlangung anknüpfende Verpflichtung, rechtswidrige Inhalte zu löschen oder für die Nutzung zu sperren, gewährleistet, daß bei Vorliegen eines als rechtswidrig identifizierten Inhalts Maßnahmen ergriffen werden, um die Beeinträchtigung der Rechte Dritter zu beenden. Mit § 5 Abs. 2 TDG also auch dem berechtigten Interesse potentiell Betroffener an einer effektiven Verhinderung rechtswidriger Inhalte im Internet Rechnung getragen. Den Host-Providern allerdings wird dadurch ein weiteres Zugeständnis gemacht, daß für die Haftung stets auf die Kriterien der technischen Möglichkeit und Zumutbarkeit der nutzungshindernden Maßnahmen abzustellen ist. Damit der mit § 5 Abs. 2 TDG bewirkte, grundsätzlich als gelungen zu bezeichnende Interessenausgleich im Einzelfall nicht zu einer zu weitreichenden Privilegierung der Host-Provider führt, sind vor allem an das Kriterium der Zumutbarkeit geringe Anforderungen zu stellen.

VI. Haftung der Access-Provider

Als Access-Provider sind diejenigen Diensteanbieter zu verstehen, die den Nutzern den Zugang zum Internet und damit die Zugriffsmöglichkeit auf die im Internet verfügbaren Inhalte und die Übermittlungsmöglichkeit eigener Inhalte verschaffen[266]. Die Access-Provider fungieren folglich als Bindeglied zwischen den Providern, die Inhalte bereithalten, und den Nutzern, die diese Inhalte abrufen. Im Gegensatz zu Content- und Host-Provider, die wegen ihrer jeweiligen Tätigkeit über eine gewisse Nähe zu den im Internet abrufbaren Inhalten verfügen, sind diese Anbieter mit den Inhalten Dritter nur insofern in Verbindung zu bringen, als daß durch sie ihre Durchleitung zu den Nutzern erfolgt[267].

1. Inhalt des § 5 Abs. 3 TDG

Der mangelnden Einwirkungsmöglichkeit der Access-Provider auf die zugänglich gemachten fremden Inhalte hat der Gesetzgeber mit einem Ausschluß der Verantwortlichkeit Rechnung getragen[268]. Wie Anbieter von Telekommunikationsdienstleistungen sind Access-Provider für fremde Inhalte, zu denen sie lediglich den Zugang zur Nutzung vermitteln, nach § 5 Abs. 3 TDG nicht verantwortlich[269]. Im Gegensatz zu § 5 Abs. 2 TDG, der eine Verantwortlichkeit des Host-Providers nur bei fehlender Kenntnis von den Inhalten ausschließt, spielt die Kenntnis im Hinblick auf eine Verantwortlichkeit des Access-Providers keine Rolle. Mit dem Begriff „lediglich" wird jedoch klargestellt, daß eine Freistellung von der Verantwortlichkeit nur dann in Betracht kommt, wenn die Inhalte ohne Einwirkung von Seiten der Access-Provider zu den Nutzern durchgeleitet wurden[270]. Aufgrund der wenig präzisen Formulierung bleibt unklar, welche konkreten Fälle der Gesetzgeber dem Anwendungsbereich des § 5 Abs. 3 TDG entziehen wollte. Denkbar ist jedoch, daß die Anwendung des § 5 Abs. 3 TDG ausgeschlossen ist, wenn der Access-Provider einen durchzuleitenden Inhalt verändert hat.

2. Auswirkung des § 5 Abs. 3 TDG auf die Deliktshaftung

Für eine deliktische Haftung der Access-Provider wäre daran anzuknüpfen, daß mit deren Zugangsvermittlung überhaupt erst der Weg zu fremden rechtswidrigen Inhalten geöffnet wird[271]. Die Vorschrift des § 5 Abs. 3 TDG stellt jedoch klar, daß aus der reinen Zugangsvermittlung keine Kontroll- oder Sperrungsverpflichtungen der Access-

---

[266] Vgl. dazu *Federrath*, ZUM 1999, 177/178.

[267] *Hoeren/Pichler*, in: Loewenheim/Koch (Hrsg.), Praxis des Online-Rechts, S. 441.

[268] Begr. RegE, BT-Dr. 13/7382, S. 20.

2[269] Zur Gleichbehandlung mit den Anbietern von Telekommunikationsdienstleistungen vgl. Begr. RegE, BT-Dr. 13/7385, S. 20.

[270] Begr. RegE, BT-Dr. 13/7385, S. 20.

[271] Vgl. Begr. RegE, BT-Dr. 13/7385, S. 20.

Provider erwachsen, deren Verstoß eine Haftung begründen könnte. Mit dem Ausschluß der Verantwortlichkeit für zugänglich gemachte Inhalte wird folglich auch die Grundlage für eine deliktische Haftung genommen[272]. Da § 5 Abs. 3 TDG für die Freistellung von der Verantwortlichkeit nicht auf das Fehlen der Kenntnis von der Rechtswidrigkeit eines zugänglich gemachten Inhalts abstellt, gilt der Haftungsausschluß auch bezüglich der Inhalte, deren Rechtswidrigkeit den Access-Providern positiv bekannt ist. Eine Haftung kommt jedoch für solche Inhalte in Betracht, die nicht „lediglich" zugänglich gemacht wurden. Hat ein Access-Provider bei der Durchleitung eines Inhalts ausnahmsweise auf diesen eingewirkt, diesen z. B. durch die Hinzufügung oder Entfernung von Daten verändert, haftet er für diesen wie ein Content-Provider uneingeschränkt nach den §§ 823 ff BGB.

3. Ergebnis

Eine deliktische Haftung der Access-Provider für zugänglich gemachte Inhalte ist wegen § 5 Abs. 3 TDG grundsätzlich ausgeschlossen. Die gesetzgeberische Entscheidung, die Access-Provider durch § 5 Abs. 3 TDG von jeglicher Verantwortlichkeit für zugänglich gemachte Inhalte Dritter zu befreien, ist aufgrund der damit bewirkten Klarstellung und Rechtssicherheit grundsätzlich zu begrüßen. Als verfehlt erscheint sie jedoch im Hinblick darauf, daß die Access-Provider auch dann von einer Verantwortlichkeit befreit sind, wenn sie die Rechtswidrigkeit eines Inhalts kennen und ihren Nutzern trotzdem den Zugriff auf diesen ermöglichen[273]. Denn die Schwierigkeit, Sperrungsmaßnahmen durchzuführen, besteht nicht in dem technischen Akt der Sperrung als solchem, sondern vielmehr darin, die zu sperrenden Inhalte durch Kontrollen aus der Vielzahl der im Internet abrufbaren Inhalte herauszufinden. Hat ein Access-Provider aber positive Kenntnis von einem Inhalt, ist er auch in der Lage, den Zugang zu diesem Inhalt zu sperren[274].

VII. Zusammenfassung

Mit dem TDG und MDStV verfügt Deutschland über Regelwerke, welche auf die Besonderheiten des Kommunikations- und Informationsmediums Internet zugeschnitten sind und diesen Besonderheiten auch im Hinblick auf die deliktische Haftung der Internet-Service-Provider Rechnung tragen. Die an den jeweiligen Tätigkeiten der Internet-Service-Provider orientierten Verantwortlichkeitsregelungen der §§ 5 TDG, MDStV stellen klar, ob und unter welchen Voraussetzungen eine Haftung dieser Anbieter für im Internet abrufbar gemachte, auf ihren Servern gespeicherte und zugäng-

---

[272] *Engel-Flechsig*, ZUM 1997, 231/236; *Hoeren/Pichler*, in: Loewenheim/Koch (Hrsg.), Praxis des Online-Rechts, S. 444.
[273] So auch *Hoeren/Pichler*, in: Loewenheim/Koch (Hrsg.), Praxis des Online-Rechts, S. 444.
[274] Vgl. dazu *Sieber*, CR 1997, 653/ 658 ff.

lich gemachten Inhalte in Betracht kommt. Nach Maßgabe dieser Regelungen stellt sich die deliktische Haftung der Internet-Service-Provider im deutschen Recht wie folgt dar:

a) Die deliktische Haftung der als Informationsanbieter im Internet agierenden Content-Provider bestimmt sich gemäß §§ 5 Abs. 1 TDG, MDStV nach den allgemeinen Gesetzen. Eine wie für Host- oder Access-Provider vorgesehene Beschränkung bzw. ein Ausschluß der Haftung kommt nicht in Betracht. Die Besonderheit des Internets, nicht nur professionellen Informationsanbietern sondern auch Privatleuten ein Forum zum Informationsaustausch zu bieten, führt jedoch dazu, daß für die Haftung des im Internet als Content-Provider Auftretenden im Einzelfall nach der Art der zum Abruf bereitgehaltenen Inhalte zu differenzieren ist. So gilt bei der Haftung für ehr- und persönlichkeitsrechtsverletzende sowie geschäftsschädigende Inhalte nur für diejenigen Content-Provider der für traditionelle Massenmedien entwickelte publizistische Sorgfaltsmaßstab, die elektronische Presseerzeugnisse zum Abruf bereithalten. Die Haftung der Content-Provider für Schäden, die aus der Fehlerhaftigkeit im Internet abrufbar gemachter Informationen resultieren, bemißt sich nach der Höhe der mit den Informationsangeboten im Einzelfall geweckten Sicherheitserwartungen. Abzustellen ist zudem auf die Gefährlichkeit der behandelten Themenkomplexe für die Rechtsgüter Dritter. Die Grundsätze der deliktischen Produzentenhaftung wirken sich mangels Vergleichbarkeit der Tätigkeit eines Content-Providers mit der eines Warenherstellers nicht im Hinblick auf den Pflichtenkreis der Content-Provider aus. Wegen der Unübersichtlichkeit des Informationsverbreitungsprozesses im Internet ist in Anlehnung an die Grundsätze der Produzentenhaftung zumindest bei gewerblichen Content-Providern aber von einer Beweislastumkehr zugunsten der Geschädigten auszugehen. Die verschuldensunabhängige Produkthaftung findet wegen der mangelnden Produkteigenschaft online übermittelter Informationen keine Anwendung.

b) Die deliktische Haftung der Host-Provider für die auf ihren Servern gespeicherten Inhalte Dritter aus dem Bereich der Teledienste wird von § 5 Abs. 2 TDG bestimmt. Da § 5 Abs. 2 MDStV als landesrechtliche Regelung nicht die aus §§ 823 ff BGB resultierende deliktische Haftung modifizieren kann, ist die Vorschrift des § 5 Abs. 2 TDG analog auch auf Host-Provider, die Inhalte aus dem Bereich der Mediendienste gespeichert halten, anzuwenden. § 5 Abs. 2 TDG bestimmt eine Einschränkung der providerseitigen Verantwortlichkeit auf positiv bekannte Inhalte, deren Sperrung bzw. Löschung technisch möglich und den Providern zumutbar ist. In deliktsrechtlicher Hinsicht führt diese Regelung zum einen zu einer Beschränkung der aus § 823 Abs. 2 BGB i. V. m. §§ 186, 187 StGB und aus § 824 BGB resultierenden Verbreiterhaftung. Im Rahmen der Haftung aus § 823 Abs. 1 BGB konkretisiert § 5 Abs. 2 TDG zum anderen die den Host-Providern obliegende Verkehrspflicht. Diese besteht nach Maßgabe des § 5 Abs. 2 TDG in der Kontrolle der positiv bekannten Inhalte auf grobe Rechtsverstöße sowie in der Nutzungsverhinderung der als rechtswidrig identifizierten Inhalte.

c) Eine deliktische Haftung der Access-Provider für zugänglich gemachte Inhalte Dritter ist nach § 5 Abs. 3 TDG ausgeschlossen. Dieser Haftungsausschluß gilt selbst dann, wenn die Access-Provider die Rechtswidrigkeit der zugänglich gemachten Inhalte positiv kennen.

Abschließend bleibt festzuhalten, daß die mit den „Multimediagesetzen" gegebene dreistufige Aufteilung der Deliktshaftung nach den Funktionen der einzelnen Internet-Service-Provider durchaus als gelungen bezeichnet werden kann. Insbesondere die Problematik der deliktischen Haftung der Host- und Access-Provider, die eine Auseinandersetzung mit den diesen gegebenen technischen Aktionsmöglichkeiten verlangt, hat durch die Beschränkung bzw. den Ausschluß der Haftung eine befriedigende Lösung erfahren. Zu bemängeln ist allerdings die durch das Nebeneinander des TDG und MDStV bedingte Aufteilung der im Internet verfügbaren Inhalte und Dienste in solche der Massen- und Individualkommunikation. Diese Aufteilung führt wegen der dadurch verursachten Abgrenzungsschwierigkeiten nicht nur zu Rechtsunsicherheiten, sondern ist, da das Internet zumindest im Bereich des WWW überwiegend die Funktion eines Massenmediums erfüllt, den tatsächlichen Gegebenheiten des Internets fremd.

2. Teil: Die deliktische Haftung der Internet-Service-Provider in Frankreich und England

1. Abschnitt: Die Rechtslage in Frankreich

I. Einleitung

Im Vergleich zu anderen europäischen Staaten wird das Internet in Frankreich noch wenig genutzt[1]. Aus diesem Grund gewinnen auch die mit dem Internet verbundenen Rechtsprobleme in der Praxis erst langsam an Bedeutung[2]. Um so erstaunlicher ist es, daß sich Frankreich mit der 1996 verabschiedeten Amendment Fillon[3] als erster europäischer Staat speziell mit der Verantwortlichkeit der Access-Provider befaßt und zumindest für das Strafrecht einen gesetzlichen Ausschluß der Verantwortlichkeit vorgesehen hatte[4]. Nach dem Scheitern dieser gesetzlichen Regelung wurde zunächst kein weiterer Versuch zur Regelung der Verantwortlichkeit von Internet-Service-Providern unternommen[5]. Für das Jahr 2000 hat die französische Regierung aber die Einbringung eines Gesetzesentwurfs angekündigt, der sich mit den rechtlichen Besonderheiten einer Informationsgesellschaft und der rechtlichen Verantwortlichkeit der in einer solchen Gesellschaft Tätigen befassen soll[6].

Da zum Zeitpunkt der Bearbeitung noch kein Gesetzesentwurf vorlag, wird im Rahmen der folgenden Darstellung nur auf die bisher ergangenen Gerichtsentschei-

---

[1] *Finsterwald,* Lamy droit de l'informatique, Bulletin d'actualité, n° 98, Dezember 1997, S. 10; *Falque-Pierrotin,* Mission Interministérielle sur l'Internet, Juli 1996. Die Tendenz ist aber steigend: Während 1996 nur ca. 500 000 Franzosen das Internet nutzten, bedienten sich 1998 schon ca. 5 Millionen „Internautes" des Internets. Für das Jahr 2000 wird ein Anstieg auf ca. 12 Millionen Nutzer erwartet, vgl. Le Monde Informatique, 2. Oktober 1998, S. 29.

[2] Die wenigen zum Internetrecht ergangenen Gerichtsentscheidungen beschäftigen sich vorwiegend mit Fragen des Urheberrechts. Die deliktische Haftung der Internet-Service-Provider wurde in der Rechtsprechung bislang dagegen kaum behandelt.

[3] *Loi n° 96-659 de déréglementation des télécommunications du 26 juillet 1996,* nach dem damaligen französischen Minister für Telekommunikation benannt.

[4] Vgl. dazu *Rotzenfeld,* Expertises des systèmes d'information, Juni 1996, S. 207.

[5] Die in der Amendement Fillon vorgesehenen Regelungen wurden vom Verfassungsrat wegen Verstoß gegen Art. 34 der Verfassung zum größten Teil für verfassungswidrig erklärt. Die Privilegierung der Access-Provider wurde als solche jedoch nicht kritisiert.

[6] *Loi sur la communication audiovisuelle modifiant la loi du 30 septembre 1986,* erstmalig angekündigt in der Rede des französischen Premierministers Lionel Jospin anläßlich der Kommunikations-Universität in Hourtin am 26. August 1999, abrufbar unter: http://www.internet.gov.fr /deutsch/textesref/hourtin99.htm (Stand: 10. 11. 99). Das Gesetz wurde in einem äußerst zügigen Gesetzgebungsverfahren am 27. Juni 2000 vom Senat, am 28. Juni 2000 von der Nationalversammlung verabschiedet. Wesentliche, die Haftung der Host-Provider betreffende Bestimmungen wurden allerdings bereits am 27. Juli 2000 vom Verfassungsrat für verfassungswidrig erklärt.

dungen und den gegenwärtigen Diskussionsstand in der Lehre eingegangen[7]. Aufschlußreich für die künftige Behandlung der Rechtsprobleme des Internets durch den Gesetzgeber ist der Bericht des Conseil d'Etat „Internet et les réseaux numériques"[8], der auch auf die deliktische Haftung der Internet-Service-Provider eingeht.

II. Besonderheiten des französischen Deliktsrechts

1. Die Generalklausel der Art. 1382, 1383 CC

Im Mittelpunkt des französischen Deliktsrechts steht die Generalklausel des Art. 1382 Code civil (CC), die den Grundsatz statuiert, daß jeder, der durch sein Verhalten einen Schaden verursacht, zum Ersatz dieses Schadens verpflichtet ist[9]. Art. 1383 CC konkretisiert diesen Grundsatz dahingehend, daß auch die fahrlässige Schadenszufügung eine Schadensersatzpflicht begründet[10]. Die weite Formulierung des Gesetzeswortlauts gestattet einen umfassenden Schutz bei jeder Art der Schadenszufügung. So werden über Art. 1382, 1383 CC nicht nur materielle Schäden, sondern auch immaterielle Schäden[11] sowie Vermögensschäden[12] ersetzt. Voraussetzung für eine Haftung ist das Vorliegen einer „faute", deren Begriff die schadenstiftende Handlung als solche sowie die Pflichtwidrigkeit und Vorwerfbarkeit des Verhaltens erfaßt[13]. Die für die „faute" erforderliche Pflichtwidrigkeit ist sowohl mit der Nichtbefolgung von Pflichten, die sich aus dem geschriebenen Recht ergeben[14], wie z. B. dem die Ehre schützenden Pressegesetz, als auch mit dem Verstoß gegen Pflichten, die aus außergesetzlichen Verhaltensregeln resultieren[15], gegeben. Für die Vorwerfbarkeit ist darauf abzustellen, ob das Verhalten des Schädigers von dem Verhalten eines ordentlichen, anständigen

---

[7] Zur Behandlung der haftungsrechtlichen Problematik in der *Loi sur la communication audiovisuelle modifiant la loi du 30 septembre 1986* und der Entscheidung des Verfassungsrates vgl. die kurze Darstellung in Teil 3, IV. 1.

[8] Der Conseil d'Etat nimmt eine wichtige Funktion im Gesetzgebungsverfahren ein. So sind Gesetzgebungsvorhaben gemäß Art. 39 der französischen Verfassung stets dem Conseil d'Etat zur Stellungnahme vorzulegen. Aufgrund dieser Funktion ist davon auszugehen, daß die vom Conseil d'Etat gefundenen Ergebnisse auch Eingang in das von der französischen Regierung geplante Gesetz finden.

[9] „Tout fait quelconque de l'homme, qui cause à autrui un dommage, oblige celui par la faute duquel il est arrivé, à le réparer".

[10] „Chacun est responsable du dommage qu'il a causé non seulement par son fait mais encore par sa négligence et son imprudence".

[11] *Terré/Simler/Lequette*, Droit Civil, les obligations, Rn. 676; *Guimezanes*, Introduction au droit français, S. 213/214; *Lemeurier*, Droit civil, S. 228 f.

[12] *Zweigert/Kötz*, Einführung in die Rechtsvergleichung, § 40 IV, S. 620/621.

[13] *Ferid/Sonnenberger*, Das Französische Zivilrecht II, 2 O 113; *v. Bar - Gotthardt*, Deliktsrecht in Europa, Frankreich, S. 17/18.

[14] *le Tourneau*, La responsabilité civile, Rn. 1884.

[15] *Le Tourneau*, La responsabilité civile, Rn. 1904; siehe auch *Ferid/Sonnenberger*, Das französische Zivilrecht II, 2 O 116 ff., die den Verstoß gegen Berufsordnungen (codes déontologiques), gegen die allgemeine Verpflichtung zu sorgfältigem Verhalten (obligation générale de prudence et diligence) oder gegen die Regeln von Sitte und Anstand (règles morales) als Beispiele für den Verstoß gegen außergesetzliche Verhaltensregeln aufführen.

und sorgfältigen Durchschnittsmenschen, dem „bon père de famille" abweicht[16]. Voraussetzung für einen Schadenseratzanspruch ist ferner, daß der Schaden durch die „faute" verursachte wurde, mithin ein Kausalzusammenhang gegeben ist.

2. Das Prinzip des „non-cumul"

Das französische Zivilrecht ist des weiteren durch die Besonderheit gekennzeichnet, daß Ansprüche aus Delikt und Vertrag nicht nebeneinander bestehen können, die deliktische Haftung von der Vertragshaftung vielmehr verdrängt wird (Prinzip des „non-cumul")[17]. Das Bestehen eines Vertrages muß jedoch als solches nicht zu einem Ausschluß der Deliktshaftung führen. Für eine Haftung aus den Art. 1382 ff. CC ist nur dann kein Raum, wenn der zu ersetzende Schaden auf dem Verstoß gegen eine aus diesem Vertrag resultierende Verpflichtung beruht. Hat der Schaden dagegen keinen Bezug zu der Vertragspflicht, kommt die Deliktshaftung auch zwischen Vertragspartnern zur Anwendung[18].

III. Die Haftung der Internet-Service-Provider nach Art. 1382 ff. CC

Im Vordergrund der Providerhaftung steht im französischen Recht die Frage, ob und unter welchen Voraussetzungen ein Verhalten der Provider als „fautif" i. S. d. Art. 1382, 1383 CC zu qualifizieren ist. Für die im Einzelfall geltenden Maßstäbe wird danach differenziert, welche Aufgaben von dem jeweiligen Provider erfüllt werden. Im Wesentlichen wird dabei zwischen den „fournisseurs de contenus informationels", die die im Internet verbreiteten Inhalte erstellt haben, den „fournisseurs d'hébergement", die Inhalte Dritter auf ihrem Server zur Weiterverbreitung gespeichert halten, und den „fournisseurs d'accès", die den Zugang zum Internet vermitteln, unterschieden[19].

1. Deliktshaftung der Content-Provider

Zunächst gilt es zu untersuchen, ob für die Haftung der Content-Provider für die Abrufbarmachung ehrverletzender, persönlichkeitsrechtsverletzender und fehlerhafter Informationen im Internet die für Informationsanbieter im Bereich der traditionellen Kommunikationsmedien entwickelten Grundsätze gelten oder ob die Einschaltung des Internets eine Modifizierung dieser Grundsätze erforderlich macht.

---

[16] *v. Bar-Gotthardt*, Deliktsrecht in Europa, Frankreich, S. 18/19.

[17] *Guimezanes*, Introduction au droit français, S. 213; *Ferid/Sonnenberger*, Französisches Zivilrecht II, 2 O 41 ff.; *Terré/Simler/Lequette*, Droit Civil, les obligations, Rn. 835.

[18] *Terré/Simler/Lequette*, Droit Civil, les obligations, Rn. 830.

[19] Vgl. hierzu den Bericht des *Conseil d'Etat*, Internet et les réseaux numériques, S. 133. Um die Einheitlichkeit zu wahren, werden im folgenden weiterhin die für das Internet üblichen Begriffe „Content-Provider", „Host-Provider" und „Access-Provider" verwendet.

a. Haftung für ehr- und persönlichkeitsrechtsverletzende Inhalte

aa. Haftung für ehrverletzende Inhalte

Das Recht auf Achtung der Ehre wird durch das Pressegesetz[20] geschützt, das in seinem Art. 29 die Straftatbestände der „diffamation" und der „injure" enthält. Die „diffamation" bezieht sich auf die Behauptung ehrverletzender Tatsachen[21], die „injure" erfaßt beleidigende, verächtlichmachende, beschimpfende Äußerungen[22]. Ein Verstoß gegen Art. 29 Pressegesetz begründet zugleich eine „faute" i. S. d. Art. 1382 CC[23], so daß die Ehre über das Pressegesetz auch in zivilrechtlicher Hinsicht geschützt wird. Wesentliche Voraussetzung für die Verwirklichung der Straftatbestände des Art. 29 Pressegesetz ist die Veröffentlichung der ehrverletzenden Aussage[24]. Für die „diffamation" muß zudem Schädigungsabsicht gegeben sein. Diese wird vermutet, wenn der Schädiger nicht die Wahrheit seiner Aussage beweisen kann[25]. Durch den Beweis der Gutgläubigkeit („démonstration de la bonne foi"), für welchen der Schädiger darlegen muß, die Behauptungen mit der größten Sorgfalt nachgeprüft und vorsichtig formuliert zu haben, kann diese Vermutung aber widerlegt werden[26].

(1) Anwendbarkeit des Art. 29 Pressegesetz auf das Internet

Fraglich ist, ob Art. 29 Pressegesetz auch auf die Veröffentlichung eines ehrverletzenden Inhalts im Internet Anwendung findet. Für Publikationen der elektronischen Presse steht dies wohl außer Zweifel. So entschied das TGI Paris im Fall *ESIG c/ Société Groupe Express*[27], in dem die Wochenzeitschrift l'Express einen in der Printausgabe erschienenen ehrverletzenden Artikel, für den sie wegen „diffamation" bereits rechtskräftig verurteilt worden war, auch noch im Internet veröffentlicht hatte, daß die Verbreitung dieses Artikels im Internet, mit der eine unbestimmte Anzahl von Personen erreicht würde, eine weitere Veröffentlichung im Sinne des Pressegesetzes darstel-

---

[20] *Loi du 29 juillet 1881 sur la liberté de la presse.*

[21] Art. 29 Abs. 1 Pressegesetz definiert die „diffamation" als „toute allégation ou imputation d'un fait qui porte atteinte à l'honneur ou à la considération de la personne ou du corps auquel le fait est imputé".

[22] Art. 29 Abs. 1 Pressegesetz definiert die „injure" als „toute expression outragente termes de mépris ou invective qui ne renferme l'imputation d'aucun fait". Der wesentliche Unterschied zwischen der „diffamation" und der „injure" liegt darin, daß sich der Beschuldigte bei der „diffamation" sowohl durch einen Wahrheitsbeweis als auch durch den Beweis seiner Gutgläubigkeit entlasten kann.

[23] *Bormann*, Die Praxis des Persönlichkeitsrechtsschutz in Frankreich, S. 9.

[24] *Toulemon*, Code de la Presse, S. 16; *Derieux*, Droit de la communication, S. 346.

[25] *Derieux*, Droit de la communication, S. 402.

[26] Cass. Crim., 3 janvier 1970, J. C. P. 1970, II, 16279 ; Trib. corr. Paris, 17ième ch., 20 février 1979, Gaz. Pal., 6. Juli 1979; *Zweigert/Kötz*, Einführung in die Rechtsvergleichung, § 43 III, S.704; *Derieux*, Droit de la communication, S. 405.

[27] *ESIG c/ Société Groupe Express*, TGI Paris du 30 avril 1997, abrufbar unter http://www.legalis.net/legalnet/judiciare/ord_esig.htm (Stand: 10.11.99).

len würde. Die Klage wurde aber wegen Verjährung abgewiesen[28]. Auch in der kürzlich ergangenen Entscheidung eines Untergerichts im Fall *Groupe Test c/ Groupe Worldnet*[29], in dem das beklagte Unternehmen Worldnet sich in einer Internet-Zeitung herabsetzend über ein elektronisch abrufbares Presseerzeugnis des Klägers geäußert hatte, erklärte das Gericht das Pressegesetz für anwendbar. Damit ist noch nicht geklärt, ob im Internet verbreitete Veröffentlichungen, die nicht von der Presse stammen, der Strafvorschrift des Art. 29 Pressegesetz unterfallen. Spricht hiergegen auf den ersten Blick die Bezeichnung des Gesetzes als „Pressegesetz“, hat der Gesetzgeber bereits mit der Überschrift zu dem diese Vorschrift enthaltenen Kapitel „Verbrechen und Vergehen, die über die Presse und über alle anderen Veröffentlichungsmitteln verübt wurden“ („des crimes et délits commis par la voie de la presse et par tout autre moyen de publication“) klargestellt, daß sich der Anwendungsbereich der Art. 23 ff. Pressegesetz nicht allein auf Veröffentlichungen bezieht, die über die Presse erfolgen[30]. Vielmehr wird jede Veröffentlichung erfaßt, die über die vom Gesetz vorgesehenen Mittel erfolgt[31]. Daraus, daß Art. 23 Pressegesetz als in Betracht kommende Veröffentlichungswege auch alle Mittel der „communication audiovisuelle“ aufzählt, wird geschlossen, daß jede Veröffentlichung im Internet unter die Strafvorschriften des Pressegesetzes fallen muß[32].

Für die Anwendung des Art. 29 Pressegesetz auf die Content-Provider kommt es folglich nicht darauf an, ob der im Internet verbreitete Inhalt als Veröffentlichung der Presse zu qualifizieren ist. Unbeachtlich ist zudem, ob es sich bei dem Content-Provider um ein Redaktionsmitglied einer Internet-Zeitschrift handelt. Auch die Veröffentlichung einer ehrverletzenden Aussage durch einen privaten Content-Provider fällt in den Anwendungsbereich des Art. 29 Pressegesetz[33]. Ist mit dem verbreiteten Inhalt eine „diffamation“ gegeben, kann sich der Content-Provider wie jeder andere Schädiger durch den Wahrheitsbeweis oder, wenn dies nicht gelingt, durch den Beweis seiner Gutgläubigkeit von einer Haftung befreien. Hat er auf seinen Web-Seiten dagegen ehrverletzende Werturteile veröffentlicht, kommt ihm nur die „excuse de provocation“[34] zugute.

---

[28] Nach Art. 65 Pressegesetz verjährt die diffamation drei Monate nach der erstmaligen Veröffentlichung der ehrverletzenden Tatsachenbehauptung.

[29] *SA Groupe Test c/ SARL Groupe Worldnet*, Tribunal d‘ Instance de Paris 11ème du 3 août 1999, abufbar unter : http://www.legalis.net/jnet/decisions/diffamation/jug_ti-parisXI_ 030899. htm (Stand: 10. 11. 99).

[30] *Toulemon*, Code de la Presse, S. 15 ; *Bormann*, Die Praxis des Persönlichkeitsrechtsschutzes in Frankreich, S. 9; *Deprez/Fauchoux*, Loi, Contrat et Usages du Multimédia, S. 152.

[31] *Toulemon*, Code de la Presse, S. 15; *Bormann*, aaO, S. 9; *Deprez/Fauchoux*, aaO, S. 152.

[32] *Maisl*, „Le droit du multimédia“, Rapport de l'AFTEL, Juni 1996, S. 169 f.; *Deprez/Fauchoux*, Lois, Contrats et Usages du Multimédia, S. 138/151.

[33] *Deprez/Fauchoux*, aaO, S. 152.

[34] Zu deren Voraussetzungen vgl. *Derieux*, Droit de la communication, S. 410.

(2) Haftung aus Art. 29 i. V. m. Art. 1382 CC für die Veröffentlichung ehrverletzender Aussagen Dritter?

Fraglich ist, ob eine Haftung der Content-Provider auch dann in Betracht kommt, wenn sie im Internet, etwa in Form von Informationssammlungen, auch ehrverletzende Inhalte Dritter veröffentlichen. Dafür spricht, daß Art. 44 Pressegesetz die deliktische Haftung für ehrverletzende Äußerungen Dritter, die über die Presse veröffentlicht wurden, auf den Verleger überträgt. Damit sollen gegenüber demjenigen Schadensersatzansprüche geltend gemacht werden können, der die Veröffentlichung bewirkt und aus ihr einen wirtschaftlichen Nutzen zieht. Wenngleich diese Vorschrift durch ihre Begrenzung auf „délit commis par la voie de la presse“[35] unmittelbar nur auf die Verbreitung solcher Inhalte Anwendung finden kann, die dem Begriff der Pressepublikation unterfallen, ist das mit ihr begründete Haftungssystem auch auf andere Formen der öffentlichen Kommunikation zu übertragen[36]. Die Frage einer Haftung des verlegerähnlichen Content-Providers aus einer entsprechenden Anwendung des Art. 44 Pressegesetz wurde bislang nicht in der Rechtsprechung behandelt. Wegen des hinter dieser Vorschrift stehenden Gedankens ist jedoch davon auszugehen, daß der Content-Provider, der ehrverletzende Aussagen Dritter auf seinen Web-Seiten zum Abruf im Internet bereithält, dem Geschädigten gegenüber wie ein Verleger auf Schadensersatz haftet.

bb. Haftung für die Verletzung von Persönlichkeitsrechten

Die zum Schutz der „integrité morale“[37] eines Menschen erforderlichen Persönlichkeitsrechte sind in ihrer Gesamtheit im Code civil nicht positiv geregelt[38]. Aufgrund der Generalklausel, die jede Art der Schadenszufügung erfaßt und den Ersatz eines immateriellen Schadens zuläßt[39], ist jedoch ein umfassender Schutz gegeben, der sich auch auf die Persönlichkeitsrechte erstreckt[40]. Die Rechtsprechung erkennt dementsprechend seit langem an, daß Personen, die durch das Verhalten anderer in ihrer Persönlichkeit beeinträchtigt werden, auf Grundlage der Art. 1382, 1383 CC Schadensersatz verlangen können[41]. Zu den anerkannten Persönlichkeitsrechten, die auch für den

[35] Diese Begrenzung ergibt sich aus dem der Vorschrift des Art. 44 zugrundeliegenden Art. 42 Pressegesetz.

[36] Vgl. *Derieux*, Droit de la communication, S. 351: „...ce régime de responsabilité civile doit être élargi aux autres techniques ou formes de communication publique".

[37] *Mazeaud/Mazeaud/Chabas*, Leçons de Droit Civil, Rn. 797.

[38] Gutachten des Max-Planck-Institutes, S. 36.

[39] *Terré/Simler/Lequette*, Droit Civil, les obligations, Rn. 676, S. 558; *Guimezanes*, Introduction au droit français, S. 213/214.

[40] *Zweigert/Kötz*, Einführung in die Rechtsvergleichung, § 43 III, S. 700 ; *Bormann*, Die Praxis des Persönlichkeitsrechtsschutzes in Frankreich, S. 5/6; *Legler*, CR 1999, S. 439/440.

[41] Der Schadensersatz hat bei Persönlichkeitsrechtsverletzungen oft nur symbolischen Charakter („franc symbolique“), vgl. das Gutachten des Max-Planck-Institutes, S. 39.

Bereich der elektronischen Kommunikation von Bedeutung sind, zählen das in Art. 9 Abs. 1 CC fixierte Recht auf Achtung des Privatlebens und das Recht am eigenen Bild.

(1) Verletzung des Rechts auf Achtung des Privatlebens

Das in Art. 9 Abs. 1 CC niedergelegte Recht auf Achtung des Privatlebens genießt im französischen Recht einen besonders weiten Schutz. Ohne daß der Geschädigte ein Fehlverhalten des Schädigers oder das Vorliegen eines Schadens zu beweisen hätte, ist mit jedem unbefugten Eingriff in dieses Recht eine Haftung aus Art. 1382 CC begründet[42]. Dies gilt auch dann, wenn die Beeinträchtigung im Wege der Veröffentlichung und Weitergabe von Informationen im Internet erfolgt[43]. Der Content-Provider haftet für Verletzungen des Privatlebens einer Person folglich auch dann, wenn er die in das Internet zu stellenden Inhalte zuvor sorgfältig auf ihre rechtliche Unbedenklichkeit hin kontrolliert hat. Zu dem von Art. 9 Abs. 1 CC geschützten Privatleben zählen das Familienleben, der Gesundheitszustand und das Gefühlsleben einer Person[44]. Der öffentliche Lebensbereich wird dagegen nicht geschützt, so daß im Einzelfall insbesondere bei Personen, die aufgrund ihrer Stellung oder Tätigkeit in der Aufmerksamkeit der Öffentlichkeit stehen, eine sorgfältige Abgrenzung zwischen den Angelegenheiten des „vie privée“ und des „vie publique“ erforderlich ist[45]. Die Feststellung des Schadens und die Festsetzung der Höhe des zu leistenden Schadensersatzes liegt im Ermessen des entscheidenden Gerichts[46]. Wegen Art. 9 Abs. 2 CC kann das Gericht darüber hinaus jede Maßnahme anordnen, die zu einer Beseitigung der Beeinträchtigung führt[47].

(2) Beeinträchtigung des Rechts am eigenen Bild

Das Recht am eigenen Bild wurde von der Rechtsprechung zunächst als Eigentumsrecht anerkannt[48]. Heute zählt dieses Recht zu den Persönlichkeitsrechten[49] und besagt, daß Fotografien einer Person nicht ohne deren Zustimmung veröffentlicht werden dür-

---

42 *Campbell*, International Media Liability, S. 192; *Ferid/Sonnenberger*, Das französische Zivilrecht I, 1 D 247.

43 *Deprez/Fauchoux*, Loi, Contrats et Usages du Mulimédia, S. 14; *Falque-Pierrotin*, Mission Interministrielle sur l'Internet, S. 40; *Piette-Coudol*, Internet et la Loi, S. 156; *Maisl*, Rapport de l'AFTEL, Juni 1996, S. 170 f.

44 TGI Paris, 17 décembre 1986, Gaz. Pal. 1987, 238; *Mazeaud/Mazeaud/Chabas*, Leçons de Droit Civil, Rn. 803; *Piette-Coudol*, Internet et la Loi, S.158.

45 *Piette-Coudol*, Internet et la Loi, S. 158; *Ferid/Sonnenberger*, Französisches Zivilrecht I, 1 D 244.

46 *Derieux*, Droit de la communication, S. 468.

47 In Art. 9 Abs. 2 CC heißt es: „Les juges peuvent, sans préjudice de la réparation du dommage subi, prescrite toutes mesures, telles que séquestre, saisie et autres, propres à empêcher ou faire cesser une atteinte à l'intimité de la vie privée (...)".

48 CA Lyon, 8 juillet 1887, D. P. 1888, 2, 180; Trib. civ. Seine, 10 février 1905, D. 1905, 2, 389.

49 Trib. civ. Seine, 19 février 1955, JCP 1955 II 8678; TGI Seine, 18 mars 1966, Gaz. Pal. 1966, 1, 333; *Mazeaud/Mazeaud/Chabas*, Leçons de Droit Civil, Rn.797; Gutachten des Max-Planck-Institutes, S. 51.

fen[50]. Wie bei dem Recht auf Achtung des Privatlebens gilt auch hier ein anderer Maßstab, wenn es sich bei der betroffenen Person um eine Person des öffentlichen Lebens handelt[51]. Ein Verstoß gegen das Recht am eigenen Bild begründet eine „faute“ i. S. d. Art. 1382, 1383 CC[52]. Da es für den Bildnisschutz nicht darauf ankommt, welches Medium zur Veröffentlichung verwendet wird, ist auch mit der unbefugten Veröffentlichung von Abbildungen Dritter im Internet eine „faute“ gegeben[53]. Verbreitet der Content-Provider somit ohne Zustimmung des Abgebildeten dessen Fotografien im Internet, haftet er dem Geschädigten auf Ersatz seines Schadens aus Art. 1382, 1383 CC.

cc. Ergebnis

Die Veröffentlichung ehr- und persönlichkeitsrechtsverletzender Inhalte im Internet führt unter denselben Voraussetzungen zu einer Deliktshaftung, als wenn die Veröffentlichung über traditionelle Kommunikationsmedien wie etwa die Presse erfolgt wäre. Das Internet scheint im französischen Recht folglich keine Modifizierung der allgemeinen deliktsrechtlichen Grundsätze zu bewirken. Zu erwähnen ist an dieser Stelle aber die Vermutung des Conseil d'Etat, daß die französischen Gerichte im Hinblick auf die Annahme der „faute“ bei einem privaten Content-Provider weniger streng verfahren werden als bei professionellen Anbietern[54]. Ob sich diese Annahme im Hinblick auf die über das Internet beigebrachten Persönlichkeitsrechtsverletzungen bestätigt, kann mangels diesbezüglicher Judikatur zum jetzigen Zeitpunkt nicht entschieden werden. Fest steht jedenfalls, daß bei der Veröffentlichung ehrverletzender Inhalte im Internet mit dem Verstoß gegen Art. 29 Pressegesetz unabhängig von der Art des schädigenden Content-Providers eine „faute“ begründet ist. Eine privilegierende Sonderbehandlung privater Content-Provider ist hier nur im Rahmen der „démonstration de la bonne foi“ denkbar, für die unter anderem auch ein sorgfältiges Verhalten zu beweisen ist.

b. Haftung für fehlerhafte Informationen im Internet

Die deliktische Haftung der Content-Provider für Schäden, die aus der Fehlerhaftigkeit im Internet verbreiteter Informationen resultieren, war bislang noch nicht Gegenstand der Rechtsprechung. Mit der Lehre ist aber davon auszugehen, daß auch hier im We-

---

[50] *Zweigert/Kötz*, Einführung in die Rechtsvergleichung, § 43 III, S. 701; *Legler*, CR 1999, 439/441.

[51] *Legler*, CR 1999, S. 439/441; *Bormann*, Die Praxis des Persönlichkeitsrechtsschutzes in Frankreich, S. 7. So wird bei Politikern, Künstlern und anderen bekannten Persönlichkeiten vermutet, daß diese stillschweigend in die Aufnahme und Veröffentlichung der Abbildung eingewilligt haben.

[52] Cass. civ. 11 février 1970; Gaz. Pal. 1970, 1, 323; CA Versailles, 8 mars 1996, Gaz. Pal. 1996, 1, 213 f; *le Tourneau*, La responsabilité civile, Rn. 600.

[53] Vgl. *Estelle Hallyday c/ Valentin Lacambre et autres,* TGI Paris, réf., 9 juin 1998, Lamy droit de l'informatique, Bulletin d'actualité, n° 105, Juli 1998, S. 8/9; *Bérnat*, Les autoroutes d'information, S. 101.

[54] *Conseil d'Etat*, Internet et les réseaux numériques, S. 144.

sentlichen auf die Grundsätze zurückzugreifen ist, die für traditionelle Informationsanbieter wie Autoren, Herausgeber und Verleger gelten.

aa. Haftung aus Art. 1382, 1383 CC

Eine aus Art. 1382, 1383 CC resultierende Deliktshaftung für fehlerhafte Informationen wird spätestens seit der 1951 im Fall *Branly* ergangenen Entscheidung anerkannt[55]. In diesem Fall hatte ein Historiker bei der Abfassung eines Artikels bewußt davon abgesehen, einen an den geschilderten Ereignissen beteiligten Wissenschaftler zu nennen. Das Gericht beurteilte das Verhalten des Autors als „fautif", weil dieser vorsätzlich gegen die Pflichten eines ordentlichen Schriftstellers verstoßen habe. Ein Blick in die Rechtsprechung zeigt, daß eine Haftung auch bei einem fahrlässigen Verstoß gegen Kontrollpflichten in Betracht kommt.

(1) Haftung traditioneller Informationsanbieter

In dem berühmten *Cigue*-Fall[56] ging es um die deliktische Haftung des Verlegers eines Ratgebers für Pflanzen. Dieser Ratgeber enthielt neben der Beschreibung von Früchten und wilden Pflanzen Ratschläge im Hinblick auf ihre Zubereitung. Da der Unterschied zwischen wilden Karotten und der hochgiftigen Schierlingspflanze in dem Ratgeber nicht deutlich wurde, verzehrte eine Leserin im Anschluß an die Lektüre anstelle wilder Karotten eine Schierlingspflanze und starb. Das TGI Paris urteilte, daß der Herausgeber („éditeur") eines solchen Ratgebers, auch wenn er nicht dessen Autor sei, vor der Verbreitung durch Inhaltskontrollen sicherstellen müsse, daß die Leser sich auf den Ratgeber verlassen und die beschriebenen Pflanzen ohne Risiko verzehren könnten. Da der Herausgeber gegen diese Verpflichtung aufgrund von Fahrlässigkeit verstoßen habe, sei eine Haftung aus Art. 1382, 1383 CC begründet. Auch in dem Fall *Agence France Presse*[57], der die Haftung einer Presseagentur für einen fehlerhaften Bericht zum Gegenstand hatte, urteilte das Gericht, daß sich die Agentur dadurch, daß sie den betreffenden Bericht übereilt und ohne die geringste Kontrolle publiziert hatte, „fautif" verhalten habe. Da die Generalklausel der Art. 1382, 1383 CC ihren Schutz nicht auf einzeln benannte Rechtsgüter bezieht, sondern für jedes vorsätzliche oder fahrlässige Handeln, das bei einem anderen einen Schaden verursacht, eine Ersatzpflicht vorsieht, ist bei einer „faute" wegen fahrlässigen Verstoßes gegen Kontrollpflichten nicht nur der Ersatz von Personen- und Eigentumsschäden, sondern auch der Ersatz primärer Vermögensschäden möglich. Wie Personenschäden sind auch Vermö-

[55] Civ. 27 février 1951, D. 1951, 329; vgl. dazu *Huet/Maisl*, Droit de l'informatique et des Télécommunications, S. 636.

[56] TGI Paris, 28 mai 1986, *Gribinsky c/ Societé Ferdinand Nathan*, D. 1986, inf. rap. 319; vgl. dazu *Bensoussan*, Le multimédia et le droit, S. 533; *Huet*, RTDciv 1988, 355/365; ders., Droit de l'informatique et des Télécommunications, S. 635.

[57] Paris, 4ième ch. A, 6 février 1978, *Societé Gemaf c/ Agence France Presse*, D. S. 1978, inf. rap. 304.

gensschäden nur dann ersetzbar, wenn sie eine unmittelbare und direkte Folge der schädigenden Handlung sind[58].

(2) Übertragung dieser Grundsätze auf die Content-Provider

Die dargestellten Entscheidungen machen deutlich, daß der Schutz der Verbraucher vor fehlerhaften Informationen im französischen Recht über der Förderung eines unbehinderten Informationsflusses steht. Ob dies auch im Hinblick auf die Informationsverbreitung im Internet gilt, wurde von den Gerichten bislang nicht entschieden. In der Lehre wird jedoch davon ausgegangen, daß der für traditionelle Informationsanbieter geltende Grundsatz einer Haftung bei dem Verstoß gegen Kontrollpflichten auch auf einen im Internet als Informationsanbieter agierenden Content-Provider Anwendung findet. Dieser sei grundsätzlich dazu verpflichtet, dafür Sorge zu tragen, daß die von ihm verbreiteten Informationen exakt sind[59]. Verstoße er gegen diese Pflicht und verbreite infolgedessen fehlerhafte Informationen, sei eine „faute" gegeben, die bei einer kausalen Schadensverursachung zu einer Haftung aus Art. 1382, 1383 CC führe. Berücksichtigung findet nach Einschätzung der Lehre allerdings der Umstand, daß im Internet nicht nur professionelle Informationsanbieter auftreten, sondern daß an der Informationsverbreitung auch Privatpersonen teilnehmen. So wird erwartet, daß die Gerichte bei der Annahme einer „faute" zurückhaltender sind, wenn es sich um private Content-Provider handelt, die sich auf ihrer Homepage oder in Newsgroups zu Wort melden und mit ihrer Informationsverbreitung keine wirtschaftlichen Zwecke verfolgen[60].

(3) Berücksichtigung des Prinzips des „non-cumul"

In der Regel sind die im Internet verfügbaren Informationen abrufbar, ohne daß zwischen den Nutzern und Content-Providern ein Vertrag geschlossen werden müßte. Es gibt jedoch auch einige Angebote, z. B. wissenschaftliche Datenbanken, auf die nur zugegriffen werden kann, wenn zuvor per „Mausklick" ein entsprechender Nutzungsvertrag abgeschlossen worden ist. Sind die erlangten Informationen in einer solchen Fallgestaltung fehlerhaft, kann es, je nach Ausgestaltung des konkreten Vertrages, zu einer Kollision deliktischer und vertraglicher Ansprüche kommen. Wegen des Prinzips des „non-cumul" kann sich der Geschädigte in diesem Fall, auch wenn die Voraussetzungen für einen deliktischen Ersatzanspruch aus Art. 1382, 1383 CC erfüllt sind, der Content-Provider sich durch das Versäumnis von Inhaltskontrollen „fautif" verhalten

---

[58] Vgl. zu dem über Art. 1382, 1383 CC ersatzfähigen Schaden v. Bar-Gotthardt, Deliktsrecht in Europa, Frankreich, S. 23.

[59] *Conseil d'Etat*, Internet es les réseaux numériques, S. 144; *Bitan*, Gaz. Pal., 19-21 April 1998, S. 37/39; *Bensousson*, Le multimédia et le droit, S. 533; *Vivant/Stanc* (Hrsg.), Lamy droit de l'informatique, Rn. 2343.

[60] *Bitan*, Gaz. Pal., 19-21 April 1998, S. 37/39; *Deprez/Fauchoux*, Loi, Contrats et Usage du Multimédia, S. 140; *Dupuis-Toubol/Tonnelier/Lemarchand*, JPC 1997, n°13, S. 137/141f.

hat und dieses Fehlverhalten kausal für die dem Nutzer entstandenen Schäden ist, zum Ersatz seiner Schäden nur auf die ihm gegebenen vertraglichen Ansprüche stützen.

bb. Sachhalterhaftung

In der Lehre wird zum Teil die Auffassung vertreten, die Content-Provider für die Verbreitung fehlerhafter Informationen noch strenger als aus Art. 1382, 1383 CC haften zu lassen. Denn für den Nutzer, der durch eine fehlerhafte Information einen Schaden erlitten hat, stellt sich bei der auf Art. 1382, 1383 CC gründenden Haftung der Content-Provider das Problem, daß er zum Ersatz seiner Schäden das Vorliegen einer „faute" des jeweiligen Content-Providers zu beweisen hat. Dieser Beweis wäre nicht zu führen, wenn die Haftung des Content-Providers auf Art. 1384 Abs. 1 2. Alt. CC gründen würde. Bei dieser von der Rechtsprechung zu einer allgemeinen Sachhalterhaftung ausgestalteten Vorschrift[61] wird das Fehlverhalten des Sachhalters vermutet[62]. Voraussetzung für ihre Anwendbarkeit ist die Qualifizierung des Content-Providers als Halter („gardien") und die Einordnung der online übermittelten Information als Sache („chose").

(1) Content-Provider als Halter i. S. d. Art. 1384 Abs. 1 2. Alt. CC

Als Halter einer Sache gilt derjenige, der die Sache beherrschen kann[63]. Da der Content-Provider die Information erstellt bzw. auswählt, den Zeitpunkt ihrer Verbreitung bestimmt und zudem die Möglichkeit hat, die Information zu verändern oder zu löschen, wird er von den Vertretern in der Lehre, die für eine Anwendung des Art. 1384 Abs. 1 2. Alt. CC eintreten, als Halter der Information qualifiziert[64].

(2) Informationen als Sache i. S. d. Art. 1384 Abs. 1 2. Alt. CC

Problematischer ist die Frage, ob eine im Internet verbreitete Information eine Sache i. S. d. Art. 1384 Abs. 1 2. Alt. CC darstellt. An keiner Stelle des Code civil findet sich eine Definition dieses im Mittelpunkt des Art. 1384 Abs. 1 2. Alt. CC stehenden Begriffs. Der Rechtsprechung ist jedoch zu entnehmen, daß als „Sache" sowohl bewegliche als auch unbewegliche Objekte in Betracht kommen[65] und es für die Einordnung als „Sache" weder auf den Aggregatzustand eines Objekts[66] noch darauf ankommt, ob

---

[61] *Starck*, Droit civil, Obligations, résponsabilité délictuelle, Rn. 378.
[62] Die „présomption de résponsabilité" wurde erstmalig vom Kassationshof verwendet, vgl. Arrêt Jand'heur Cass. ch. réunis, 12 février 1930, D. P. 1930, 1, 57.
[63] Ausschlaggebend sind die Merkmale „usage, direction et contrôle". Vgl. Arrêt Franck, Cass. ch. réunis, 2 décembre 1941, D. 1942, 25; *v. Bar-Gotthardt*, Deliktshaftung in Europa, Frankreich, S. 44.
[64] *Dupuis-Toubol/Tonnelier/Lemarchand*, JPC 1997, n°13, S. 135/141; *Deprez/Fauchoux*, Loi, Contrats et Usages du Multimédia, S. 141.
[65] Cass. civ. 2 février 1940, D. 1941, 101.
[66] Vgl. *Ferid/Sonnenberger*, Das Französische Zivilrecht II, 2 O 311.

das betreffende Objekt als solches gefährlich ist[67]. Obwohl der Begriff der „Sache“ weit auszulegen ist, unterfallen ihm nach herrschender Meinung keine körperlosen Gebilde[68]. Damit wären auch Informationen, die ohne Abspeicherung auf einem Datenträger über das Internet verbreitet werden, nicht als „Sache“ zu qualifizieren.

Für die Anwendbarkeit des Art. 1384 Abs. 1 2. Alt. CC auf im Internet verbreitete Informationen wird jedoch eine Entscheidung des TGI Paris angeführt, nach der ein Fernsehbild, das zur Vervielfältigung und Aufbewahrung in Archiven geeignet ist („susceptible notamment de reproduction et de conservation“), eine Sache im Sinne des Art. 1384 Abs. 1 2. Alt. CC darstellt[69]. Wenn ein aus elektronischen Daten zusammengesetztes, als solches körperloses Fernsehbild eine „Sache“ darstelle, müsse dies auch für körperlose Informationen im Internet gelten[70]. Dieser Schlußfolgerung ist insofern zuzustimmen, als daß das Gericht die Sacheigenschaft eines Fernsehbildes nicht von seiner Verknüpfung mit einem Trägermedium abhängig gemacht hat, es sich vielmehr auf dessen Geeignetheit zur Vervielfältigung und Archivierung bezog. Fraglich ist jedoch, ob das TGI Paris mit seiner Entscheidung tatsächlich bezweckt hat, das Erfordernis eines körperlichen Gegenstandes für die Anwendung der Sachhalterhaftung aufzugeben und die strenge Haftung aus Art. 1384 Abs.1 2. Alt. CC auf die elektronische Kommunikation zu erstrecken oder ob es sich mit seiner Formulierung lediglich mißverständlich ausgedrückt hat. Bislang ist das als „exzessiv“ [71] kritisierte Urteil in der Rechtsprechung jedenfalls eine Ausnahme geblieben.

cc. Haftung für fehlerhafte Produkte

Mit dem Gesetz n° 98-389 *relative à la responsabilité du fait des produits défectueux* vom 19. Mai 1998 hat der französische Gesetzgeber eine verschuldensunabhängige Produkthaftung in Art. 1386-1 ff. CC eingefügt[72]. Die hier maßgebliche Frage, ob die Produkthaftung auf die Verbreitung fehlerhafter Informationen im Internet Anwendung findet, wurde in der Rechtsprechung bislang nicht behandelt. In der Lehre wird vertreten, daß nichts dagegen spreche, das Konzept der verschuldensunabhängigen Produkthaftung auch auf immaterielle Produkte anzuwenden[73]. Der im Gesetz nieder-

---

[67] Arrêt Jand'heur Cass. ch. réunis, 12 février 1930, DP 1930, 1, 57.

[68] Vgl. nur *Terré/Simler/Lequette*, Droit Civil, les obligations, Rn. 734 ff.

[69] Association des brasseurs de France c/ Société nationale de télévision Antenne 2, TGI Paris, 1re ch., 27. février 1991, JCP 1992, éd. G, II, 21809: „l'ensemble des éléments techniques mis en oeuvre en matière de diffusions télévisées effectuées en directe aboutit à la réalisation d'une image qui, susceptible notamment de reproduction et de conservation dans des archives, constitue une chose en sens de l'article 1384“.

[70] *Dupuis-Toubol/Tonnelier/Lemarchand*, JCP, 1997, n°13, S. 135/141; wohl auch *Deprez/Fauchoux*, Loi, Contrats et Usages du Multimédia, S. 140.

[71] So *le Tourneau*, Anmerkung zu TGI Paris, 1re ch., 27. février 1991, JCP 1992, éd. G, II, 21810.

[72] Damit hat Frankreich als letzter Mitgliedstaat der EU die Produkthaftungsrichtlinie umgesetzt. Zur Einführung der Produkthaftung in den Code civil vgl. *Larroumet*, D. 1998, S. 311 ff.

[73] So *Vajou,* Lamy droit de l'informatique, Bulletin d'actualité, n° 85, Oktober 1996, S. 10.

gelegte Produktbegriff[74], für den es auf das Vorliegen beweglicher Güter („bien meuble“) ankommt, läßt als solcher allerdings nicht den Schluß zu, daß der Gesetzgeber auch unkörperliche Objekte wie Informationen unter den Begriff des Produktes fassen wollte. Für ein abschließendes Ergebnis bleibt abzuwarten, wie der vom Gesetzgeber verwendete Begriff „bien meuble“ von der Rechtsprechung ausgelegt werden wird.

dd. Ergebnis

Das Risiko, für Schäden in Anspruch genommen zu werden, die aus der Fehlerhaftigkeit im Internet verbreiteter Informationen resultieren, ist im französischen Recht zumindest für solche Content-Provider hoch, bei denen die Informationsverbreitung im Internet auf professioneller Basis erfolgt. Wie Informationsanbietern im Bereich der Printmedien obliegt diesen die Pflicht zur Kontrolle der Richtigkeit der zur Verfügung gestellten Informationen. Wird fahrlässig gegen diese Pflicht verstoßen, ist eine „faute“ i. S. d. Art. 1382, 1383 CC begründet. Einer Entscheidung des TGI Paris, nach der ein Fernsehbild eine Sache i. S. d. Art. 1384 Abs.1 2. Alt. CC darstellt, läßt zudem den Schluß zu, daß eine Haftung der Content-Provider für Schäden, die aus einer im Internet abrufbaren, fehlerhaften Information resultieren, auch auf der Sachhalterhaftung aus Art. 1384 Abs. 1 2. Alt. CC gründen kann. In diesem Fall würde die „faute“ der Content-Provider vermutet.

2. Deliktshaftung der Host-Provider

Die Problematik einer deliktischen Haftung der Host-Provider für rechtswidrige Inhalte Dritter war bis vor kurzem noch völlig ungeklärt. Grund dafür war neben der zunächst geringen praktischen Relevanz dieser Frage vor allem die Tatsache, daß mit dem „Hosting“ eine neuartige Tätigkeit gegeben ist, die sich nur schwer in die traditionellen medienrechtlichen Kategorien einordnen läßt. Aus diesem Grund werden für die Frage der Verantwortlichkeit der Host-Provider auch nicht die für die Verbreiter im Bereich der gedruckten Presse und audiovisuellen Medien entwickelten Verantwortlichkeitssysteme der „responsabilité en cascade“ herangezogen[75]. Die Entscheidungen in *Estelle Hallyday c/ Valentin Lacambre* und *Madame L. c/ Multimania Pro-*

---

[74] Art. 1386-3 CC definiert das Produkt als : „tout bien meuble, même s‘il est incorporé dans un immeuble, y compris les produits du sol, de l‘élevage, de la chasse et de la pêche, ainsi que l‘électricité“.

[75] Die „responsabilité en cascade" wird sowohl von Art. 42 Pressegesetz als von Art 93 Abs. 3 des Gesetzes über die audiovisuelle Kommunikation (*Loi du 29 juillet 1982 sur la communication audiovisuelle*) vorgesehen. Ihre Anwendbarkeit für die Frage der Deliktshaftung der Host-Provider scheitert nicht nur an der vom *Conseil d'Etat*, Internet et les réseaux numériques, S. 140/141 sowie *Deprez/Fauchoux*, Lois, Contrats et Usages du Multimédia, S. 156 ausdrücklich abgelehnten Vergleichbarkeit der Host-Provider mit den dort genannten Herausgeber, Drucker und Händler, sondern auch daran, daß diese Kaskadenhaftung nur Geltung für die strafrechtliche Verantwortlichkeit hat.

duction geben nunmehr Hinweise auf die rechtliche Behandlung der Host-Provider im französischen Recht, wobei festzustellen ist, daß nicht nur die Rechtsprechung selbst uneinheitlich ist, sondern die Rechtsprechung auch deutlich von der in der Lehre vorherrschenden Auffassung abweicht.

a. Die Lösungsansätze in der Rechtsprechung

aa. Estelle Hallyday c/ Valentin Lacambre

In der ersten, die Haftung der Host-Provider betreffenden Entscheidung in *Estelle Hallyday c/ Valentin Lacambre et autres*[76] ging es um die Veröffentlichung diverser Nacktfotografien auf einer Web-Seite im Internet. Die Klägerin richtete sich in einem Verfahren des vorläufigen Rechtschutzes gegen den Host-Provider, der die von einem anonymen Content-Provider stammende Web-Seite auf seinem Server zum Abruf bereithielt. Das TGI Paris stellte fest, daß mit der Verbreitung der Nackfotografien gegen das der Klägerin zustehende Recht am eigenen Bild sowie gegen das Recht auf Achtung des Privatlebens verstoßen worden war. Im Wege der einstweiligen Verfügung („ordonnance référé“) gab das Gericht dem Host-Provider unter Androhung eines Zwangsgeldes („astreinte“) auf, Maßnahmen zu ergreifen, die die weitere Verbreitung dieser Nacktfotografien von einer der von ihm gespeicherten Web-Seiten verhindern.

Für die Frage der deliktsrechtlichen Schadensersatzhaftung des Host-Providers verwies das Gericht auf das Hauptsacheverfahren. Dennoch legte es seine Rechtsauffassung bezüglich der Verantwortlichkeit der Host-Provider dar. Diese seien grundsätzlich dafür verantwortlich, daß die auf seinem Server gespeicherten Inhalte nicht gegen die Rechte Dritter verstießen[77]. Von einer Haftung für die Verbreitung rechtswidriger Inhalte könnten sie sich nur dann befreien, wenn sie beweisen könnten, daß sie die Inhalte zumindest durch Stichproben kontrolliert hätten und daß, bei Aufdeckung eines rechtsverletzenden Inhalts, die notwendigen Maßnahmen ergriffen worden seien, um diese Beeinträchtigung zu beenden. Das Gericht begründete seine Auffassung damit, daß ein Host-Provider wie alle anderen Nutzer die Möglichkeit habe, die auf seinem Server gespeicherten Inhalte abzurufen. Damit könne er jederzeit feststellen, ob die Inhalte zulässig seien, und ihre Verbreitung gegebenenfalls beenden[78].

Der betroffene Host-Provider legte gegen die einstweilige Verfügung Berufung ein. Die Cour d'Appel de Paris[79] gab der Berufung statt und entschied in der Anschlußberufung auch über den Schadensersatzanspruch der Klägerin. Mit der Begründung, daß

---

[76] *Estelle Hallyday c/ Valentin Lacambre et autres*, TGI Paris, réf., 9 juin 1998, Lamy droit de l'informatique, Bulletin d'actualité, n° 105, Juli 1998, S. 8/9.

[77] Das TGI Paris erklärte: „...le fournisseur d'hébergement a l'obligation de veiller à la bonne moralité de ceux qu'il héberge, au respect par ceux-ci des règles déontologiques régissait le web et au respect par eux des lois et des règlements et des droits des tiers", réf., 9 juin 1998, Lamy droit de l'informatique, Bulletin d'actualité, n° 105, Juli 1998, S. 8.

[78] Ebenda, S. 8.

[79] CA de Paris, Arrêt du 10 février 1999, abrufbar unter: http://www.legalis.net/jnet/decisions/illicite-_divers/ca_100299.htm (Stand : 10. 11. 99)

mit der Abspeicherung anonymer Inhalte auf dem Internet-Server eine Tätigkeit gegeben sei, welche die Tätigkeit eines technischen Verbreiters und schlichten Übermittlers von Inhalten übersteige und von welcher der Host-Provider wirtschaftlich auch profitiert habe, entschied sie, daß der Host-Provider die Konsequenzen tragen müsse, die aus seiner freiwillig übernommenen Tätigkeit für die Rechte Dritter resultiere[80]. Der beklagte Host-Provider Lacambre wurde zum Ersatz des der Klägerin entstandenen Schadens in Höhe von 300.000 FF verurteilt.

Der Umstand, daß sich die Cour d'Appel in ihrer Urteilsbegründung nicht auf ein Fehlverhalten des Host-Providers stützt, läßt den Schluß zu, daß die Haftung in dieser konkreten Fallkonstellation auf der Tätigkeit des Host-Providers als solcher gründet, das Berufungsgericht mithin dem Gedanken einer Gefährdungshaftung folgt. Dies geht auch daraus hervor, daß dem vom Untergericht vorgebrachten Aspekt einer möglichen Entlastung durch Stichproben keinerlei Beachtung geschenkt wird. Ursache für die strenge Behandlung des Host-Providers scheint insbesondere der Umstand zu sein, daß dieser dem Ersteller der gerügten Web-Seiten das Abspeichern dieser Seiten unter Wahrung der Anonymität gestattet hatte. Ob das Gericht tatsächlich weniger streng entschieden hätte, wenn der Ersteller der rechtswidrigen Web-Seiten aufgrund von Informationen des Host-Providers identifizierbar gewesen wäre, muß hier mangels diesbezüglicher Angaben offenbleiben. Angesichts der Tatsache, daß die Nutzer hinter dem Schutzschild der Anonymität oftmals überhaupt erst dazu animiert werden, rechtswidrige Inhalte in das Internet zu stellen, die Ermöglichung einer anonymen Verbreitung von Inhalten für die Rechte Dritter somit eine besondere Gefährlichkeit darstellt, erscheint es jedenfalls nicht als abwegig, daß für die Abspeicherung anonymer Inhalte eine strengere Haftung gilt. Auffällig an dem Urteil ist weiterhin die Betonung des wirtschaftlichen Nutzens, den der Host-Provider aus seiner Tätigkeit zieht. Das Gericht scheint hier dem Gedanken zu folgen, daß der derjenige, der aus einer für Rechte Dritter gefährlichen Tätigkeit einen Gewinn erzielt, auch das Risiko einer Haftung für daraus resultierende Schäden zu tragen hat.

bb. Madame L. c/ Multimania Production

Einen von dem Urteil der Cour d'Appel abweichenden Lösungsansatz offenbart das Urteil eines Untergerichts im Fall *Madame L. c/ Multimania Production*[81], in dem es ebenfalls um die Haftung von Host-Providern für die anonyme Abspeicherung von

---

[80] Vgl. die Erklärung des CA Paris: „en hébérgeant de façon anonyme (...) Valentin Lacambre exède manifestement le rôle technique d'un simple transmetteur d'information et doit, d'évidence, assumer à l'égard des tiers aux droits desquels il serait porté atteinte dans de telles circonstances, les conséquences d'une activité qu'il a, de propos délibérés, entrepris d'exercer dans les conditions susvisées et qui contrairement à ce qu'il prétend, est rémunératrice et revêt une ampleur que lui-même revendique", abrufbar unter http://www.legalis.net/jnet/decisions/illicite_divers /ca_ 100299. htm, S. 4/5.

[81] *Madame L. c/ Multimania Production et autres,* TGI Nanterre, Jugement du 8 décembre 1999, abrufbar unter: http://www.legalis.net/jnet/decisions/responsabilite/jug_tgi-nanterre_081299.htm (Stand: 15.12.99).

Nacktfotografien auf ihren Internet-Servern ging. Das TGI Nanterre rückte weder den Aspekt der Anonymität der gespeicherten Inhalte in den Mittelpunkt seiner Entscheidung, noch folgte es dem Gedanken einer Gefährdungshaftung. In Ermangelung spezifischer Haftungsregelungen für Host-Provider stützte es sich für die Haftung der Host-Provider vielmehr auf die deliktische Generalklausel der Art. 1382, 1383 CC.

Das Gericht erklärte, daß Host-Provider, anders als Access-Provider, grundsätzlich die Möglichkeit hätten, auf die gespeicherten Inhalte zuzugreifen und diese auf ihre Rechtmäßigkeit hin zu überprüfen. Zwar werde ihre Tätigkeit, die sich qualitativ von der schlichten Übermittlung von Informationen unterscheide, grundsätzlich durch die Meinungsfreiheit („liberté d'expression") geschützt. Dieser Schutz finde seine Grenzen aber in den Rechten Dritter. Um eine Beeinträchtigung dieser Rechte zu vermeiden, seien die Host-Provider zu einem sorgfältigen Verhalten verpflichtet[82]. So seien sie zunächst gehalten, ihre Kunden darüber zu unterrichten, daß die abzuspeichernden Seiten die Rechte Dritter respektieren müßten („moyens d'informations"). Des weiteren müßten sie über die rechtliche Unbedenklichkeit der auf ihrem Server befindlichen Inhalte wachen („moyens de vigilance") und bei der Auffindung eines die Rechte Dritter verletzenden Inhalts Maßnahmen ergreifen, um eine Beseitigung der Beeinträchtigung zu bewirken („moyens d'action"). Im Hinblick auf die „Wachsamkeitspflicht" der Host-Provider führte das Gericht aus, es werde nicht verlangt, daß diese alle auf ihrem Server befindlichen Inhalte minutiös auf ihre Rechtmäßigkeit hin untersuchen müßten. Erforderlich und technisch möglich sei jedoch z. B. der Einsatz von Suchmaschinen, mit deren Hilfe der Inhalt des Servers auf verdächtige Begriffe hin untersucht werden könnte.

b. Der in der Lehre favorisierte Lösungsansatz

Im Gegensatz zu der Rechtsprechung, in der zwar unterschiedliche Lösungsansätze festzustellen sind, die eine Haftung der Host-Provider für fremde rechtswidrige Inhalte aber grundsätzlich zuläßt, ist die Lehre im Hinblick auf eine Haftung der Host-Provider äußerst zurückhaltend. Überwiegend wird die Auffassung vertreten, daß die Host-Provider für die von Dritten erstellten Inhalte nicht verantwortlich und nicht zur Durchführung von Kontrollen der gespeicherten Inhalte verpflichtet sind[83].

Die Ablehnung von Kontrollpflichten wird mit den Argumenten begründet, die vor Inkrafttreten der §§ 5 Abs. 2 TDG, MDStV auch in Deutschland angeführt wurden: Der Host-Provider beherrsche zwar die auf seinem Server gespeicherten Inhalte in der Weise, daß er diese von seinem Server entfernen könne. Es sei ihm aber tatsächlich kaum möglich, alle Web-Seiten, die er für seine Kunden im Internet verbreite, auf ihre

---

[82] Das Gericht sprach von einer „obligation générale de prudence et de diligence" der Host-Provider.

[83] *Dupuis-Toubol/Tonnelier/Lemarchand*, Lamy droit de l'informatique, Bulletin d'actualité n° 87, Dezember 1996, S. 3 ff.; *Deprez/Fauchoux*, Lois, Contrats et Usages du Multimédia, S.162; *Vivant/Stanc* (Hrsg.), Lamy droit de l'informatique, Rn. 2410; *Tonnelier*, Commentaire de l'ordonnance de référé du tribunal des grande instance de Paris du 9 juin 1998, abrufbar unter : http://www.legalis.net/legalnet/judiciaire/commentaires/estelle-0698.htm (Stand : 10. 11. 99).

rechtliche Unbedenklichkeit hin zu kontrollieren[84]. Zum Teil wird jedoch für den Fall, in dem der Host-Provider auf die unzulässigen Inhalte hingewiesen wurde oder aus sonstigen Gründen Kenntnis von den betreffenden Inhalten hat, dessen Haftung befürwortet[85]. Die in der Lehre vertretenen Auffassungen werden im Wesentlichen vom Conseil d'Etat gestützt. Wie das TGI Nanterre in *Madame L. c/ Multimania Production et alt.* spricht er jedoch von einer Pflicht zur Wachsamkeit („un devoir de vigilance") der Host-Provider[86].

c. Ergebnis

Die zur Haftung der Host-Provider ergangenen, divergierenden Entscheidungen französischer Gerichte und die von diesen Entscheidungen abweichende herrschende Auffassung in der Lehre machen deutlich, daß im Hinblick auf die Deliktshaftung dieser Anbieter dringender Klärungsbedarf besteht. Das strenge Vorgehen der Cour d'Appel de Paris im Fall *Hallyday c/Lacambre* läßt jedoch davon ausgehen, daß die Host-Provider im französischen Recht insbesondere dann einem hohen Haftungsrisiko ausgesetzt sind, wenn sie anonyme Inhalte auf ihren Servern zum Abruf bereithalten. Das Urteil des TGI Nanterre in *Madame L. c/ Multimania Production* scheint dieses Haftungsrisiko zwar dadurch zu relativieren, daß für die Haftung der Host-Provider grundsätzlich auf ein Fehlverhalten – die „faute" – dieser Anbieter abgestellt wird. Nicht zu verkennen ist aber, daß es sich dabei um die Entscheidung eines Untergerichts handelt, dessen Entscheidungen nur richtungsweisende Tendenz zukommen kann.

3. Deliktshaftung der Access-Provider

Das in der Amendment Fillon[87] enthaltene Konzept einer ausschließlich die Access-Provider betreffenden strafrechtlichen Verantwortlichkeitsregelung macht deutlich, daß dem rechtlichen Status der Access-Provider in Frankreich eine besondere Bedeutung beigemessen wird[88]. Bislang konzentriert sich die Diskussion aufgrund verschiedener Gerichtsentscheidungen primär auf die strafrechtliche Verantwortlichkeit dieser Anbieter. Die Frage der deliktischen Haftung war noch nicht Gegenstand eines gerichtlichen Verfahrens.

---

[84] *Risacher*, Lamy droit de l'informatique, Bulletin d'actualité, n° 92, Mai 1997, S. 9/12.

[85] *Risacher*, Lamy droit de l'informatique, Bulletin d'actualité, n° 92, Mai 1997, S. 9/12; *Tonnelier*, Commentaire de l'ordonnance de référé du tribunal des grande instance de Paris du 9 juin 1998, abrufbar unter : http://www.legalis.net/legalnet / judiciaire/ commentaires/estelle-0698.htm (Stand : 10. 11. 99).

[86] *Conseil d'Etat*, Internet et les réseaux numériques, S. 143.

[87] Vgl. zu der am Verfassungsrat gescheiterten Amendement Fillon oben, I., S. 84.

[88] *Bitan*, Expertises du systèmes d'information, Juli/August 1996, S. 266/269; *Kalogeropoulos*, Gaz. Pal., 25-26 Oktober 1996, S. 29; *Vivant/Stanc* (Hrsg.), Lamy droit de l'informatique, Rn. 2405; *Kahn*, Lamy droit de l'informatique, Bulletin d'actualité, n° 84, August/September 1996, 1 ff.

a. Grundsatz: Keine Haftung für zugänglich gemachte Inhalte

In der Lehre wird einstimmig die Auffassung vertreten, daß Access-Provider für die zugänglich gemachten Inhalte Dritter nicht verantwortlich sind. Begründet wird dies damit, daß diese nur als technisches Medium tätig werden, um den Nutzern den Zugang zum Internet zu vermitteln. Dementsprechend wird auch eine Pflicht zur Kontrolle der übermittelten Inhalte abgelehnt[89]. Aufgrund der Vielzahl von Inhalten, die sekündlich im Internet verbreitet werden, sei die Durchführung solcher Kontrolle, die sich in der Praxis auf alle im Internet verfügbaren Materialien beziehen würde, für diese Anbieter technisch nicht durchführbar[90].

Der von der Lehre postulierte Ausschluß von Kontrollpflichten der Access-Provider findet Unterstützung in dem zur strafrechtlichen Verantwortlichkeit der Access-Provider ergangenen Urteil des TGI Paris in *UEJF c/Calvacom*[91]. In diesem Fall war verschiedenen französischen Access-Providern vorgeworfen worden, den Zugang zu Web-Seiten mit antisemitischen Inhalten vermittelt und gegen die strafrechtlichen Bestimmungen des Pressegesetzes verstoßen zu haben. Das Gericht wies die Klage der UEJF ab und bestätigte die von den beklagten Access-Providern vorgebrachte Auffassung, in ihrer Funktion als reine Zugangsvermittler keine rechtliche Verantwortung für die im Internet verfügbaren Inhalte zu tragen und aus diesem Grund auch nicht zur Durchführung von Kontrollmaßnahmen verpflichtet zu sein[92]. Obwohl sich das Urteil ausschließlich auf die strafrechtliche Verantwortlichkeit der Access-Provider bezog, läßt es den Schluß zu, daß die hierin bestätigte Freistellung von einer Verantwortlichkeit auch für die Deliktshaftung Gültigkeit beansprucht.

b. Einschränkung der Haftungsfreistellung

Beachtung verlangt jedoch die Forderung der Lehre und des Conseil d'Etat, eine Ausnahme von diesem Grundsatz zu machen, wenn der Access-Provider die zugänglich gemachten Inhalte kennt oder aus sonstigen Gründen die Möglichkeit hat, diese Inhalte zu beherrschen und auf ihre Zulässigkeit hin zu kontrollieren[93]. Die Frage nach einer

---

[89] Lamy droit de l'informatique, Rn. 2409; *Sédaillan*, Droit de l'Internet, S. 119; *Bérnat*, Les autoroutes de l'information, S. 95 ; *Kahn*, Lamy droit de l'informatique, Bulletin d'actualité, n° 84, August/September 1996, 1 ff.

[90] *Kahn*, Lamy droit de l'informatique, Bulletin d'actualité, n° 84, August/September 1996, 1/3; *Iteanu*, Internet et le droit, S. 155.

[91] *Union des Etudiants Juifs de France c/ Calvacom et autres*, TGI Paris, 12 juin 1996, Expertises du systèmes d'information, Juli/August 1996, S. 277.

[92] „Le tribunal donne acte à la société de qu'elle déclare: que, compte tenu des spécificités du réseau Internet et de son rôle de fournisseur d'accès, elle estime qu'aucune responsabilité juridique pèse sur elle d'avoir à régler les informations disponibles sur le reseau (...)", TGI Paris, 12 juin 1996, Expertises du systèmes d'information, Juli/August 1996, S. 277/278; *Chauleur*, Le Courrier Juridique de Finances, n° 87, Mai 1988, S. 1/3; *Deprez/Fauchoux*, Expertises du systèmes d'information, Dezember 1996, S. 429.

[93] *Conseil d'Etat*, Internet et les réseaux numériques, S. 143; *de Lamberterie*, Droit & Patrimoine, n° 55, Dezember 1997, S. 70; *Deprez/Fauchoux*, Lois, Contrats et Usages du Multimédia, S. 160.

deliktischen Haftung der Access-Provider wäre damit unter besonderer Berücksichtigung der ihm gegebenen Kontrollmöglichkeiten je nach den Umständen des Einzelfalls zu entscheiden[94].

c. Ergebnis

Die gegenwärtige Diskussion in der Lehre zeigt die Tendenz, eine deliktische Haftung der Access-Provider nur ausnahmsweise, nämlich bei Kenntnis der Rechtswidrigkeit eines zugänglich gemachten Inhalts, zuzulassen. Ausschlaggebend für das Haftungsrisiko der Access-Provider im französischen Recht wird aber die Regelung sein, die der Gesetzgeber zur Lösung der Haftungsfrage finden wird[95].

---

[94] *de Lamberterie*, Droit & Patrimoine, n° 55, Dezember 1997, S. 70; *Conseil d'Etat*, Internet et les réseaux numériques, S. 143.

[95] Vgl. zu der die Access-Provider betreffenden Regelung in Art. 43-7 der *Loi sur la communication audiovisuelle modifiant la loi du 30 septembre 1986* sogleich, Teil 3, IV. 1.

2. Abschnitt: Die Rechtslage in England

I. Einleitung

In England wird die Problematik einer deliktischen Haftung der Internet-Service-Provider in erster Linie bezüglich der „electronic defamation“ erörtert. Diese hat sich seit Beginn der Verbreitung des Internets in England als praktisch überaus relevant erwiesen. Die aufgetretenen Streitfälle wurden allerdings größtenteils außergerichtlich gelöst, so daß es zur Frage der Deliktshaftung für ehrverletzende Inhalte im Internet bislang kaum Rechtsprechung gibt. Bis heute wurde in England auch kein Gesetz erlassen, das sich speziell mit den Rechtsproblemen des Internets befassen würde. Mit dem Defamation Act 1996 verfügt England jedoch über ein Gesetz, das zumindest auf die deliktische Haftung der Host- und Access-Provider für im Internet verbreitete ehrverletzende Inhalte Anwendung findet.

II. Besonderheiten des englischen Deliktsrechts

Als Recht des Common Law ist das englische Deliktsrecht in erster Linie Fall-Recht. In vielen Bereichen wird es heute aber von gesetzlichen Regelungen ergänzt. Das Deliktsrecht setzt sich aus verschiedenen Deliktstypen zusammen, deren jeweiligen spezifischen Voraussetzungen für eine Haftung erfüllt sein müssen[1]. Im Mittelpunkt der Deliktshaftung der Internet-Service-Provider stehen die Delikte der „defamation“ und der „negligence“. Ein mit der Persönlichkeitsrechtsverletzung im deutschen Recht zu vergleichendes Delikt einer „invasion of privacy“, das dem Einzelnen Schutz vor der Beeinträchtigung seiner Persönlichkeit bieten würde, ist dem englischen Recht unbekannt[2]. Obwohl die Einführung eines Persönlichkeitsrechts in England zum Teil mit Nachdruck gefordert wird[3], haben sich sowohl die Rechtsprechung[4] als auch der Gesetzgeber[5] diesen Forderungen widersetzt. Werden im Internet unbefugt private und intime Angelegenheiten einer Personen oder deren Abbildungen veröffentlicht, kann der Geschädigte unter englischem Recht damit grundsätzlich keine deliktischen Ersatzansprüche geltend machen[6].

---

[1] *v. Bar-Shaw*, Deliktsrecht in Europa, England, S. 13.

[2] *Collins,* 1 International Journal of Law and Technology, 290 (1993). Damit kennt das englische Recht auch kein Recht am eigenen Bild, vgl. dazu auch *Legler*, CR 1999, 439/441; *Neumann-Klang*, Das Recht am eigenen Bild aus rechtsvergleichender Sicht, S. 151.

[3] Vgl. dazu *Neumann-Klang*, aaO, S. 181.

[4] Ohne auf die Diskussion über die Einführung eines Persönlichkeitsrechts einzugehen, erklärte der Court of Appeal in der Entscheidung in *Kaye v. Robertson and Spot Newspaper Ltd.* (1991) FSR 62, unter englischem Recht gebe es kein Mittel, gegen Verletzungen des Persönlichkeitsrechts vorzugehen.

[5] Siehe hierzu die Nachweise bei *Legler*, CR 1998, 439/441.

[6] In einigen Fällen stützen sich die Gerichte für eine Verurteilung wegen persönlichkeitsrechtsverletzender Handlungen auf den Tatbestand der „defamation". Vgl. hierzu die Beispiele in *Zweigert/Kötz*, Einführung in die Rechtsvergleichung, § 43 IV, S. 711/712.

III. Die Haftung der Internet-Service-Provider nach dem „law of torts“

1. Haftung für Ehrverletzungen

Gegenstand der deliktischen Haftung für Ehrverletzungen („defamation“) ist die Veröffentlichung einer unwahren Aussage, die sich auf den guten Ruf einer Person auswirkt und diese in der ihr von der Gesellschaft entgegengebrachten Achtung herabsetzt[7]. Die haftungsbegründende Veröffentlichung setzt voraus, daß die ehrverletzende Aussage mindestens gegenüber einer anderen Person als dem Betroffenen gemacht wurde[8]. Ist die Veröffentlichung erfolgt, wird die Schädigungsabsicht des Beklagten unwiderleglich vermutet[9]. Im Unterschied zu allen anderen Gerichtsverfahren in Zivilrechtssachen findet die Gerichtsverhandlung bei Ehrverletzungen vor einer Jury statt. Den Geschworenen obliegt zum einen die Feststellung, ob die gerügte Aussage ehrverletzend ist, zum anderen entscheiden sie über die Höhe des zu leistenden Schadensersatzes[10].

a. Ehrverletzende Äußerungen im Internet: „libel“ oder „slander“?

Das Recht des Ehrschutzes unterscheidet zwischen zwei Deliktstatbeständen. Der Tatbestand des „libel“ bezieht sich auf eine Ehrverletzung, die von gewissem Bestand ist, und erfaßt vor allem die schriftlich vorgebrachte Ehrverletzung. Unter den Tatbestand des „slander“ fällt dagegen die rasch vergängliche Ehrverletzung und somit vor allem das gesprochene Wort[11]. Die praktische Bedeutung dieser Differenzierung liegt darin, daß der Kläger, der sich auf eine Ehrverletzung wegen „slander“ beruft, das Vorliegen von „special damages“, d. h. vor allem das Vorliegen finanzieller Einbußen zu beweisen hat, während die Existenz solcher Schäden bei einer durch „libel“ verursachten Ehrverletzung vermutet wird[12]. Wegen dieser Vermutung kann die Jury den Umfang des Schadensersatzes unabhängig von dem Vorliegen eines materiellen Schadens je nach Schwere der Ehrverletzung festsetzen[13]. Obwohl eine im Internet verbreitete ehrverletzende Aussage in vielen Fällen eher einer mündlichen Äußerung gleicht[14], wird

---

[7] *Sim v. Strech* (1936) 3 All ER 1237.

[8] *Pullman v. Hill* (1891) 1 Q. B. 524. Anders z. B. im Recht von Schottland, hier genügt die Veröffentlichung der ehrverletzenden Äußerung gegenüber dem Betroffenen selbst.

[9] *Barendt/Lustgarten/Norrie/Stephenson*, Libel and the Media, S. 6; *Waelde/Edwards*, 10 International Review of Law Computers and Technology, 263/267 (1996).

[10] *v. Bar-Shaw*, Deliktsrecht in Europa, England, S. 56.

[11] *Winfield & Jalowicz* on Torts, Kapitel 12, S. 315; *Smith*, Internet Law and Regulation, Kapitel 3, S. 40; *CCTA*, Legal Issues and the Internet, S. 35.

[12] *v. Bar-Shaw*, Deliktsrecht in Europa, England, S. 55; *CCTA*, Legal Issues and the Internet, Kapitel 2, S. 42; *Smith*, Internet Law and Regulation, Kapitel 3, S. 40; *Waelde/Edwards*, 10 International Review of Law Computers and Technology, 263/267 (1996).

[13] *Zweigert/Kötz*, Einführung in die Rechtsvergleichung, § 43 IV, S. 705.

[14] Dies gilt vor allem für Aussagen, die im Rahmen von Diskussionsforen gemacht werden, da diese in der Regel spontan gemacht werden.

sie in jedem Fall dem Tatbestand des „libel“ zugeordnet[15]. Begründet wird diese, für den Kläger günstige Rechtslage damit, daß eine im Internet abrufbare Aussage zumindest vorübergehend gespeichert werde und deshalb mehr Bestand habe als das gesprochene Wort[16]. Zudem würden die Aussagen vom Bildschirm des Nutzers abgelesen, so daß eine Vergleichbarkeit zu Printmedien gegeben sei[17]. Vor dem Hintergrund, daß auch ehrverletzende Aussagen, die im Fernsehen veröffentlicht werden, als „libel“ zu qualifizieren sind[18], erscheint diese Auffassung nur als konsequent.

b. Differenzierung zwischen „primary publisher“ und „distributor“

Für die Veröffentlichung einer ehrverletzenden Äußerung haftet nicht nur deren Verfasser. Derjenige, der die von einem anderen aufgestellte Behauptung weiter veröffentlicht oder ihre Verbreitung auf eine andere Weise unterstützt, haftet nach der Common Law Regel der „liability for repetition“ vielmehr in der gleichen Weise, als wenn die Behauptung ursprünglich von ihm aufgestellt und veröffentlicht worden wäre[19]. Neben dem Herausgeber und dem Verleger eines ehrverletzenden Printmediums kann aus diesem Grund auch der Händler haften, der das Printmedium in den Verkehr gebracht hat[20]. Für die Voraussetzungen, die für eine Haftung erfüllt sein müssen, wird danach differenziert, ob es sich bei dem an einer Veröffentlichung Beteiligten um einen sogenannten „primary publisher“ oder einen „distributor“[21] handelt[22].

aa. Strenge Haftung der „primary publisher“

Als „primary publisher“ werden neben dem Verfasser der ehrverletzenden Äußerung der Herausgeber und der Verleger des die Ehrverletzung enthaltenen Printmediums eingestuft[23]. Für sie gilt eine strenge Haftung, d. h. sie haften auch dann, wenn sie trotz sorgfältigen Verhaltens keine Kenntnis davon haben, daß das von ihnen veröffentlichte Material eine Ehrverletzung enthält[24]. Aus diesem Grund kann sich z. B. der Verleger

---

[15] *Pearson*, Journal of Internet Law, August 1997, 1/5; *Lloyd*, 3 International Journal of Law and Information Technology, 273/277 (1995); *Smith*, Internet Law and Regulation, Kapitel 3, S. 40; *Waelde/Edwards*, 10 International Review of Law Computers and Technology, 263/267 (1996); *Verhulst*, in: Goldberg/Prosser/Verhulst (Hrsg.), Regulating the Changing Media, S. 137.
[16] *CCTA*, Legal Issues and the Internet, Kapitel 2, 42.
[17] *Waelde/Edwards*, 10 International Review of Law Computers and Technology, 263/267 (1996).
[18] *Winfield & Jalowicz* on Torts, Kapitel 12, S. 315.
[19] *Smith*, Internet Law and Regulation, Kapitel 3, S. 40; *CCTA*, Legal issues and the Internet, S. 41.
[20] *Barendt/Lustgarten/Norrie/Stephenson*, Libel and the Media, S. 8; *Smith*, Internet Law and Regulation, Kapitel 3, S. 40.
[21] Dieser wird zum Teil auch als „secondary publisher” bezeichnet.
[22] Die Bezeichnung „primary publisher” und „distributor” bzw. „secondary publisher“ ist nicht mit dem Begriffspaar „Herausgeber” und „Händler” zu übersetzen, denn die englischen Begriffe haben in diesem Zusammenhang eine sehr viel weitere Bedeutung. So meint der Begriff „primary publisher” auch den Autoren und Verleger, der Begriff „distributor” z. B. auch den Büchereibetreiber und Drucker.
[23] *Carter-Ruck/Starte*, Carter-Ruck on Libel and Slander, Kapitel 22, S. 240 ff.
[24] *Smith*, Internet Law and Regulation, Kapitel 3, S. 40.

einer Zeitung, die in ihrem umfangreichen Anzeigenteil eine ehrverletzende Äußerung enthält, zu seiner Verteidigung nicht darauf berufen, daß ihm eine Kenntnisnahme und Kontrolle aufgrund der Vielzahl von Anzeigen nicht möglich war[25].

bb. Beschränkte Haftung der „distributor" - Defamation Act 1996

Die als „distributor" zu qualifizierenden Zeitungsverkäufer, Buchhändler, Büchereibetreiber etc.[26] können sich dagegen auf den besonderen Verteidigungsgrund der „unschuldigen Verbreitung" („defence of innocent dissemination") berufen[27]. Mit Inkrafttreten des Defamation Act 1996[28] (DA) hat dieser im Common Law wurzelnde Verteidigungsgrund nicht nur eine positive Regelung und Konkretisierung seiner Voraussetzungen, sondern auch eine Ausdehnung seines Anwendungsbereichs auf die Anbieter elektronischer Medien erfahren[29]. Section 1 (1) DA bestimmt, daß in einem Verfahren wegen Ehrverletzung jedem eine Verteidigung gegeben ist, der beweist, daß er nicht als „author", „editor" oder „publisher" der ehrverletzenden Äußerung zu qualifizieren ist[30], daß er sich im Hinblick auf die Veröffentlichung sorgfältig verhalten hat und nicht wußte und auch keinen Grund hatte zu glauben, daß seine Tätigkeit zu der Veröffentlichung einer ehrverletzenden Äußerung beitrage[31]. Dabei sind die für eine Entlastung erforderlichen Voraussetzungen vom Beklagten zu beweisen[32]. Die Vorschrift enthält eine Auflistung von Personen, die nicht als „author", „editor" oder „publisher" zu qualifizieren sind. Diese Aufzählung, die sich auch auf die Anbieter elektronischer Medien erstreckt, zeigt, daß mit Erlaß des Defamation Act 1996 insbesondere auch die Haftung für ehrverletzende Äußerungen, die über die Mittel der modernen Technologien, z. B. dem Internet, veröffentlicht werden, geklärt werden sollte[33].

---

[25] Gutachten des Max-Plack-Institutes, S. 130; *Smith*, Internet Law and Regulation, S. 40.

[26] *Carter-Ruck/Starte*, Carter-Ruck on Libel and Slander, Kapitel 22, S. 240 ff.

[27] Vgl. *Emmens v. Pottle*, (1885) 16 QBD 354, CA; *Vizetelly v. Mudie's Select Library Ltd.*, (1900) QB 170, CA; *Weldon v. Times Book Co Ltd.*, (1911) 28 TLR 143, CA.

[28] 4. September 1996.

[29] *Pearson*, Journal of Internet Law, January 1998, S. 16/17; *dies*. Journal of Internet Law, August 1997, S. 1/5; *Williams*, in: Campell (Hrsg.), International Media Liability, Kapitel 3, S. 112.

[30] In Section 1 (2) DA werden diese Begriffe erläutert: „author" means the originator of the statement, but does not include a person who did not intend that his statement be published at all; „editor" means a person having editorial or equivalent responsibility for the content of the statement or the decision to publish it; and „publisher" means a commercial publisher, that is, a person whose business is issuing material to the public, or a section of the public, who issues material containing the statement in the course of that business".

[31] Vgl. Section 1 (1) DA: „In defamation proceedings a person has a defence if he shows that – (a) he was not the author, editor or publisher of the statement complained of, (b) he took reasonable care in relation to its publication, and (c) he did not know, and had no reason to believe, that what he did caused or contributed to the publication of a defamatory statement".

[32] *Smith*, Internet Law and Regulation, Kapitel 3, S. 47.

[33] *Verhulst*, in: Goldberg/Prosser/Verhulst (Hrsg.), Regulating the Changing Media, S. 136; *Saxby*, Encyclopedia of Information Technology Law, Kapitel 7, S. 7059; *Lloyd*, 3 Law and Information Technology Law, 273/283 (1995).

cc. Haftung der Internet-Service-Provider als „primary publisher“ oder „distributor“ ?

Wegen der Regel der „liability for repetition“ kommt für alle an der Veröffentlichung einer ehrverletzenden Aussage im Internet beteiligten Internet-Service-Provider eine Haftung in Betracht. Für die Haftung wird jedoch auch hier danach differenziert, ob diese aufgrund ihrer Tätigkeit und der ihnen gegebenen Kontrollmöglichkeiten als streng haftende „primary publisher“ zu qualifizieren sind oder ob sie bei der Verbreitung von Inhalten im Internet eine eher passive Rolle einnehmen, die eine Berufung auf den Verteidigungsgrund der „unschuldigen Verbreitung“ zuläßt. Diese Abgrenzung wird für die Internet-Service-Provider durch Section 1 (3) (c) und (e) DA konkretisiert[34]. Nach diesen Vorschriften sind solche Personen nicht als „primary publisher“ zu klassifizieren, deren Tätigkeit nur in der Unterhaltung oder Bereitstellung von Ausrüstung, Systemen und Diensten liegt, durch welche die Äußerung kopiert, verbreitet oder in elektronischer Form verfügbar gemacht wird (c), sowie diejenigen Personen, die nur als Betreiber oder Zugangsvermittler von Kommunikationssystemen tätig werden, durch welche die Äußerung von Personen übertragen oder zugänglich gemacht wird, über die sie keine effektive Kontrolle ausüben (e)[35].

(1) Content-Provider

Content-Provider, die im Internet Informationen zum Abruf bereithalten, sind grundsätzlich nicht als „distributor“, sondern als „author”, „editor” oder „publisher” zu qualifizieren. Denn auch, wenn die über das Internet verbreiteten Inhalte nicht von den Content-Providern selbst verfaßt wurden, ist mit ihrer Auswahl und Aufnahme in das im Internet bereitgehaltene Informationsangebot eine Handlung gegeben, die über die in Section 1 (3) DA genannten passiven Tätigkeiten hinausgeht. Fassen die Provider z. B. die Inhalte Dritter zu einer Informationssammlung zusammen oder verbreiten sie eine Online-Zeitung, so sind sie, da sie die redaktionelle Verantwortlichkeit für den Inhalt einer Äußerung und die Entscheidung, diese Äußerung zu veröffentlichen, tragen, als „editor” einzustufen. Haben die Content-Provider unmittelbar keine Einwirkungsmöglichkeit auf einen Inhalt, erfolgt seine Verbreitung aber im Rahmen ihrer geschäftlichen Tätigkeit, sind sie als „publisher” zu qualifizieren[36]. Nicht unter den Begriff des „publisher“ fallen dagegen Content-Provider, bei denen die Informationsverbreitung außerhalb der geschäftlichen Tätigkeit erfolgt. Sind diese auch nicht als

---

[34] *Saxby*, Encyclopedia of Information Technology Law, Kapitel 7, S. 7060; *Carter-Ruck/Starte*, Carter-Ruck on Libel and Slander, S. 246.

[35] Section 1 (3) „A person shall not be considered as the author, the editor or publisher of a statement if he is only involved -
(c) ... in operating or providing any equipment, system or service by means of which the statement is retrieved, copied, distributed or made available in electronic form;
(e) as the operator of, or provider of access to a communications system by means of which the statement is transmitted, or made available, by a person over whom he has no effective control“.

[36] *Waeldle/Edwards*, 10 International Review of Law and Technology, 263/282 (1996).

„editor“ zu qualifizieren, können sie sich auf den Verteidigungsgrund der „unschuldigen Verbreitung“ berufen. Die Intention des Gesetzgebers, mit der Einwendung der „unschuldigen Verbreitung“ nur diejenigen Internet-Service-Provider vor zu großen Haftungsrisiken zu schützen, die das über ihren Dienst laufende Material aufgrund ihrer eher passiven Tätigkeit nicht kontrollieren können[37], zeigt jedoch, daß Content-Provider, die aktiv an der Informationsverbreitung im Internet teilnehmen, im Zweifel eher als „primary publisher“ denn als „distributor“ zu qualifizieren sind.

Als „primary publisher“ haften die Content-Provider auch dann, wenn sie ohne jede Fahrlässigkeit verkannt haben, daß die von ihnen veröffentlichten Inhalte die Ehre einer Person verletzen. Ungünstig für die Content-Provider ist daneben die Qualifizierung einer Ehrverletzung im Internet als „libel“, die den Geschädigten davon befreit, das Vorliegen von „special damages“ zu beweisen. Angesichts der mit der weltweiten Abrufbarkeit gegebenen weiten Verbreitung einer in das Internet gestellten ehrverletzenden Aussage ist vorstellbar, daß das Gericht den entstandenen Schaden unter Umständen als besonders schwer einstuft und den Provider dementsprechend zu einer hohen Schadensersatzleistung verurteilt[38]. Denkbar ist auch, daß für die Höhe des zu leistenden Schadensersatzes darauf abgestellt wird, ob die Ehrverletzung über ein im Internet abrufbares elektronisches Presseerzeugnis oder eine private Homepage erfolgt.

Ohne Zweifel können sich die Content-Provider auf die im Recht des Ehrschutzes geltenden allgemeinen Verteidigungsgründe berufen[39]. So gilt als Verteidigung zunächst der Beweis, daß die Behauptung, die als ehrverletzend gerügt wird, der Wahrheit entspricht[40]. Von großer Relevanz ist weiterhin die Einwendung des „fair comment“, die als Ausprägung der Meinungsäußerungsfreiheit solche Äußerungen schützt, die in gutem Glauben und ohne böse Absichten zu einer Sache von öffentlichem Interesse gemacht wurden[41]. Nach Section 2 Defamation Act 1996 kann eine Haftung zudem über das „offer to make amends“ abgewendet werden, das neben der Veröffentlichung einer Richtigstellung die Veröffentlichung einer Entschuldigung verlangt.

(2) Host - Provider

Host-Provider, die Inhalte Dritter auf ihren Internet-Servern abspeichern, bewirken durch diese Tätigkeit die Veröffentlichung dieser Inhalte im Internet. Ob sie wegen Ehrverletzung haften, wenn sie keine Kenntnis von der ehrverletzenden Natur der gespeicherten Inhalte haben, hängt davon ab, ob sie sich auf den Verteidigungsgrund der

---

[37] *Williams*, in: Campell (Hrsg.), International Media Liability, Kapitel 3, S. 113.

[38] Das Ausmaß der Verbreitung dient grundsätzlich als Kriterium für die Einschätzung der Schwere des Schadens. Vgl. die Erklärung des Gerichts in *Gathercole v. Miall*, (1846) 15 M & W 324: „Surely the proprietor of a newspaper with a very large circulation is to be visited with larger damages than one of more limited circulation".

[39] Vgl. hierzu *CCTA*, Legal issues and the Internet, S. 36 ff.

[40] *CCTA*, Legal issues and the Internet, S. 36.

[41] *Lyon v. Daily Telegraph* (1943) 1 K. B. 746.

„unschuldigen Verbreitung“ nach Section 1 (1) DA berufen und das Vorliegen der dort genannten Voraussetzungen beweisen können.

(a) Qualifizierung der Host-Provider als „distributor“

Die Tätigkeit der Host-Provider ist nicht eindeutig unter eine der in Section 1 (3) DA genannten Tätigkeiten zu subsumieren[42]. Die Zuordnungskriterien von Section 1 (3) DA sind so vage und unklar formuliert[43], daß das „Hosting“ zum einen unter das in Section 1 (3) (c) DA genannte Zurverfügungstellen eines Systems, mittels dessen eine Äußerung verbreitet bzw. in elektronischer Form verfügbar gemacht wird, fallen könnte. Der Host-Provider könnte zum anderen auch als Betreiber eines Kommunikationssystems im Sinne von Section 1 (3) (e) DA[44] zu qualifizieren sein. Angesichts der Intention des Gesetzgebers, mit dem Defamation Act 1996 solchen Internet-Service-Providern eine Entlastungsmöglichkeit zu gewähren, die bei der Verbreitung von Inhalten eine passive Stellung einnehmen[45], ist jedoch nicht daran zu zweifeln, daß Host-Provider, auch wenn sie nicht eindeutig einer der in Section 1 (3) DA aufgeführten Kategorie zuzuordnen sind, als „distributor“ einzustufen sind[46]. Dies ist auch der bislang einzigen zur Haftung eines Host-Providers ergangenen Entscheidung zu entnehmen, in der, ohne Nennung des einschlägigen Unterabschnittes, erklärt wurde, daß der Betreiber eines News-Servers nicht als „publisher“[47] der auf dem Server gespeicherten Äußerungen zu qualifizieren ist[48].

Unklar ist, ob sich an dieser Einstufung etwas ändert, wenn ein Host-Provider die auf seinem Server gespeicherten Inhalte kontrolliert oder sonst Maßnahmen ergreift, um der Verbreitung ehrverletzender Inhalte entgegenzuwirken. Da die Durchführung von Kontrollen mitunter zu der Entscheidung führt, einen Inhalt nicht zu verbreiten, ist die Tätigkeit in diesem Fall mit der eines „editor“ im Sinne von Section 1 (2) DA zu vergleichen. Ob dies bedeutet, daß sich Host-Provider, die sich aktiv gegen die Verbreitung rechtswidriger Inhalte einsetzen, nicht auf Section 1 (1) DA berufen kön-

---

[42] *Saxby*, Encyclopedia of Information Technology Law, Kapitel 7, S. 7061. *Sieber*, ZUM 1999, 196/205, geht offensichtlich davon aus, daß es sich bei Section 1 (1) Defamation Act um eine Regelung handelt, die für Access-Provider, nicht aber für Host-Provider gilt.

[43] So auch *Saxby*, Encyclopedia of Information Technology Law, Kapitel 7, S. 7060.

[44] Für den Wortlaut dieser Vorschriften vgl. oben Fn. 36.

[45] *Smith*, Internet Law and Regulation, Kapitel 3, S. 48; *Saxby*, Encyclopedia of Information Technology Law, Kapitel 7, S. 7060.

[46] Der Gesetzgeber hat wohl erkannt, daß die Anwendung von Section 1 (3) (a) - (e) DA im Einzelfall schwierig sein kann, denn es heißt in dieser Vorschrift weiter: „In a case not within paragraphs (a) to (e) the court may have regard to those provisions by way of analogy in deciding whether a person is to be considered the author, editor or publisher of a statement”.

[47] Im Sinne von Section 1 (2) Defamation Act 1996.

[48] *Laurence Godfrey v. Demon Internet Ltd.*, Case No: 1998-G-No 30, High Court of Justice Queen's Bench Division, Leicester Crown Court, [March 26, 1999, Royal Courts of Justice, Strand, London], abrufbar unter: http://www.courtservice.gov.uk/godfrey2.htm (Stand: 10. 11. 99).

nen[49], ist mangels einer in dieser Hinsicht klarstellenden Vorschrift[50] oder einer diese Frage behandelnden Gerichtsentscheidung nicht festzustellen. Teilweise wird befürchtet, daß die Host-Provider aufgrund dieser Rechtsunsicherheit bei der Bekämpfung rechtswidriger Inhalte im Internet zu einem passiven Verhalten veranlaßt werden[51].

(b) Voraussetzungen der „defence of innocent dissemination"

Die Gefahr einer Passivität der Host-Provider scheint dadurch gebannt zu sein, daß diese für ihre Entlastung gemäß Section 1 (1) (b) DA beweisen müssen, sich bei der Veröffentlichung sorgfältig verhalten zu haben („reasonable care in relation to the publication"). Zudem dürfen sie nach Section 1 (1) (c) DA nicht gewußt haben oder Grund gehabt haben zu glauben, daß ihre Tätigkeit die Veröffentlichung einer ehrverletzenden Aussage bewirken oder zu einer solchen Veröffentlichung beitragen würde. Da die in Section 1 (1) (b) und 1 (1) (c) DA genannten Voraussetzungen kumulativ zu erfüllen sind, entsteht der Eindruck, als wären die im Common Law an die „unschuldige Verbreitung" gestellten Anforderungen verschärft worden. Denn zu seiner Verteidigung mußte der Beklagte hier lediglich beweisen, daß er die ehrverletzende Aussage nicht kannte und daß seine diesbezügliche Unkenntnis nicht auf Fahrlässigkeit beruhte[52]. Aus der im Defamation Act 1996 zusätzlich aufgeführten „reasonable care in relation to the publication" könnte geschlossen werden, daß der „distributor" nunmehr positive Schritte einleiten muß, um die Veröffentlichung ehrverletzender Aussagen zu verhindern[53]. Daß die Voraussetzungen für die „unschuldige Verbreitung" jedoch mit Aufnahme dieses Verteidigungsgrundes in den Defamation Act 1996 nicht modifiziert wurden, zeigt ein Blick in das Consultation Document des Lord Chancellor's Department. Hier heißt es, daß die in Section 1 (1) DA niedergelegte „defence of innocent dissemination" wie schon vorher nur für diejenigen Personen in Betracht kommt, die trotz sorgfältigen Verhaltens keine Kenntnis davon hatten, daß ihre Tätigkeit zu der Veröffentlichung einer ehrverletzenden Aussage führen oder beitragen würde[54]. Hieraus folgt, daß auch für die Entlastung nach Section 1 (1) DA der Beweis

---

[49] So befürchtet von *Lloyd*, 3 International Journal of Law and Information Technology, 273/282 (1995).

[50] Z. B. ist in dem in den USA geltenden Communications Decency Act (CDA) eine solche Vorschrift enthalten. So heißt es in § 230 (c) (2) (A) CDA: „No provider shall be held liable on account of – any action voluntarily taken in good faith to restrict access to availability of material that the provider or user considers to be obscene (...)". Siehe hierzu Teil 4, 1. Abschnitt, III. 1. c. bb. (2), S. 182.

[51] So *Saxby*, Encyclopedia of Information Technology Law, S. 7061 und *Waelde/Edwards*, 10 International Review of Law and Technology, 263/283 (1996).

[52] Vgl. nur *Emmens v. Pottle* (1885) 16 Q. B. D. 354.

[53] *Saxby*, Encyclopedia of Information Technology Law, S. 7061.

[54] Vgl. hierzu das Consultation Document des Lord Chancellor's Department, Juli 1995, Paragraph 2. 4, zitiert nach dem Urteil des High Court of Justice Queen's Bench Division, Leicester Crown Court in *Laurence Godfrey v. Demon Internet Ltd.* (abrufbar unter: http:// www. courtservice.gov.uk/godfrey2.htm): „The defence of innocent dissemination has never provided an absolute immunity for distributors, however mechanical their contribution. It does not protect those who knew that the material they were handling was defamatory, or who ought to have known of its nature. Those

genügt, die veröffentlichte, ehrverletzende Aussage nicht gekannt und sich im Hinblick auf die diesbezügliche Unkenntnis auch nicht fahrlässig verhalten zu haben.

(aa) Positive Kenntnis der ehrverletzenden Aussage: Godfrey v. Demon Internet

Voraussetzung für eine Entlastung ist zunächst der von den Host-Providern zu erbringende Beweis, keine positive Kenntnis von dem ehrverletzenden Inhalt gehabt zu haben. In *Godfrey v. Demon Internet Ltd.*[55] war der beklagte Host-Provider Demon Internet Ltd. (Demon) vom Kläger per Fax darauf hingewiesen worden, daß sich in der auf seinem News-Server gespeicherten Newsgroup ein obzöner und ehrverletzender Beitrag befinde. Dieser Beitrag war von einer unbekannten Person als vom Kläger stammend ausgegeben und mit dessen elektronischer Postadresse versehen worden. Trotz dieser Benachrichtigung hielt Demon den Beitrag weiterhin auf dem Server zum Abruf bereit. Das Gericht erklärte, daß der Beklagte zwar grundsätzlich zu dem Personenkreis zähle, der sich auf den Verteidigungsgrund der „unschuldigen Verbreitung" berufen könne. Der Umstand, daß er über den ehrverletzenden Beitrag informiert worden sei und damit Kenntnis von der Ehrverletzung gehabt habe, widerspreche jedoch den Voraussetzungen, die für diese Verteidigung erfüllt sein müßten.

(bb) Fahrlässige Nichtkenntnis – Sorgfaltspflichten der Host-Provider

Kann der Host-Provider beweisen, keine positive Kenntnis des betreffenden ehrverletzenden Inhalts gehabt zu haben, obliegt ihm des weiteren der Beweis, daß diese Unkenntnis nicht auf Fahrlässigkeit beruht, er sich bei der Veröffentlichung des ehrverletzenden Inhalts mithin sorgfältig verhalten hat. Wenngleich aus dem Sinn und Zweck dieser Voraussetzung folgt, daß sich die Sorgfaltspflicht auf die Auffindung ehrverletzender Inhalte und die Verhinderung ihrer Veröffentlichung bezieht, der Host-Provider die zu veröffentlichenden Inhalte somit in irgendeiner Weise kontrollieren muß[56], ist unklar, welche konkreten Anforderungen an diese Kontrollen zu stellen sind. Aufschlußreich könnte Section 1 (5) DA sein. Diese Regelung enthält eine Auflistung von Kriterien, die für die Bestimmung der im Einzelfall erforderlichen Sorgfalt zu berücksichtigen sind[57].

---

safeguards are preserved, so that the defence is not available to a defendant who knew that his act involved or contributed to publication defamatory of the plaintiff. It is available only if, having taken all reasonable care the defendant had no reason to suspect that his act had that effect.".

[55] *Laurence Godfrey v. Demon Internet Ltd.*, Case No: 1998-G-No 30, High Court of Justice Queen's Bench Division, Leicester Crown Court, [March 26, 1999, Royal Courts of Justice, Strand, London] abrufbar unter: http://www.courtservice.gov.uk./godfrey2.htm (Stand: 10. 11. 99).

[56] *Pearson*, Journal of Internet Law, Januar 1998, 16/18; *Saxby*, Encyclopedia Information Technology Law, S. 7061.

[57] Vgl. Section 1 (5) DA: „In determining for the purposes of this section whether a person took reasonable care, or had reason to believe that what he did caused or contributed to the publication of a defamatory statement, regard shall be had to-
(a) the extent of his responsibility for the content of the statement or the decision to publish it,
(b) the nature or circumstances of the publication, and

(aaa) Verantwortlichkeit für den Inhalt der veröffentlichten Aussage

Bei der Beurteilung, ob sich der „distributor" bei der Veröffentlichung der ehrverletzenden Aussage sorgfältig verhalten hat, ist nach Section 1 (5) (a) DA zunächst das Ausmaß seiner Verantwortlichkeit für den Inhalt der Aussage und die Kompetenz, über die Veröffentlichung der Aussage zu entscheiden, zu berücksichtigen. Dieser Aspekt ist jedoch nur wenig hilfreich. Denn für die Qualifizierung als „distributor" kommt es gerade darauf an, daß *nur* eine der in Section 1 (3) DA[58] beschriebenen Tätigkeiten ausgeübt wurde und daß eben keine den „editor" kennzeichnende Verantwortlichkeit für den Inhalt der Aussage und ihre Veröffentlichung besteht. Section 1 (5) (a) DA widerspricht also der dem Defamation Act 1996 zugrundeliegenden Differenzierung zwischen dem „primary publisher" und dem „distributor"[59]. Obwohl die Vorschrift wegen dieses Widerspruchs inhaltlich mißlungen ist, zeigt sie die Intention des Gesetzgebers, die Kontrollpflichten je nach Art der im Einzelfall gegebenen Einwirkungsmöglichkeiten auf den als ehrverletzend gerügten Inhalt zu bestimmen.

(bbb) Art und Umstände der Veröffentlichung

Daß es für die Bestimmung der im Einzelfall auszuübenden Sorgfalt auf die jeweilige Tätigkeit und Einwirkungsmöglichkeit ankommt, geht auch aus Section 1 (5) (b) DA hervor, nach der für die Beurteilung, ob sich ein „distributor" im Einzelfall sorgfältig verhalten hat, auf die Art und die Umstände der Veröffentlichung abzustellen ist. Hieraus könnte der Schluß zu ziehen sein, daß auch die besondere, durch Kontrollschwierigkeiten gekennzeichnete Situation der Host-Provider Eingang in die Beurteilung findet.

Instruktiv ist an dieser Stelle das lange vor Inkrafttreten des Defamation Act 1996 ergangene Urteil in *Weldon v. The Times Book Company Ltd.*[60]. In diesem Fall waren die Händler eines Buches, das ohne ihr Wissen ehrverletzende Aussagen enthielt, wegen „libel" verklagt worden. Das Gericht erklärte, daß das Unterlassen von Inhaltskontrollen keinen Verstoß gegen die den Buchhändlern obliegende Sorgfaltspflicht darstelle. Denn für einen Buchhändler sei es unmöglich, alle von ihm vertriebenen Bücher zu lesen. Aus diesem Grund bestehe grundsätzlich keine Verpflichtung zur Durchführung von inhaltlichen Kontrollen[61]. Überträgt man dieses Urteil auf den Bereich des Internets, so dürften auch die Host-Provider, die sich wegen der auf ihren Servern befindlichen Datenmassen für Kontrollzwecke in einer noch ungünstigeren Situation als Buchhändler befinden, grundsätzlich nicht dazu verpflichtet sein, alle von ihnen gespeicherten Inhalte auf ihre rechtliche Unbedenklichkeit hin zu kontrollieren. Mangels Rechtsprechung, die speziell auf die Kontrollpflichten der Host-Provider eingeht und

---

(c) the previous conduct or character of the author, editor or publisher."

[58] Für den Wortlaut von Section 1 (3) DA vgl. oben Fn. 35.

[59] So auch *Smith*, Internet Law and Regulation, Kapitel 3, S. 49.

[60] *Weldon v. The Times Book Company Ltd.*, (1911) TLR 143.

[61] Ebenda, S. 143/144.2

dabei die technischen Aktionsmöglichkeiten dieser Anbieter berücksichtigt, ist diese Vermutung allerdings nicht zu verifizieren. Desgleichen ist nicht festzustellen, ob die Provider wegen der Vielzahl von Daten grundsätzlich von jeglicher Kontrollpflicht entbunden sind oder ob sie zumindest Stichproben oder Kontrollen der ihnen bekannten Inhalte durchführen müssen[62].

(ccc) Vorheriges Verhalten des „primary publishers"

Nach Section 1 (5) (c) DA ist in die Beurteilung, ob sich der „distributor" sorgfältig verhalten hat, weiterhin das vorherige Verhalten des „author", „editor" und des „publisher" mit einzubeziehen. Daraus ist zwar nicht zu schließen, daß der Host-Provider zur Vermeidung einer Haftung dazu verpflichtet ist, das Verhalten eines jeden sich seines Servers bedienenden Content-Providers zu untersuchen[63]. Anzunehmen ist aber, daß der Host-Provider seine Sorgfaltspflicht verletzt, wenn er wissentlich und ohne Kontrolle die Inhalte eines bereits in der Vergangenheit durch die Verbreitung ehrverletzender Inhalte auffällig gewordenen Content-Providers speichert.

(ddd) Zwischenergebnis

Die Frage der den Host-Providern für die Verteidigung der „unschuldigen Verbreitung" obliegenden Sorgfaltspflicht, insbesondere die für die Haftung der Host-Provider maßgebliche Frage nach dem Bestehen und dem Umfang von Kontrollpflichten, läßt sich mangels Judikatur nicht abschließend klären. Wegen Section 1 (5) DA, nach der es für die Anforderungen an die Sorgfalt unter anderem auf die Art und Umstände der Veröffentlichung im Einzelfall ankommt, ist zwar davon auszugehen, daß bei der Festlegung der Sorgfaltspflicht dieser Anbieter auch deren internetspezifische Kontrollschwierigkeiten Berücksichtigung finden. Klärungsbedarf besteht aber weiterhin im Hinblick auf die Frage, welche konkreten Maßnahmen zu ergreifen sind, um den Anforderungen der Sorgfalt zu genügen.

(3) Access-Provider

Auch für Access-Provider, die lediglich den Zugang zu einem ehrverletzenden Inhalt vermitteln, kommt eine Haftung wegen Ehrverletzung in Betracht. Dies geht daraus hervor, daß die Zugangsvermittlung zum Internet unter Section 1 (3) (e) DA[64] zu subsumieren ist, die Access-Provider somit in den Kreis derer fallen, die sich auf den Verteidigungsgrund der „unschuldigen Verbreitung" berufen können[65]. Daher ist die mit

---

[62] So auch *Carter-Ruck/Starte*, Carter-Ruck on Libel and Slander, S. 246.
[63] Dies befürchtet aber *Saxby*, Encyclopedia of Information Technology Law, S. 7062.
[64] Für den Wortlaut von Section 1 (3) (e) DA vgl. oben Fn. 36.
[65] *Sieber*, ZUM 1999, 196/205. In Section 1(3) (e) DA war zunächst nur vom „operator of a communication system" die Rede. Der „provider of access to a communication system" wurde erst im letzten

der Zugangsvermittlung zum Internet einhergehende Durchleitung von Inhalten über die Infrastruktur der Access-Provider als Veröffentlichung zu qualifizieren, die nach der Common Law Regel „every republication of a libel is a fresh libel" grundsätzlich zu einer Haftung führen kann. Um sich zu entlasten, müssen die Access-Provider das Vorliegen der in Section 1 (1) (b) und (c) DA genannten Voraussetzungen beweisen. Gelingt es ihnen nicht, die Gerichte von ihrer „Unschuld" bei der Veröffentlichung eines ehrverletzenden Inhalts zu überzeugen, haften sie so, als ob sie die ehrverletzende Aussage selbst verfaßt hätten. Access-Provider werden im englischen Recht folglich nicht anders behandelt als Host-Provider und traditionelle „distributor". Zu der Frage, wie sich Access-Provider im Einzelfall zu verhalten haben, um die für eine Entlastung erforderliche Sorgfalt aufzuweisen, existiert bislang noch keine Rechtsprechung. Wegen Section 1 (5) Defamation Act 1996, die als Kriterium für die Bestimmung der Sorgfalt auch die Art und Weise der Veröffentlichung anführt, ist aber auch hier davon auszugehen, daß die Gerichte der von Kontrollschwierigkeiten geprägten Situation dieser Anbieter Rechnung tragen werden. Für ein abschließendes Ergebnis ist jedoch die Entwicklung in der Rechtsprechung abzuwarten.

c. Ergebnis

Mit dem Erlaß des Defamation Act 1996 hat der englische Gesetzgeber bewirkt, daß sich die klassische Abgrenzung zwischen „primary publisher" und „distributor" und die hieraus resultierenden Rechtsfolgen auch auf die Informationsverbreitung im Bereich des Internets erstreckt. Die Content-Provider haften als „primary publisher" für die Veröffentlichung ehrverletzender Inhalte auch ohne Kenntnis von deren ehrverletzender Natur. Die Schädigungsabsicht wird unwiderleglich vermutet. Die Host- und Access-Provider werden hingegen wie traditionelle „distributor" behandelt. Wie diese können sie sich auf den in Section 1 (1) Defamation Act 1996 geregelten Verteidigungsgrund der „unschuldigen Verbreitung" berufen. Die Untersuchung hat gezeigt, daß die Einräumung dieses besonderen Verteidigungsgrundes als solche nicht ausreicht, um die Problematik einer Deliktshaftung der Host- und Access-Provider zu bewältigen. Denn obgleich mit dem Defamation Act 1996 klargestellt wurde, daß die Host- und Access-Provider aufgrund ihrer begrenzten Einwirkungsmöglichkeit für die gespeicherten bzw. zugänglich gemachten Inhalte nur begrenzt haften, ist ungeklärt, wie sich diese Anbieter zu verhalten haben, um die für eine Entlastung erforderliche Sorgfalt zu erfüllen. Da es bis auf die Entscheidung im Fall *Godfrey v. Demon Internet Ltd.* noch keine Judikatur gibt, die sich mit der Anwendung dieser besonderen Verteidigung auf die Akteure des Internets bezieht, ist die mit Einführung des Defamation Act 1996 intendierte Beseitigung der im Hinblick auf die Haftung von Host- und Access-Provider bestehende Rechtsunsicherheit noch immer existent.

Moment des Gesetzgebungsverfahren in die Vorschrift aufgenommen. Vgl. dazu *Saxby*, Encyclopedia of Information Technology Law, S. 7060.

2. Haftung der Internet-Service-Provider für fehlerhafte Informationen

Zu untersuchen ist weiterhin, ob und unter welchen Voraussetzungen die jeweiligen Internet-Service-Provider für Schäden haften, die durch im Internet abrufbar bzw. zugänglich gemachte fehlerhafte Informationen verursacht wurden. Die Problematik einer Haftung für fehlerhafte Informationen im Internet ist in der Rechtsprechung bislang nicht behandelt worden. Auch die Lehre hat diesem Aspekt bislang kaum Aufmerksamkeit geschenkt.

a. Haftung für fahrlässig falsche Angaben

Eine Deliktshaftung für Schäden, die durch fehlerhafte Aussagen bzw. Informationen verursacht wurden, ist von den englischen Gerichten lange Zeit nur unter dem Aspekt der bewußten Irreführung, also bei einem vorsätzlichen Verhalten des Informationsanbieters, zugelassen worden[66]. Seit der in den sechziger Jahren ergangenen Entscheidung in *Hedley Byrne v. Heller*[67] wird nunmehr auch eine deliktische Haftung für fahrlässig falsche Angaben anerkannt. Wie bei jeder Haftung aus „negligence“ ist auch für die Haftung für fahrlässig falsche Angaben („negligent misstatement“) das Vorliegen einer Sorgfaltspflicht („duty of care“) erforderlich. Diese Sorgfaltspflicht muß dem Beklagten gegenüber dem Geschädigten obliegen und dazu verpflichten, einen Schaden der eingetretenen Art zu verhindern[68].

aa. „Special relationship" als haftungsbeschränkendes Tatbestandsmerkmal

Anders als bei der Fahrlässigkeitshaftung für fehlerhafte Produkte, die auf dem Gedanken basiert, daß eine Sorgfaltspflicht des Herstellers gegenüber jedermann besteht, der durch das Produkt verletzt werden könnte[69], wird bei der Haftung für fahrlässig falsche Angaben für das Bestehen einer Sorgfaltspflicht verlangt, daß zwischen dem Geschädigten und demjenigen, der die fehlerhafte Information gegeben hat, eine Sonderbeziehung („special relationship") besteht[70]. Diese Sonderbeziehung ist gegeben, wenn zwischen den Beteiligten ein Näheverhältnis besteht, das mit einem Vertrag zu vergleichen ist[71] und dem Kläger erlaubt, sich auf die gegebenen Angaben zu verlas-

---

[66] *Derry v. Peek* (1889) 14 AC 337.
[67] *Hedley Byrne v. Heller* (1964) AC 465 (HL).
[68] In dem Fall *Anns v. London Borough of Merton* (1978) AC 728 (HL) schlug Lord Wilberforce einen „two-stage-test“ vor, anhand dessen das Bestehen einer Sorgfaltspflicht bestimmt werden sollte. In *Murphy v. Brentwood District Council* (1991) 1 AC 398 wendete sich das House of Lords von diesem Test jedoch wieder ab. Ob eine Sorgfaltspflicht besteht, ist nunmehr anhand von Vergleichen und Analogien zu bereits entschiedenen Fällen zu bestimmen.
[69] *Donoghue v. Stephenson* (1932) AC 562.
[70] *Hedley Byrne v. Heller* (1964) AC 465 (HL); *Yuen Kun Yeu v. Attorney General of Hong Kong* (1988) AC 175; *Salt*, 5 International Journal of Law and Information Technology (1997) 308/310.
[71] Vgl. *Hedley Byrne v. Heller* (1964) AC 465/530; *Smith v. Eric S. Bush* (1990) 1 AC 831/846.

sen[72]. Bei Printmedien wird das Bestehen einer Sonderbeziehung zwischen den Autoren und Lesern bzw. den Verlegern und Lesern grundsätzlich abgelehnt. Dies gilt selbst bei Informationen von Experten, in deren Richtigkeit die Leser regelmäßig ein besonders hohes Vertrauen setzen[73]. Der Kreis von Personen, die sich zum Ersatz ihres Schadens auf eine Haftung für fahrlässig falsche Angaben berufen können, ist wegen der hohen Anforderungen, die an das Bestehen einer Sonderbeziehung gestellt werden, sehr klein. Grund für diese Einschränkung ist die Befürchtung eines exzessiv ausufernden Haftungsrisikos im Bereich der Informationsverbreitung. Würden auf die Verbreitung fehlerhafter Informationen die Grundsätze Anwendung finden, die das House of Lords im Fall *Donoghue v. Stephenson*[74] für die Produkthaftung entwickelt hat, wäre das Haftungsrisiko wegen der weiten Verbreitung von Informationen zu unbestimmt[75].

Das Bestehen einer Sonderbeziehung wurde bislang allerdings nur im Hinblick auf den Ersatz von Vermögensschäden verlangt. Ob diese Voraussetzung auch dann zu erfüllen ist, wenn durch fahrlässig fehlerhafte Informationen körperliche Schäden entstanden sind, ist mangels einschlägiger Entscheidungen englischer Gerichte nicht festzustellen[76]. Zwar wurde in den Fällen, in denen die Beteiligten ein Näheverhältnis aufwiesen, auch das Bestehen einer Sorgfaltspflicht angenommen[77]. Daraus ist jedoch nur zu schließen, daß sich die Haftung für fahrlässig falsche Angaben zumindest in diesen Fällen auch auf körperliche Schäden bezieht. Unklar bleibt, ob der Kreis von Personen, gegenüber denen eine Sorgfaltspflicht besteht, auch bei der Verursachung körperlicher Schäden durch die Voraussetzung der Sonderbeziehung begrenzt wird oder ob die Anforderungen an das Bestehen einer Sorgfaltspflicht in diesen Fällen ge-

[72] *Brazier*, Street on Torts, S. 187. Vgl. auch die von Lord Oliver in *Caparo Industries plc v. Dickman & Others* (1990) 2 AC 605 (HL) für das Bestehen einer „special relationship" aufgestellten Voraussetzungen: „(1) the advice is required for a purpose, whether particularly specified or generally described, which is made known, either actually or inferentially, to the adviser at the time when the advice is given; (2) the adviser knows, either actually or inferentially, that the advise is communicated to the advisee, either specifically or as a member of an ascertained class, in order that it should be used by the advisee for that purpose; (3) it is known, either actually or inferentially, that the advice so communicated is likely to be acted upon by the advisee for that purpose without independent inquiry; and (4) it is so acted upon by the advisee to his detriment".

[73] Vgl. Die Erklärung von Denning L. J. in *Candler v. Crane, Christmas & Co.* (1951) 2 KB 164: „...a scientist or expert is not liable to his readers for careless statements in his published works. He publishes his work simply for the purpose of giving information, and not with any particular transaction in mind at all. (...)"; *Saxby*, Encyclopedia of Information Technology Law, Kapitel 7, S. 7014; *Salt*, 5 International Journal of Law and Information Technology, 308/310 (1997).

[74] *Donoghue v. Stephenson* (1932) AC 562. Der Court of Appeal berief sich in dieser Entscheidung auf das „good neighbourhood principle".

[75] Vgl. Lord Bridge in *Caparo Industries plc v. Dickman & Others* (1990) 2 AC 605/621: „liability in an indeterminate amount for an indeterminate time to an indeterminate class".

[76] *Smith*, Internet Law and Regulation, S. 52.

[77] Vgl. die Entscheidung in *Clayton v. Woodman & Son* (1961) 3 All ER 249, in dem ein Architekt einen Maurer angewiesen hatte, den Grundpfeiler aus einem Bogengang zu entfernen, was dazu führte, daß das Gebäude zusammenbrach und der Maurer verletzt wurde.

ringer sind[78]. In der Lehre wird die Haftungsvoraussetzung der „special relationship" insbesondere bei Körperschäden, die durch fehlerhafte Angaben in Anleitungsbüchern verursacht wurden, jedenfalls als unvernünftig abgelehnt[79].

bb. Auswirkung des Erfordernis einer „special relationship" auf die Haftung der Internet-Service-Provider

Handelt es sich bei den im Internet verbreiteten Informationen um allgemeine Informationen, die über die Web-Seiten des Content-Providers von jedem Nutzer weltweit abgerufen werden können, so ist das Bestehen einer vertragsähnlichen Sonderbeziehung zwischen Content-Provider und geschädigtem Nutzer aufgrund des fehlenden persönlichen Kontakts und des Ausmaßes der Informationsverbreitung unwahrscheinlich[80]. Anders könnte es sich jedoch verhalten, wenn der Content-Provider die mit dem Internet gegebene Interaktivität nutzt und sich unmittelbar mit Anfragen einzelner Nutzer auseinandersetzt. Hält er z. B. Web-Seiten zum Thema „Gesundheitsvorsorge" oder „Börsentips" zum Abruf bereit und bietet er den Nutzern dabei die Möglichkeit, gezielte Fragen zu stellen, ist nicht auszuschließen, daß in diesem Fall das Bestehen einer Sonderbeziehung zwischen ihm und dem jeweilig ratsuchenden Nutzer angenommen würde[81]. Dies legt der bereits Anfang des Jahrhunderts entschiedene Fall *De la Bere v. Pearson*[82] nah, in dem eine Tageszeitung damit warb, daß die Leser den Herausgeber dieser Zeitung um finanziellen Rat bitten könnten. Der Kläger wandte sich daraufhin mit der Bitte an die Zeitung, ihm einen guten Börsenmakler zu nennen. Der von dem Herausgeber empfohlene Makler stellte sich aber als Konkursschuldner heraus, der das Geld des Klägers veruntreute. Das Gericht konstruierte ein vertragliches Verhältnis zwischen Zeitung und Ratsuchendem und verurteilte die Zeitung auf dieser Grundlage zum Ersatz des vom Kläger erlittenen Schadens[83]. Auch die Frage, ob sich der Geschädigte zum Ersatz seines Schadens an die Host- und Access-Provider halten kann, hängt davon ab, ob diesen Anbietern gegenüber dem Geschädigten eine Sorgfaltspflicht obliegt, gegen welche diese mit der Speicherung bzw. Zugänglichmachung der fehlerhaften Information verstoßen haben. Da schon eine Verpflichtung der Verleger zur Überprüfung der Richtigkeit der veröffentlichten Inhalte in der Regel abgelehnt wird, wäre es aber wenig plausibel, den Host- und Access-Providern, die zum einen keinen inhaltlichen Bezug zu den verbreiteten Inhalten haben, zum anderen aufgrund der Vielzahl der verbreiteten

[78] *Smith*, Internet Law and Regulation, S. 52.

[79] So *Winfield & Jalowicz* on Tort, Kapitel 5, S. 302, die auf die Entscheidung des TGI Paris im Cigue-Fall verweisen. Siehe ausführlich zu dieser Entscheidung Teil 2 1. Abschnitt, III. 1. b. aa. (1), S. 94.

[80] Ob der mit dem Erfordernis der Sonderbeziehung faktisch bewirkte Haftungsausschluß auch dann gilt, wenn dem Nutzer durch die fahrlässig fehlerhaften Angaben eines Content-Providers körperliche Schäden entstehen, muß hier mangels Judikatur dahingestellt bleiben.

[81] *Smith*, Internet Law and Regulation, Kapitel 4, S. 52.

[82] *De La Bere v. Pearson Ltd.* (1908) 1 K. B. 280.

[83] Auf die vertragliche Haftung wurde zurückgegriffen, weil sich die Haftung für fahrlässig falsche Angaben zu dieser Zeit noch nicht durchgesetzt hatte.

ben, zum anderen aufgrund der Vielzahl der verbreiteten Inhalte zum anderen nicht in der Lage sind, Kontrollen durchzuführen, eine Kontrollverpflichtung aufzuerlegen. Es ist folglich davon auszugehen, daß eine deliktische Haftung der Host- und Access-Provider für fehlerhafte Informationen Dritter ausgeschlossen ist.

b. Haftung nach dem Consumer Protection Act 1987

Nicht auf das Vorliegen einer Sorgfaltspflicht, sondern auf die Fehlerhaftigkeit des schadhaften Produkts stellt die in Teil 1 des Consumer Protection Act 1987 (CPA) geregelte „strict liability for defective products" ab, mit der England seiner Pflicht zur Umsetzung der EG-Produkthaftungsrichtlinie nachgekommen ist[84]. Nach Section 1 (2) CPA fällt unter den Begriff des Produkts „any goods and electricity" sowie „a product which is comprised in another product, whether by virtue of being a component part or raw material or otherwise". Während streitig ist, ob Computerprogramme als „products" zu qualifizieren sind, wurde die Frage, ob fehlerhafte Informationen „defective products" darstellen, bislang kaum erörtert. Soweit ersichtlich, lehnen die Autoren, die sich mit der Anwendbarkeit der Produkthaftung auf fehlerhafte Produkte beschäftigt haben, die Qualifizierung einer Information als „product" wegen deren mangelnden Körperlichkeit ab[85].

c. Ergebnis

Eine Haftung der Content-Provider für Vermögensschäden, die durch fehlerhafte Informationen verursacht wurden, kommt wegen dem Erfordernis der „special relationship" nur in dem Fall in Betracht, in dem der Content-Provider mit einem konkreten Nutzer in Kontakt tritt. Für die Host- und Access-Provider ist hier von einem Haftungsausschluß auszugehen. Nicht abschließend zu klären ist allerdings, ob das Haftungsrisiko der Internet-Service-Provider ebenso gering ist, wenn es um Körperschäden geht.

---

[84] Inkrafttreten des CPA am 1. März 1988.

[85] Die Produkteigenschaft von Informationen wird abgelehnt von: *Salt*, 5 International Journal of Law and Information Technology, 308/309 (1997); *Smith*, Internet Law and Regulation, Kapitel 4, S. 54.

3. Abschnitt: Rechtsvergleichende Betrachtung

Die deliktische Haftung der Internet-Service-Provider in Frankreich und England unterscheidet sich in vielerlei Hinsicht von der Rechtslage in Deutschland. Ursache für die Differenzen ist primär, daß den neuartigen Rechtsproblemen des Internets in Frankreich und England zunächst nicht so viel Bedeutung beigemessen wurde, als daß hierauf zugeschnittene Regelungen erlassen worden wären[1]. Übereinstimmung besteht in den untersuchten Rechtsordnungen jedoch dahingehend, daß für die Deliktshaftung der im Internet tätigen Akteure grundsätzlich nach deren Tätigkeit im Einzelfall zu differenzieren ist. So wird die vom deutschen Recht her bekannte funktionale Einteilung der Internet-Service-Provider in die Kategorien Content-, Host- und Access-Provider auch in Frankreich und England praktiziert. Eine Differenzierung zwischen Diensten der Massen- und der Individualkommunikation, die im deutschen Recht wegen der Anwendbarkeit des TDG und MDStV auf den Bereich des Internets erforderlich ist, wird dagegen weder im französischen noch im englischen Recht durchgeführt.

Im folgenden werden zunächst die Unterschiede herausgearbeitet, die bezüglich der Haftung der Content-Provider festzustellen sind. Im Anschluß daran geht die Untersuchung auf die Host- und Access-Provider ein, deren Haftung, wie die bisherige Bearbeitung gezeigt hat, die meisten Sonderfragen aufwirft.

I. Content-Provider

Die vergleichende Betrachtung der Deliktshaftung der Content-Provider im deutschen, französischen und englischen Recht zeigt, daß für diese Internet-Service-Provider, die sich aktiv an der weltweiten elektronischen Kommunikation und Informationsverbreitung im Internet beteiligen, in keiner dieser Rechtsordnungen internetspezifische Haftungsregelungen gelten. Ihre Haftung richtet sich in diesen Rechtsordnungen vielmehr uneingeschränkt nach den allgemeinen deliktsrechtlichen Grundsätzen. Bei der Gegenüberstellung der Rechtslage in Deutschland, Frankreich und England sind trotz dieser im Ansatz gegebenen Übereinstimmung deutliche Abweichungen zu erkennen. Grund dafür sind zum einen die historisch gewachsenen, allgemeinen Unterschiede der nationalen Deliktsrechte. Zum anderen finden internetspezifische Aspekte, insbesondere die Eigenart des Internets, nicht nur professionellen, sondern auch privaten Informationsanbietern ein Forum zu bieten, in unterschiedlicher Weise Berücksichtigung.

[1] Zu der *Loi sur la communication audiovisuelle modifiant la loi du 30 septembre 1986* vom 28. Juni 2000, die sich unter der Überschrift *Articles relatifs à la responsabilité des acteurs de l'Internet* nunmehr auch mit der Frage der Haftung der verschiedenen Internet-Service-Provider beschäftigt, vgl. Teil 3, IV.1.

1. Haftung für ehrverletzende Inhalte im Internet

Besonders auffällig sind die Abweichungen bei der Haftung für die Veröffentlichung ehrverletzender Inhalte im Internet, die ihre Ursache vor allem in den differenzierenden Anforderungen an das Verschulden finden. So kommt eine Haftung der Content-Provider für im Internet abrufbar gemachte, ehrverletzende Inhalte aus § 823 Abs. 1 BGB im deutschen Recht nur dann in Betracht, wenn diese sich bei der Veröffentlichung fahrlässig verhalten haben[2]. Über die Bestimmung des im Einzelfall geltenden Sorgfaltsmaßstabs kann dabei dem Umstand Rechnung getragen werden, daß sich die im Internet verfügbaren Inhalte, je nachdem, ob es sich um journalistisch-redaktionell gestaltete Inhalte oder aber um „allgemeine Inhalte" handelt, von ihrer Gefährlichkeit für die Rechte Dritter her unterscheiden[3]. Diese Differenzierung führt im Ergebnis dazu, daß für Content-Provider, die im Internet journalistisch-redaktionell gestaltete Angebote, d. h. elektronische Presseerzeugnisse zum Abruf bereithalten, der für die Presse geltende „publizistische Sorgfaltsmaßstab" zur Anwendung kommt, während für Content-Provider, die z. B. private Homepages mit allgemeinen Inhalten veröffentlichen, weniger strenge Sorgfaltspflichten gelten[4].

In dieser Form wirkt sich diese Unterscheidung im englischen Recht nicht aus. Content-Provider werden im englischen Recht grundsätzlich als streng haftende „primary publisher" qualifiziert[5]. Das Verschulden der „primary publisher" wird bei der Veröffentlichung eines ehrverletzenden Inhalts unwiderleglich vermutet, so daß es für die Haftung der Content-Provider nicht auf die Verletzung von Sorgfaltspflichten ankommt[6]. Auch im französischen Recht wird die Schädigungsabsicht bei einem Verstoß gegen die ehrschützende Vorschrift des Art. 29 Pressegesetz vermutet. Durch den Nachweis der „bonne foi", für die insbesondere auch ein sorgfältiges Verhalten bei der Veröffentlichung des ehrverletzenden Inhalts zu beweisen ist, kann diese Vermutung aber widerlegt werden. Ob dieser Nachweis leichter zu führen ist, wenn die Ehrverletzung nicht durch die elektronische Presse, sondern durch eine private Homepage erfolgt ist, kann hier, mangels diesbezüglicher Judikatur, nicht beantwortet werden. Ohne konkrete Bezugnahme auf die aus Art. 29 Pressegesetz i. V. m. Art. 1382 CC resultierende Haftung für Ehrverletzungen wird jedoch gefordert, daß für die Haftung privater und professioneller Content-Provider unterschiedlich strenge Regeln gelten[7].

---

[2] Für eine Haftung aus § 823 Abs. 2 BGB i. V. m. §§ 185 ff StGB muß sogar bedingter Vorsatz vorliegen.

[3] Diese Unterscheidung ist auch bei der Haftung für die unbefugte Veröffentlichung privater und intimer Informationen sowie die Verletzung des Rechts am eigenen Bild erforderlich.

[4] Siehe hierzu Teil 1, IV. 1. c. bb.

[5] Siehe hierzu Teil 2, 2. Abschnitt, III. 1. b. cc. (1).

[6] Im Unterschied zu dem „distributor" kann sich der „primary publisher" auch bei der Verbreitung von Inhalten Dritter nicht auf den im Defamation Act 1996 geregelten Verteidigungsgrund der „unschuldigen Verbreitung" berufen, nach dem eine Haftung nur bei positiver Kenntnis bzw. fahrlässiger Nichtkenntnis eines ehrverletzenden Inhalts in Betracht kommt.

[7] Siehe hierzu den Bericht des Conseil d'Etat, Internet et les réseaux numériques, S. 7.

Die Ausführungen zeigen, daß die Anwendung englischen Rechts wegen der dort geltenden unwiderlegbaren Verschuldensvermutung für Content-Provider besonders ungünstig ist. Anders als im deutschen Recht kommt es für eine Haftung hier nicht darauf an, ob es sich bei den bereitgehaltenen Inhalten im Einzelfall um elektronische Presseerzeugnisse oder um private Homepages handelt. Daraus ist jedoch nicht zu schließen, daß der Umstand, daß der Ruf einer Person bei ehrverletzenden Äußerungen in elektronischen Presseerzeugnissen in der Regel stärker beeinträchtigt wird, als wenn sich die Äußerungen auf privaten Homepages befänden, im englischen Recht keine Berücksichtigung erfährt. Denkbar ist vielmehr, daß sich dieser Aspekt bei der Einschätzung der Höhe des im Einzelfall erlittenen Schadens und der Festsetzung des zu leistenden Schadensersatzes auswirkt. Von Nachteil für die Content-Provider im englischen Recht ist neben der unwiderlegbaren Verschuldensvermutung auch die Qualifizierung einer Ehrverletzung im Internet als „libel". Denn diese hat zur Folge, daß der Geschädigte zum Ersatz seines Schadens nicht das Vorliegen durch die Rufschädigung verursachter finanzieller Nachteile beweisen muß. Wie vorteilhaft diese Rechtslage indes für die Geschädigten ist, wird daran deutlich, daß Schadensersatzansprüche im deutschen Recht in der Praxis häufig an der Schwierigkeit scheitern, die kausale Verknüpfung zwischen einer Rufschädigung und erlittenen finanziellen Einbußen nachzuweisen[8].

2. Haftung für persönlichkeitsrechtsverletzende Inhalte im Internet

Die Gegenüberstellung der Deliktshaftung der Content-Provider in Deutschland, Frankreich und England offenbart weiterhin Unterschiede bezüglich der Beeinträchtigung von Persönlichkeitsrechten. So ist bei der unbefugten Veröffentlichung privater sowie intimer Informationen oder Abbildungen im Internet im englischen Recht mangels Anerkennung eines dem einzelnen zustehenden Persönlichkeitsrechts nur dann eine Haftung der Content-Provider begründet, wenn die Verletzungshandlung im Einzelfall unter den Tatbestand des „libel" einzuordnen ist.

Im deutschen und französischen Recht führen diese Handlungen hingegen auch ohne eine gleichzeitig bewirkte Ehrverletzung zu einer Haftung der Provider. Das Recht auf Achtung des Privatlebens erfährt dabei im französischen Recht einen besonders weiten Schutz, denn der Geschädigte muß hier weder das Vorliegen einer „faute" noch das Vorliegen eines bestimmten Schadens beweisen[9]. Die Diskrepanz zum englischen Recht ist damit zu begründen, daß im englischen Deliktsrecht weder eine deliktische Generalklausel existiert, aus der sich, wie in Frankreich, auch der Schutz von Persönlichkeitsrechten ergeben würde, noch die Rechtsprechung in Ermangelung einer Generalklausel bestrebt ist, wie in Deutschland, ein allgemeines Persönlichkeitsrecht zu

---

[8] *Prinz/Peters*, Medienrecht, Rn. 713.

[9] Siehe hierzu Teil 2, 1. Abschnitt, III. 1. a. bb. (1).

entwickeln[10]. Auch der englische Gesetzgeber sträubt sich gegen die Regelung eines „right of privacy"[11]. Angesichts des mit dem Internet gegebenen technologischen Wandels, der zu einer stärkeren Angreifbarkeit der Persönlichkeitsrechte geführt hat[12], erscheint diese Rechtslage, die den Geschädigten (bis auf den Ehrschutz) weitgehend schutzlos und dem Schädiger die Früchte seines Tuns beläßt, als reformbedürftig.

3. Haftung für fehlerhafte Informationen im Internet

Die Frage einer deliktischen Ersatzhaftung für Schäden, die durch im Internet verbreitete fehlerhafte Informationen, Ratschläge oder Empfehlungen verursacht wurden, ist bislang weder in Deutschland noch in Frankreich oder England Gegenstand der Rechtsprechung gewesen. Die Behandlung dieser Problematik in der Lehre läßt jedoch den Schluß zu, daß auf fehlerhafte Informationen im Internet im Grundsatz die Haftungsregeln Anwendung finden, die für fehlerhafte Informationen in Printmedien gelten.

aa. Fahrlässigkeitshaftung

Die Gegenüberstellung zeigt bei der auf Fahrlässigkeit gründenden Haftung zunächst Unterschiede hinsichtlich der Frage, ob von der Haftung für fehlerhafte Informationen auch primäre Vermögensschäden erfaßt werden. So werden im deutschen Recht über § 823 Abs. 1 BGB Personen- und Eigentumsschäden, nicht aber reine Vermögensschäden ersetzt. Ein Nutzer des Internets, der etwa aufgrund fehlerhafter Angaben eines Online-Börsendienstes ungünstige Investitionen vornimmt und finanzielle Einbußen erfährt, kann sich für den Ersatz seiner Schäden höchstens auf vertragliche Schadensersatzansprüche stützen.

Ein anderes Bild zeigt sich im französischen Deliktsrecht. Wegen der Generalklausel der Art. 1382, 1383 CC, die eine Schadensersatzhaftung für jeden durch eine „faute" verursachten Schaden zuläßt, kommt grundsätzlich auch der Ersatz von Schäden in Betracht, die der Nutzer wegen einer fehlerhaften Information an seinem Vermögen erlitten hat[13]. Zumindest in der Lehre wird für eine Haftung allerdings danach differenziert, ob es sich bei den Content-Providern um private oder professionelle Informationsanbieter handelt. Dies legt den Schluß nahe, daß ein Content-Provider, der auf seiner privaten Homepage z. B. fehlerhafte Angaben zu einem Aktienkurs macht, weniger streng haftet als ein professioneller Online-Börsendienst[14].

---

[10] Vgl. die Entscheidung des Court of Appeal in *Kaye v. Robertson and Spot Newspaper* Ltd. (1991) FSR 62.
[11] *Legler*, CR 1998, 439/441.
[12] Siehe hierzu Teil 1, IV. 1. a. aa.
[13] Siehe hierzu Teil 2, 1. Abschnitt III. 1. b. aa. (1).
[14] Zu beachten ist im französischen Recht stets der Grundsatz des „non-cumul" von vertraglichen und deliktischen Ansprüchen. Hat etwa ein Börsen-Onlinedienst mit der Ausgabe fehlerhafter Informationen gegen eine Vertragspflicht verstoßen, kann sich der Nutzer zum Ersatz seines Schadens nur auf vertragliche Ansprüche berufen.

Auch im englischen Recht wird seit der Entscheidung in *Hedley Byrne v. Heller*[15] eine deliktische Haftung für Vermögensschäden anerkannt, die durch fahrlässig falsche Angaben verursacht werden („negligent misstatement"). Um die Haftungsrisiken im Bereich der Informationsverbreitung nicht ausufern zu lassen, wird für eine Haftung aber das Bestehen einer vertragsähnlichen Sonderbeziehung („special relationship") zwischen den Beteiligten verlangt. Für den Content-Provider, der Informationen im Internet verbreitet, besteht mithin nur dann ein Haftungsrisiko, wenn er mit einem konkreten Nutzer ein Verhältnis eingeht, das diesen berechtigt, auf die Richtigkeit der gegebenen Informationen zu vertrauen[16]. Nicht abschließend geklärt ist für das englische Recht, ob die Voraussetzung der „special relationship" auch für die Haftung für Körperschäden verlangt wird[17]. In der Lehre wird eine solche, zu Lasten der Geschädigten gehende Minimierung des Haftungsrisikos der Informationsanbieter als „unreasonable" abgelehnt. Dabei wird auf die französische Rechtsprechung verwiesen, die im *Cigue*-Fall[18] den Herausgeber eines Pflanzenratgebers wegen fahrlässigen Verstoßes gegen die ihm obliegende Kontrollpflicht zu Schadensersatz verurteilt hatte[19]. In der Tat obliegt den Informationsanbietern im französischen Recht grundsätzlich die Pflicht, die verbreiteten Informationen auf ihre Exaktheit und Unbedenklichkeit für die körperliche Integrität ihrer Leser hin zu überprüfen[20]. Wird fahrlässig gegen diese Pflicht verstoßen und ein Körperschaden bei den Nutzern verursacht, ist eine Haftung aus Art. 1382, 1383 CC begründet. Für den Bereich des Internets wird in der Lehre allerdings auch hier danach differenziert, ob es sich bei den Informationsanbietern um private Content-Provider oder um solche Content-Provider handelt, die mit der Informationsverbreitung wirtschaftliche Zwecke verfolgen[21]. Zum jetzigen Zeitpunkt läßt sich mangels diesbezüglicher Rechtsprechung aber nicht feststellen, wie sich eine solche Privilegierung privater Content-Provider haftungsrechtlich auswirkt. Denkbar wäre, daß an die ihnen obliegenden Kontrollpflichten weniger hohe Anforderungen gestellt würden als an die Kontrollpflichten professioneller Content-Provider.

Im deutschen Recht gründet die Haftung für Körperschäden, die mittelbar durch im Internet verbreitete fehlerhafte Informationen verursacht wurden, darauf, daß mit der Bereithaltung von Informationen, die ihre Nutzer zu einem bestimmten Verhalten motivieren bzw. auf die praktische Umsetzung durch ihre Nutzer gerichtet sind, eine Gefahr begründet ist, der es durch die Durchführung von Kontrollmaßnahmen entgegenzutreten gilt. Der für das französische Recht angesprochene Aspekt einer Privilegierung privater Content-Provider findet im deutschen Recht dadurch Berücksichtigung, daß für den Umfang und die Intensität der Kontrollmaßnahmen maßgeblich auf das

---

[15] *Hedley Byrne v. Heller* (1964) AC 465 (HL).
[16] Siehe hierzu Teil 2, 2. Abschnitt, III. 2. a. aa.
[17] Ebenda.
[18] TGI Paris, 28 mai 1986, *Gribinsky c/ Societé Ferdinand Nathan*, D. 1986, inf. rap. 319.
[19] So *Winfield & Jalowicz* on Tort, Kapitel 5, S. 302.
[20] Siehe hierzu Teil 2, 1. Abschnitt, III. 1. b. aa. (1).
[21] Siehe hierzu Teil 2, 1. Abschnitt, III. 1. b. aa. (2).

Vertrauen abgestellt wird, das der Richtigkeit einer Information von seiten der Nutzer entgegengebracht wird. Denn das Vertrauen in die Richtigkeit einer Information ist bei Informationen professioneller Anbieter in der Regel höher als bei Informationen, die erkennbar von privaten Anbietern zur Nutzung bereitgehalten werden. Je nach Aufmachung einer Web-Seite und der Gefährlichkeit des dort behandelten Themenkomplexes für die Rechtsgüter Dritter können aber auch private Content-Provider zu umfassenden Kontrollen verpflichtet sein[22]. Das im französischen Recht erwartete geringere Haftungsrisiko für nichtprofessionelle Content-Provider kann sich im deutschen Recht auch bei der Frage der Beweislast auswirken. Wegen der besonderen Struktur des Internets und der daraus resultierenden Unübersichtlichkeit der Inhaltserstellung für Außenstehende beansprucht die im Rahmen der deliktischen Produzentenhaftung geltende Beweislastumkehr m. E. auch bei der Haftung der Content-Provider Geltung. Das Interessenprinzip, auf welches die Beweislastumkehr maßgeblich gestützt wird, hat aber nur in den Fällen Bestand, in denen der Content-Provider mit der Informationsverbreitung einen wirtschaftlichen Zweck verfolgt[23].

bb. Anwendbarkeit der Sachhalterhaftung (Art. 1384 Abs. 1 2. Alt. CC) und der Produkthaftung auf fehlerhafte Informationen im Internet

Sowohl in der deutschen als auch in der französischen Lehre wird vereinzelt gefordert, für die Haftung wegen der Verbreitung fehlerhafter Informationen im Internet auf das Merkmal der schuldhaften Verkehrspflichtverletzung bzw. das Merkmal der „faute“ zu verzichten. Soweit ersichtlich, wurde die Frage nach der Anwendbarkeit der verschuldensunabhängigen Produkthaftung auf fehlerhafte Informationen im Internet für das französische Recht zwar bislang nur gestreift.

Von ähnlicher Qualität wie die für das deutsche Recht befürwortete Anwendung der Produkthaftung ist jedoch der Gedanke, die aus Art. 1384 Abs.1 2. Alt. CC resultierende Sachhalterhaftung auf fehlerhafte Informationen im Internet zur Anwendung kommen zu lassen. Als „gardien“ der als „chose“ zu qualifizierenden Informationen würde der Content-Provider in diesem Fall unabhängig von der Einstufung seines Verhaltens als „faute“ für die von der fehlerhaften Information verursachten Schäden haften[24]. Im Mittelpunkt der Problematik steht wie bei der für das deutsche Recht diskutierten Produkthaftung der Content-Provider die mangelnde Verkörperung einer im Internet verbreiteten Information. Denn auch die Qualifizierung einer Sache als „chose“ i. S. d. Art. 1384 Abs.1 2. Alt. CC erfordert grundsätzlich deren Verkörperung. Das TGI Paris ordnete jedoch auch ein als solches unkörperliches Fernsehbild als „chose“ ein und begründete dies damit, daß ein Fernsehbild vervielfältigt und in Archiven aufbewahrt werden könne. Hieraus wird zum Teil geschlußfolgert, daß eine im Internet verbreitete Information, da sie ausgedruckt und abgespeichert werden kann,

[22] Siehe hierzu Teil 1, IV. 2. a. cc. (2).
[23] Siehe hierzu Teil 1, IV. 2. ee.
[24] Die „faute“ wird hier vermutet.

als „chose“ zu qualifizieren ist[25]. Diese Auffassung geht in die Richtung der in Deutschland vereinzelt vertretenen Ansicht, die Anwendbarkeit der Produkthaftung sei für Informationen im Internet davon abhängig zu machen, daß die Informationen durch das Ausdrucken oder Abspeichern auf einem Trägermedium eine Verkörperung erfahren haben[26]. Da ein Abstellen auf die von seiten der Nutzer erfolgende Verkörperung einer online übermittelten Information zu willkürlichen Ergebnissen und zu einem zu unbestimmten Haftungsrisiko der Provider führen würde, ist dieser Ansicht für die Anwendung der Produkthaftung im deutschen Recht nicht zu folgen[27]. Um abschließende Ergebnisse für die Anwendung der Sachhalterhaftung aus Art. 1384 Abs.1 2. Alt. CC im französischen Recht formulieren zu können, bleibt die weitere Entwicklung in der Rechtsprechung abzuwarten. Bislang wurde oben die genannte Entscheidung des TGI Paris jedenfalls nicht bestätigt.

II. Host- und Access-Provider

Bei der Deliktshaftung der Host- und Access-Provider, die eine Auseinandersetzung mit der besonderen Struktur des Internets und den daraus resultierenden beschränkten Kontrollmöglichkeiten dieser Anbieter erfordert, sind in Deutschland, Frankreich und England erhebliche Abweichungen festzustellen. Anders als bei der Deliktshaftung der Content-Provider beruhen diese Abweichungen weniger auf den länderspezifischen Besonderheiten der allgemeinen deliktsrechtlichen Grundsätze, als darauf, daß die Rechtslage in Frankreich und England mangels spezifischer, die Deliktshaftung dieser Anbieter betreffender Rechtsvorschriften sowie dem Fehlen gefestigter Rechtsprechung noch überaus unsicher ist. Die sich bei der Behandlung dieser Problematik abzeichnenden Tendenzen weichen zudem von dem Konzept des § 5 Abs. 2 und Abs. 3 TDG ab.

1. Vergleich zwischen der Rechtslage in Deutschland und Frankreich

Im Unterschied zu Deutschland, wo mit dem Erlaß der § 5 Abs. 2[28] und Abs. 3 TDG recht zügig auf das Bedürfnis einer gesetzlichen Regelung der Providerverantwortlichkeit reagiert wurde, wurde in Frankreich – möglicherweise wegen der schlechten Erfahrungen mit der gescheiterten *Amendment Fillon*[29] – bis Mitte 2000 von dem Erlaß

---

[25] Siehe hierzu Teil 2, 1. Abschnitt, III. 1. b. bb. (2).

[26] Vgl. zu dieser Auffassung von *Spindler* Teil 1, IV. 2. b. aa. (1) (b).

[27] Zur Ablehnung der Produkthaftung im Bereich der Informationsverbreitung im Internet vgl. Teil 1, IV. 2. b. aa. (1) (b).

[28] Wegen der verfassungsrechtlichen Bedenken, die im Hinblick auf eine Modifizierung der zivilrechtlichen Haftung durch § 5 Abs. 2 MDStV bestehen, wird im folgenden nur auf § 5 Abs. 2 TDG eingegangen.

[29] Vgl. zu der Amendment Fillon, die eine Regelung zur strafrechtlichen Verantwortlichkeit der Access-Provider vorsah, vom Verfassungsrat zum großen Teil jedoch für verfassungswidrig erklärt wurde Teil 2, 1. Abschnitt, I.

internetspezifischer Rechtsvorschriften abgesehen. Die Deliktshaftung der Host- und Access-Provider bestimmte sich im französischen Recht daher zunächst ausschließlich nach den allgemeinen deliktsrechtlichen Grundsätzen.

a. Host-Provider

Die zur Haftung der Host-Provider ergangenen Entscheidungen französischer Gerichte lassen deutliche Unterschiede zu der Rechtslage in Deutschland erkennen. So kommt eine Haftung der Host-Provider für rechtswidrige Inhalte Dritter im deutschen Recht wegen § 5 Abs. 2 TDG nur unter der Voraussetzung in Betracht, daß diese den als rechtswidrig gerügten Inhalt positiv kennen. In den französischen Fällen *Hallyday c/Lacambre*[30] und *Madame L. c/Multimania Production*[31] wurden die beklagten Host-Provider hingegen zu Schadensersatz verurteilt, obwohl sie keine positive Kenntnis von den auf ihrem Server befindlichen persönlichkeitsrechtsverletzenden Inhalten hatten. Für die Frage des Zurechnungsgrundes lassen sich in der Rechtsprechung zwei unterschiedliche Lösungsansätze ausmachen, die beide von dem Konzept des § 5 Abs. 2 TDG abweichen.

aa. Gefährdungshaftung

Im Kontrast zum deutschen Recht steht insbesondere das im Berufungsverfahren ergangene Urteil der Cour d'Appel de Paris im Fall *Hallyday c/Lacambre*, das den Eindruck erweckt, als würde die Haftung auf die Tätigkeit des Hostings als solche gestützt, ohne daß es auf ein Fehlverhalten des Host-Providers, z. B. einen Verstoß gegen Kontrollpflichten ankäme. Die Argumentation, der Host-Provider, der anonyme Inhalte auf seinem Server speichere, müsse für die Schäden einstehen, die durch diese Tätigkeit verursacht würden, offenbart dabei den Gedanken einer Gefährdungshaftung.

Auch im deutschen Recht gründet die deliktische Haftung der Host-Provider darauf, daß mit der Abspeicherung fremder, oftmals auch anonymer Inhalte auf dem Internet-Server eine Gefahrenquelle gegeben ist. Allerdings folgt hieraus keine Gefährdungshaftung. Vielmehr erwachsen aus der Gefahrenquelle Kontroll- und Sperrungspflichten, deren schuldhafte Verletzung zu einer Zurechnung der durch einen fremden Inhalt verursachten Rechtsgutsverletzung führt. Über § 5 Abs. 2 TDG wird der sachliche Umgang dieser Pflichten zudem auf die den Host-Providern positiv bekannten Inhalte beschränkt. Von dieser Praxis wird im deutschen Recht auch dann keine Ausnahme gemacht, wenn es um Inhalte geht, die von anonymen Nutzern stammen. Die Cour

---

[30] *Estelle Hallyday c/ Valentin Lacambre* et autres, 1. Instanz: TGI Paris, réf., 9 juin 1998, Lamy droit de l'informatique, Bulletin d'actualité, n° 105, Juli 1998, S. 8/9; 2. Instanz: CA Paris, Arrêt du 10 février 1999, abrufbar unter: http://www.legalis.net/jnet/decisions/illicite_divers /ca_100299.htm (Stand: 15. 01. 2000).

[31] *Madame L. c/ Multimania Production* et autres, TGI Nanterre, Jugement du 8 décembre 1999, abrufbar unter : http://www.legalis.net/jnet/decisions/responsabilite/jug_tgi-nanterre_081299.htm (Stand: 15. 01. 2000).

d'Appel scheint die strenge Behandlung des Host-Providers in *Hallyday c./Lacambre* hingegen gerade darauf zu stützen, daß dieser es dem Ersteller der rechtswidrigen Web-Seite ermöglicht hatte, diese Seite unter Wahrung seiner Anonymität in das Internet zu stellen. In Anbetracht der Tatsache, daß die Bekämpfung rechtswidriger Inhalte insbesondere wegen der oftmals gegebenen Anonymität ihrer Verfasser problematisch ist, das Schutzschild der Anonymität manchen Nutzer überhaupt erst dazu veranlaßt, rechtswidrige Inhalte zu verbreiten – „Enthemmung durch Anonymität"[32] –, erscheint dieser Vorstoß als sinnvoll. Denn die Host-Provider werden durch die drohende Haftung erst motiviert, von ihren Nutzern stets zuverlässige Identifikationsnachweise zu verlangen. Denkbar wäre z. B., daß den Nutzern nur nach Angabe ihrer Kreditkartennummern und deren Verifizierung Speicherplatz zur Verfügung gestellt wird. Würde der Gedanke einer Gefährdungshaftung im französischen Recht jedoch über die Fälle anonymer Inhalte hinaus Geltung beanspruchen, so wäre die für das deutsche Recht gefundene Lösung, eine Haftung auf die positiv bekannten Inhalte zu beschränken und von dem Verstoß gegen Kontroll- und Sperrungspflichten abhängig zu machen, vorzuziehen. Denn bei der grundsätzlichen Geltung einer Gefährdungshaftung für Host-Provider stünde zu befürchten, daß diese aus Furcht vor einer Haftung davon absähen, fremde Inhalte auf ihrem Server zu speichern. Eine so strenge Behandlung der Host-Provider ginge nicht nur zu Lasten derjenigen, die für die Informationsverbreitung im Internet der von den Host-Providern zur Verfügung gestellten technischen Infrastruktur bedürfen, sie führte auch zu einer Einschränkung des vielfältigen Informationsangebotes im Internet.

bb. Verstoß gegen „Wachsamkeitspflicht"

Die Rechtsprechung der Untergerichte weicht deutlich von dem Urteil des Appellationsgerichts ab. So stellte sowohl das TGI Paris, das über den Fall *Hallyday c/Lacambre* in erster Instanz zu befinden hatte, als auch das TGI Nanterre, das in *Madame L. c/Multimania Production et alt.* über einen ähnlich gelagerten Fall zu entscheiden hatte, für eine Haftung der Host-Provider auf einen Verstoß gegen Verhaltenspflichten ab. Nach Auffassung dieser Gerichte sind Host-Provider zum einen dazu verpflichtet, darüber zu wachen, daß die gespeicherten Daten nicht in Rechte Dritter eingreifen, zum anderen müssen sie bei Ermittlung eines rechtsverletzenden Inhalts Maßnahmen ergreifen, um eine Beendigung der Beeinträchtigung zu bewirken.

Dieser Lösungsansatz geht in die Richtung des vom deutschen Gesetzgeber mit § 5 Abs. 2 TDG eingeschlagenen Lösungsweges. Allerdings beziehen sich die für Host-Provider im deutschen Recht geltenden Kontroll- und Sperrungspflichten wegen der Haftungsvoraussetzung der positiven Kenntnis nur auf die diesen bekannten Inhalte. Die von dem TGI Paris und TGI Nanterre aufgestellte „Wachsamkeitspflicht", die im

[32] So *Engel*, AfP 1996, 220.

übrigen auch vom Conseil d'Etat vorgeschlagen wurde[33], erstreckt sich dagegen auf den gesamten Inhalt des Servers. Dabei wird jedoch auch der durch die Vielzahl der Inhalte gekennzeichneten Situation der Host-Provider Rechnung getragen. So wird nicht verlangt, daß die einzelnen Inhalte minutiös auf ihre Rechtmäßigkeit hin überprüft werden. Das TGI Paris erklärte in *Hallyday c/Lacambre* vielmehr, daß es zum Ausschluß einer Haftung genüge, wenn Stichproben durchgeführt würden. Das TGI Nanterre konkretisierte die Verpflichtung der Host-Provider in seiner Entscheidung in *Madame L. c/Multimania Production et alt.* dahingehend, daß die Host-Provider Suchmaschinen auf dem Server installieren müßten, die den Inhalt des Servers systematisch auf verdächtige Begriffe hin durchsuchten.

Sind die Host-Provider nach den dargestellten Entscheidungen zu der Ermittlung rechtswidriger Daten auf ihren Servern durch maschinelle Kontrollmaßnahmen verpflichtet, stellt die Regelung des § 5 Abs. 2 TDG für eine Handlungspflicht der Host-Provider auf deren positive Kenntnis von einem Inhalt ab. Im Mittelpunkt steht im deutschen Recht nicht die Auffindung rechtswidriger Inhalte, sondern die Entfernung von Inhalten, die den Host-Providern etwa durch konkrete Hinweise von Seiten Dritter positiv bekannt und grob rechtswidrig sind. Es fragt sich, welcher dieser Lösungsansätze für das Internet die günstigeren Resultate erzielt. Hierfür sind zwei Aspekte zu berücksichtigen: zum einen die Effizienz der den Host-Providern auferlegten Maßnahmen zur Verhinderung rechtswidriger Inhalte, zum anderen die mit der Verpflichtung zur Durchführung dieser Maßnahmen gegebene Belastung der Host-Provider.

Für die Effektivität von Stichproben zur Auffindung rechtswidriger Inhalte kommt es maßgeblich auf die Größe des auf dem Server des Host-Providers befindlichen Datenvolumens an. Denn nur wenn das Datenvolumen überschaubar ist, können Stichproben erfolgreich sein, ohne daß sie so häufig und umfassend durchgeführt werden müssen, daß der laufende Betrieb des Host-Providers beeinträchtigt wird. Ein Internet-Server mit geringem Datenvolumen stellt heute allerdings die Ausnahme dar. In der Regel befinden sich auf den von den Host-Providern betriebenen News-Servern und WWW-Servern Datenangebote von mehreren Tausend Nutzern, die zudem ständigen Änderungen unterworfen sind[34]. Stichproben, in dem Umfang durchgeführt, daß sie nicht zu einer unzumutbaren Belastung für den jeweiligen Host-Provider werden, haben in diesen Fällen die Wirkung des berühmten „Tropfens auf dem heißen Stein". Würde das Datenvolumen indes verringert, ginge dies nicht nur zu Lasten der Content-Provider, die weniger Informationen verbreiten könnten, sondern auch zu Lasten der Nutzer, die weniger Informationen im Internet abrufen könnten. Als wenig geeignet zur Auffindung rechtswidriger Inhalte erscheint auch die Installation von speziell auf verdächtige Begriffe programmierter Suchmaschinen. Zum einen ist es nur schwer vorstellbar, daß über diese Methode ehr- und persönlichkeitsrechtsverletzende Inhalte herausgefiltert werden können. Denn diese müssen nicht unbedingt auffällige Schlag-

[33] „Il doit peser toutefois sur le fournisseur d'hébergement un devoir de vigilance sur les contenus qu'il lui est proposé de mettre en ligne", Conseil d'Etat, Internet et les réseaux numériques, S. 143.
[34] *Sieber*, CR 1997, 653/655.

wörter enthalten, vielmehr ergibt sich deren ehr- bzw. persönlichkeitsrechtsverletzende Natur in der Regel eher aus dem Zusammenhang. Zum anderen ist zu berücksichtigen, daß, wenn ein verdächtiger Begriff aufgefunden wird, hieraus noch nicht die Rechtswidrigkeit des diesen Begriff enthaltenen Inhalts folgen muß[35].

Stellt sich die Durchführung maschineller Kontrollmaßnahmen zur Ermittlung rechtswidriger Inhalte im Internet somit als nur begrenzt wirksam dar[36], erscheint es sinnvoller, für eine Handlungspflicht der Host-Provider wie im deutschen Recht an deren positive Kenntnis eines Inhalts anzuknüpfen. Die Beschränkung der Haftung auf die positiv bekannten Inhalte befreit die Host-Provider nicht nur davon, einen unter Umständen erheblichen Aufwand zu betreiben, der dem Ziel der Verhinderung rechtswidriger Inhalte im Internet im Ergebnis nur wenig dienlich ist. Das Abstellen auf die positive Kenntnis führt auch dazu, daß die Provider, um einer Haftung zu entgehen, Hinweisen auf verdächtige Inhalte nachgehen müssen[37]. So wird zum einen die Tätigkeit von Selbstkontrollorganisationen effektiviert, zum anderen werden auch die Nutzer dazu motiviert, die Provider über das Vorliegen rechtswidriger Inhalte zu informieren. Die deutsche Regelung des § 5 Abs. 2 TDG schützt nicht nur die Host-Provider vor zu großen Haftungsrisiken, sondern fördert zugleich auch die für die Verhinderung rechtswidriger Inhalte wichtige Selbstregulierung des Internets.

Als Ergebnis der Gegenüberstellung bleibt festzuhalten, daß das deutsche Recht mit der Regelung des § 5 Abs. 2 TDG zu günstigeren Ergebnissen führt als das von dem TGI Paris und TGI Nanterre entwickelte Konzept einer an der Durchführung technischer Kontrollmaßnahmen festzumachenden „Wachsamkeit" der Host-Provider.

b. Access-Provider

Eine deliktische Haftung der Access-Provider für zugänglich gemachte Inhalte Dritter wird in der französischen Lehre grundsätzlich abgelehnt. Diese Auffassung, die durch das zur strafrechtlichen Verantwortlichkeit von Access-Providern ergangene Urteil in *UEJF c/Calvacom*[38] gestützt wird, entspricht der Rechtslage in Deutschland. Wegen § 5 Abs. 3 TDG ist eine deliktische Haftung der Access-Provider für zugänglich gemachte Inhalte Dritter hier ausgeschlossen. Im Gegensatz zum deutschen Recht, das von diesem grundsätzlichen Haftungsausschluß auch dann nicht abrückt, wenn der Access-Provider weiß, daß ein von ihm zugänglich gemachter Inhalt die Rechte Dritter verletzt[39], wird in der französischen Lehre zum Teil eben diese Ausnahme gefordert[40].

---

[35] Vgl. hierzu *McGuire*, 74 N. Y. U. L. Rev. 750/782 (1999); *Federrath*, ZUM 1999, 177/1790.

[36] Vgl. zu den technischen Kontrollmöglichkeiten der Host-Provider und der begrenzten Wirksamkeit dieser technischen Mittel zur Auffindung rechtswidriger Inhalte ausführlich *Sieber*, CR 1997, 653/655 ff; *ders.* ZUM 1999, 196/917; *McGuire*, 74 N. Y. U. L. Rev. 750/778 (1999).

[37] Vgl. hierzu Teil 1, V. 1. a.

[38] In dieser Entscheidung erklärte das TGI Paris, daß Access-Provider für die zugänglich gemachten Inhalte nicht verantwortlich sind, diese auch nicht kontrollieren müssen. Vgl. hierzu Teil 2, 1. Abschnitt, III. 3. a.

[39] Siehe hierzu Teil 1, VI. 1.

Findet diese Forderung bei dem von der französischen Regierung angekündigten Rahmengesetz für die Informationsgesellschaft Berücksichtigung, wäre eine solche Ausnahme von der Haftungsfreistellung zu begrüßen. Denn wie bereits an anderer Stelle dargelegt[41], ist es für einen Access-Provider nicht problematisch, den Zugang zu einem als rechtswidrig identifizierten Inhalt zu versagen.

c. Ergebnis

Während sich mit dem grundsätzlichen Ausschluß einer deliktischen Haftung der Access-Provider im französischen Recht ein ähnlicher Lösungsansatz abzeichnet, wie im deutschen Recht mit § 5 Abs. 3 TDG erzielt wird, erfährt die Problematik einer deliktischen Haftung der Host-Provider nach der bisherigen Rechtsprechung französischer Gerichte eine von § 5 Abs. 2 TDG deutlich abweichende Lösung. Die Gegenüberstellung der divergierenden Lösungsansätze hat gezeigt, daß die Regelung des § 5 Abs. 2 TDG, die mit der Haftungsvoraussetzung der positiven Kenntnis das Haftungsrisiko der Host-Provider beschränkt und zugleich die Selbstregulierung des Internets fördert, grundsätzlich angemessenere Resultate erzielt. Für eine abschließende Würdigung bleibt aber abzuwarten, welcher Lösung der französische Gesetzgeber bei Schaffung des angekündigten Rahmengesetzes für die Informationsgesellschaft folgt. Der in der französischen Rechtsprechung zu verzeichnende Gedanke, die Host-Provider streng haften zu lassen, die die Abspeicherung anonymer Inhalte gestatten, könnte allerdings auch für das deutsche Recht fruchtbar gemacht werden. Denkbar wäre etwa, die aus § 5 Abs. 2 TDG resultierende haftungsrechtliche Privilegierung nur dann zur Anwendung kommen zu lassen, wenn der betroffene Host-Provider Angaben zur Identität des Erstellers rechtswidriger Web-Seiten machen könnte.

2. Vergleich zwischen der Rechtslage in Deutschland und England

Die zwischen der Rechtslage in Deutschland und England festzustellenden Abweichungen gründen im Wesentlichen darauf, daß die Haftung der Host- und Access-Provider im deutschen Recht durch internetspezifische Vorschriften geregelt wird, wohingegen diese Problematik im englischen Recht durch einen Rückgriff auf das für die Akteure im Bereich der Printmedien entwickelte, auf der Differenzierung zwischen dem „primary publisher“ und dem „distributor“ gründende Haftungssystem gelöst wird. Auswirkungen haben auch die allgemeinen Unterschiede des englischen und deutschen Deliktsrechts. So haften die Host- und Access-Provider im englischen Recht nur für Ehrverletzungen, während im deutschen Recht zumindest für Host-Provider auch eine deliktische Haftung für persönlichkeitsrechtsverletzende Inhalte Dritter in

---

[40] Diese Einschränkung fordert auch der Conseil d'Etat. Vgl. Internet et les réseaux numériques, S.143.

[41] Teil 1, VI. 3.

Betracht kommt[42]. Eine Übereinstimmung ist insofern gegeben, als Host- und Access-Provider, die wegen ihrer rein technischen Funktion nur geringe Einwirkungsmöglichkeiten auf die verbreiteten Inhalte haben, in beiden Rechtsordnungen gegenüber den Content-Providern haftungsrechtlich privilegiert werden.

a. Regelungstechniken zur Erreichung einer Haftungsprivilegierung der Host- und Access-Provider

Eine Privilegierung der Host- und Access-Provider wird im englischen Recht dadurch erzielt, daß diese Provider gemäß Section 1 (3) Defamation Act 1996 (DA) als „distributor" qualifiziert werden. Anders als die in „primary publisher" einzustufenden Content-Provider können sie sich in einem Verfahren wegen Ehrverletzung auf den besonderen Verteidigungsgrund der „unschuldigen Verbreitung" berufen[43]. Eine Haftung für die Verbreitung eines ehrverletzenden Inhalts ist danach ausgeschlossen, wenn der beklagte Host- bzw. Access-Provider beweisen kann, daß ihm nicht positiv bekannt war, mit seiner Tätigkeit die Veröffentlichung eines ehrverletzenden Inhalts zu bewirken, und daß diese Unkenntnis nicht auf Fahrlässigkeit beruhte. Im deutschen Recht erfolgt die Haftungsprivilegierung dagegen über die für die Frage der Verantwortlichkeit der Host- und Access-Provider konzipierten Regelungen der § 5 Abs. 2 und Abs. 3 TDG. Im Unterschied zu Section 1 (1) DA enthalten diese keinen besonderen Verteidigungsgrund, sondern bestimmen, ob und unter welchen Voraussetzungen eine Verantwortlichkeit und damit auch eine deliktische Haftung dieser Anbieter für Inhalte Dritter in Betracht kommen kann. Die Deliktshaftung dieser Anbieter wird über diese Vorschriften auf der Ebene des Tatbestands der einschlägigen Haftungsnorm modifiziert. Der Umstand, daß die zur Erreichung der Privilegierung gewählten Regelungstechniken – Einräumung eines besonderen Verteidigungsgrundes und Modifizierung des Tatbestandes der einschlägigen Haftungsnorm – differieren, führt als solcher noch nicht zu Unterschieden bei der rechtlichen Behandlung der Host- und Access-Provider in England und Deutschland. Denn der in diesem Zusammenhang entscheidende Faktor der Beweislast wird einheitlich beantwortet: Sowohl das Vorliegen der für eine Modifizierung des Tatbestandes im deutschen Recht erforderlichen Voraussetzungen als auch das Vorliegen der für die Verteidigung im englischen Recht zu erfüllenden Voraussetzungen ist vom beklagten Provider zu beweisen[44].

b. Konzept und Reichweite der Haftungsprivilegierungen nach § 5 TDG und Section 1 (1) Defamation Act 1996

Unterschiede zeigen sich jedoch hinsichtlich des Konzepts der die Haftung der Host- und Access-Provider bestimmenden Regelungen. So sieht § 5 TDG ein abgestuftes

---

[42] Das englische Deliktsrecht kennt kein Delikt der Persönlichkeitsrechtsverletzung, vgl. dazu bereits oben I. 2.

[43] Vgl. zu der Einordnung der Host-Provider als „distributor" Teil 2, 2. Abschnitt, III. 1. b. cc. (2).

[44] Vgl. für das deutsche Recht Teil 1, III. 4; für das englische Recht Teil 2, 2. Abschnitt, III. 1. b. bb.

Verantwortlichkeitssystem vor, das sich an der internetspezifischen Tätigkeit der Internet-Service-Provider orientiert. Da sich die Tätigkeiten der Host- und Access-Provider grundlegend voneinander unterscheiden, gelten auch für die Frage ihrer Verantwortlichkeit bzw. ihrer Haftung für Inhalte Dritter unterschiedliche Maßstäbe. Im englischen Recht gilt mit Section 1 (1) DA dagegen eine Regelung für alle als „distributor“ zu qualifizierenden natürlichen und juristischen Personen. Bei der Ausweitung des personellen Geltungsbereichs dieser Regelung auf die Akteure des Internets wurden keine an den Tätigkeiten der Host- und Access-Provider orientierten Sonderregelungen aufgenommen. Im Grundsatz werden aus diesem Grund sowohl Host- als auch Access-Provider im englischen Recht wie „distributor“ – z. B. wie Buchhändler und Drucker – behandelt.

aa. Host-Provider

Eine Haftung der Host-Provider für rechtswidrige Inhalte Dritter ist im deutschen Recht wegen § 5 Abs. 2 TDG ausgeschlossen, wenn diese keine positive Kenntnis von dem gerügten rechtswidrigen Inhalt haben. Im englischen Recht müssen die Host-Provider für ihre Entlastung gemäß Section 1 (1) DA dagegen beweisen, nicht gewußt zu haben, mit ihrer Tätigkeit die Veröffentlichung eines ehrverletzenden Inhalts zu bewirken und sich im Hinblick auf ihre diesbezügliche Unkenntnis außerdem nicht fahrlässig verhalten zu haben. Im Gegensatz zum deutschen Recht reicht es für den Ausschluß der Haftung demzufolge nicht aus, einen ehrverletzenden Inhalt nicht positiv gekannt zu haben. Die Host-Provider müssen beweisen, bei der Veröffentlichung den ihnen obliegenden Sorgfaltspflichten genügt zu haben. Als nachteilig für die Host-Provider stellt sich im englischen Recht insbesondere der Umstand dar, daß Section 1 (1) DA keine Aussagen über die Art und den Umfang der den Host-Providern obliegenden Sorgfaltspflichten macht. Zwar ist davon auszugehen, daß die Host-Provider dazu verpflichtet sind, die gespeicherten Inhalte in irgendeiner Form zu kontrollieren. Nicht festzustellen ist aber, ob es zur Vermeidung des Vorwurfs der fahrlässigen Nichtkenntnis ausreicht, Stichproben durchzuführen oder – wie im deutschen Recht – nur die bekannten Inhalte auf ihre Rechtmäßigkeit hin zu kontrollieren. Da bislang auch keine Judikatur existiert, die sich mit der von Section 1 (1) DA geforderten Sorgfalt speziell für Host-Provider beschäftigt[45], ist für diese Anbieter nicht zu erkennen, welche konkreten Maßnahmen sie zu ergreifen haben, um einer Haftung für ehrverletzende Inhalte Dritter entgehen zu können. Die deutsche Regelung des § 5 Abs. 2 TDG stellt dagegen klar, daß Host-Provider nur dann haften, wenn sie positiv bekannte In-

[45] In der bislang einzigen zur deliktischen Haftung eines Host-Providers ergangenen Entscheidung in Laurence Godfrey v. Demon Internet Ltd. wurde die Anwendung der „defence of innocent dissemination” wegen der positiven Kenntnis von der ehrverletzenden Aussage abgelehnt. Das Gericht machte keine weiteren Ausführungen zu der problematischen „reasonable care in relation to the publication”. Vgl. zu dieser Entscheidung Teil 2, 2. Abschnitt, III. 1.b.cc.

halte nicht kontrollieren und im Fall ihrer Rechtswidrigkeit nicht dem nuzterseitigen Zugriff entziehen.

Die Konkretisierung der providerseitigen Pflichten in § 5 Abs. 2 TDG zeigt, daß der Konflikt zwischen dem Bedürfnis an einer effektiven Verhinderung rechtswidriger Inhalte im Internet und dem Interesse, die Funktionsfähigkeit des Internets nicht dadurch zu behindern, daß den Host-Providern zu umfangreiche Pflichten auferlegt werden, in Deutschland vom Gesetzgeber gelöst wurde. Der englische Gesetzgeber hat mit der Aufnahme der Host-Provider in den Kreis der „distributor" dagegen nur eine grobe Richtung bei der rechtlichen Behandlung dieser Anbieter vorgegeben. Die Auseinandersetzung mit der besonderen, von Kontrollschwierigkeiten geprägten Situation der Host-Provider obliegt der Rechtsprechung. Zwar ist es gerade die Besonderheit des Fall-Recht des Common Law, unter Zugrundelegung von Präzedenzfällen und Herausarbeitung der Besonderheiten neuartiger Problemstellungen auch auf neue Entwicklungen im Zivilrecht reagieren zu können, ohne auf eine Aktivität von seiten des Gesetzgebers angewiesen zu sein. Bis zum Erlaß eines Urteils, das sich mit diesen neuartigen Problemstellungen – hier den eingeschränkten Aktionsmöglichkeiten der Host-Provider – beschäftigt, ist die Rechtslage jedoch unklar. Eine mit Erlaß des Defamation Act 1996 einhergehende Konkretisierung des Pflichtenkreises der Host-Provider wäre aus diesem Grund vorteilhaft gewesen.

bb. Access-Provider

Deutliche Abweichungen zeigen sich auch bei der deliktischen Haftung der Access-Provider. So ist eine Haftung dieser Anbieter für zugänglich gemachte Inhalte Dritter im deutschen Recht wegen § 5 Abs. 3 TDG ausgeschlossen. Im englischen Recht müssen für einen Ausschluß der Haftung hingegen die für den Verteidigungsgrund der „unschuldigen Verbreitung" erforderlichen Voraussetzungen erfüllt sein. Hat ein Access-Provider bei der Zugänglichmachung eines Inhalts also positive Kenntnis von dessen ehrverletzendem Inhalt oder beruht seine diesbezügliche Unkenntnis auf Fahrlässigkeit, haftet er, entsprechend der Regel „every republication of a libel is a new libel"[46], für diesen Inhalt so, als ob er ihn selbst verfaßt hätte. Mangels Rechtsprechung ist bislang nicht festzustellen, welche Sorgfaltspflichten einem Access-Provider bei der Zugänglichmachung bzw. Durchleitung eines Inhalts obliegen. Hier besteht eine ebensolche Rechtsunsicherheit wie sie zuvor im Hinblick auf die Host-Provider festgestellt wurde. Aufgrund dieser Situation kann die rechtliche Behandlung der Access-Provider im englischen Recht zwar noch nicht eindeutig bestimmt werden. Bereits der Umstand, daß eine Haftungsfreistellung der Access-Provider im englischen Recht von der Erfüllung bestimmter Sorgfaltspflichten abhängt zeigt aber, daß diese Anbieter im englischen Recht strenger behandelt werden als im deutschen. Diese Diskrepanz ist darauf zurückzuführen, daß Access-Provider in England mit den als „distributor" einzustufenden Personen wie Drucker, Zeitungsverkäufer sowie Bü-

[46] *CCTA*, Legal issues and the Internet, Kapitel 2, S. 41.

chereibetreibern auf eine Stufe gestellt werden. So wird die Zugänglichmachung eines ehrverletzenden Inhalts, d. h. seine Durchleitung zum Nutzer, ebenso als haftungsbegründende „republication" des ehrverletzenden Inhalts eingestuft wie das Inverkehrbringen und die technische Herstellung ehrverletzender Printmedien. In Deutschland wird dagegen schon die Tätigkeit der Access-Provider nicht als haftungsbegründende Verbreitung qualifiziert. Vielmehr werden Access-Provider hier so behandelt wie die Anbieter von Telekommunikationsdienstleistungen, deren Haftung für die zum Nutzer durchgeleiteten Inhalte ausgeschlossen ist[47].

Da sich die Regelung des § 5 Abs. 3 TDG an der internetspezifischen Situation der Access-Provider orientiert und klarstellt, daß diese mangels Einwirkungsmöglichkeit auf die zugänglich gemachten Inhalte nicht dazu verpflichtet sind, Maßnahmen zur Auffindung und Sperrung rechtswidriger Inhalte zu ergreifen, ist die deutsche Regelung dem mit der Gleichbehandlung mit dem „distributor" im englischen Recht gefundenen Lösungsansatz grundsätzlich vorzuziehen. Nicht zu übersehen ist aber, daß die mit § 5 Abs. 3 TDG eingeführte grundsätzliche Haftungsfreistellung auch zu unbefriedigenden Ergebnissen führen kann. Dies gilt insbesondere dann, wenn der Access-Provider die Rechtswidrigkeit eines zum Nutzer durchgeleiteten Inhalts kennt. In diesem Ausnahmefall führt das englische Recht, das dem Access-Provider bei der positiven Kenntnis eines ehrverletzendem Inhalts eine Haftung auferlegt, zu einem angemesseneren Ergebnis.

c. Ergebnis

Die Gegenüberstellung zeigt, daß die Regelungen des § 5 Abs. 2 und Abs. 3 TDG für Host- und Access-Provider nicht nur günstigere Resultate erzielen als Section 1 (1) DA, sondern den besonderen Gegebenheiten des Internets auch in angemessenerer Form Rechnung tragen. Mit der Ausdehnung des personellen Anwendungsbereichs von Section 1 (1) DA auf Host- und Access-Provider wurde für das englische Recht lediglich klargestellt, daß diese Anbieter aufgrund ihrer passiven Rolle bei der Informationsverbreitung im Internet für Inhalte Dritter eingeschränkt haften. Die für das Haftungsrisiko der Host- und Access-Provider maßgebliche Frage der Natur und des Umfangs der diesen obliegenden Sorgfaltspflichten bleibt bis zum Erlaß eines in dieser Hinsicht klarstellenden Urteils unbeantwortet.

III. Gesamtergebnis

Die rechtsvergleichende Betrachtung hat gezeigt, daß die Entwicklung von Lösungen, die den technischen Besonderheiten des Internet Rechnung tragen, in Deutschland am weitesten fortgeschritten ist. Im Gegensatz zu Frankreich und England verfügt Deutschland mit § 5 TDG über eine internetspezifische gesetzliche Regelung, die auch

[47] Siehe hierzu Teil 1, VI. 1.

die Problematik einer deliktischen Haftung der Internet-Service-Provider löst. Der Vergleich mit der durch Rechtsunsicherheiten gekennzeichneten Rechtslage in Frankreich und England hat verdeutlich, wie vorteilhaft das Bestehen einer, auf die besonderen technischen Gegebenheiten des Internets zugeschnittenen Regelung für die Ausnutzung der mit diesem Medium gegebenen Betätigungsmöglichkeiten ist. Denn die in Frankreich und England bestehende Rechtsunsicherheit läßt befürchten, daß die Internet-Service-Provider ihre Tätigkeiten wegen der Uneinschätzbarkeit des Haftungsrisikos einschränken.

Bei der Problematik einer deliktischen Haftung der Host-Provider lassen sich im deutschen, französischen und englischen Recht zum jetzigen Zeitpunkt keine Parallelen feststellen. Die sich im englischen und französischen Recht für Host-Provider abzeichnenden Lösungsansätze zeigen vielmehr die Tendenz, diesen Anbietern eine strengere Behandlung als im deutschen Recht zukommen zu lassen. Die Gegenüberstellung der verschiedenen Lösungsansätze hat ergeben, daß das deutsche Recht mit der Regelung des § 5 Abs. 2 TDG für das Internet die angemessensten Resultate erzielt. Die bessere Handhabung dieser Problematik im deutschen Recht ist neben der mit § 5 Abs. 2 TDG gegebenen Rechtssicherheit insbesondere damit zu begründen, daß eine Haftung von der positiven Kenntnis der Host-Provider von den als rechtswidrig gerügten Inhalten abhängig gemacht wird. Anders als in Frankreich die bisher ergangenen Gerichtsentscheidungen und in England die Vorschrift der Section 1 (1) Defamation Act 1996 vermuten lassen, sind die Host-Provider im deutschen Recht nämlich nicht dazu verpflichtet, Maßnahmen zur Ermittlung rechtswidriger Inhalte durchzuführen. Zumindest im deutschen und französischen Recht zeigt sich aber eine Annäherung bei der Lösung der Problematik einer deliktischen Haftung der Access-Provider. Es ist davon auszugehen, daß Access-Provider im französischen wie im deutschen Recht nicht für zugänglich gemachte Inhalte Dritter haften. Für das englische Recht läßt sich mangels diesbezüglicher Judikatur noch keine Aussage zum Haftungsrisiko dieser Anbieter machen. Die vom Gesetzgeber mit dem Defamation Act 1996 bewirkte Gleichbehandlung der Access-Provider mit traditionellen „distributorn“ läßt aber den Schluß zu, daß diese im englischen Recht strenger als im deutschen haften.

Die rechtsvergleichende Untersuchung der deliktischen Haftung der Content-Provider hat ergeben, daß hier im Vergleich zu der Haftung der Host- und Access-Provider nur wenige internetspezifische Probleme auftreten. In den behandelten Rechtsordnungen wird zur Lösung der Haftungsproblematik daher auf die allgemeinen deliktsrechtlichen Grundsätze zurückgegriffen. Vor diesem Hintergrund ist es nicht erstaunlich, daß das festgestellte unterschiedliche Haftungsniveau seine Ursache in den allgemeinen Besonderheiten der nationalen Deliktsrechte findet. Die Frage, welches Recht für die Content-Provider dabei die strengsten Haftungsbedingungen bereithält, hängt von der Art der Rechtsverletzung ab. Im Hinblick auf Ehrverletzungen ist dies das englische Recht, das einen Schadensersatz auch ohne das Verschulden des Content-Providers gewährt. Das größere Risiko, für Körperschäden in Anspruch genommen zu werden, die durch fehlerhafte Informationen im Internet verursacht wurden, scheint zumindest für professionelle Content-Provider im deutschen und französischen Recht gegeben zu sein. Die für die Informationsverbreitung im Internet besonders wichtige Frage nach einer Anwendbarkeit der verschuldensunabhängigen Produkthaftung läßt sich für England und Frankreich zum jetzigen Zeitpunkt nicht abschließend beantworten.

3. Teil: Die Richtlinie über bestimmte rechtliche Aspekte des elektronischen Geschäftsverkehrs im Binnenmarkt[1] (E-Commerce-Richtlinie)

I. Einleitung

Hat schon der Vergleich der Rechtslage in Deutschland, Frankreich und England gezeigt, daß für die Frage der Verantwortlichkeit und der deliktischen Haftung der Host- und Access-Provider unterschiedliche Lösungsansätze verfolgt werden, bietet sich in den übrigen Mitgliedstaaten der Europäischen Union derzeit wohl kein anderes Bild[2]. Wegen der Befürchtung, daß diese Situation zu einer Behinderung der grenzüberschreitenden Tätigkeit dieser Anbieter und damit zu Investitionshemmungen und Wettbewerbsverzerrungen führt, wird in der Europäischen Union eine Angleichung der verschiedenen auf mitgliedstaatlicher Ebene bestehenden Lösungsansätze angestrebt[3]. Die Europäische Kommission hat bereits im November 1998 einen Vorschlag für eine Richtlinie über bestimmte rechtliche Aspekte des elektronischen Geschäftsverkehrs im Binnenmarkt vorgelegt, mit der ein allgemeiner Rechtsrahmen für den elektronischen Geschäftsverkehr in der Europäischen Union geschaffen werden soll[4]. Im Sommer 1999 wurde der Richtlinienvorschlag in abgeänderter Fassung erneut vorgelegt[5]. Am 17. Juli 2000 schließlich ist die E-Commerce-Richtlinie in Kraft getreten.

Die Richtlinie enthält in ihren Artikeln 12-15 Regelungen, die sich mit der Verantwortlichkeit der als Vermittler auftretenden Diensteanbieter für rechtswidrige Handlungen Dritter befassen. Als rechtsgebietsübergreifende Regelungen erfassen diese auch die deliktische Haftung der Host- und Access-Provider. Im folgenden gilt es, die für die Deliktshaftung der Host- und Access-Provider relevanten Bestimmungen der Richtlinie zu erläutern und festzustellen, welche Auswirkung die Verantwortlichkeitsregelungen bei einem Inkrafttreten der E-Commerce-Richtlinie auf die deliktische Haftung dieser Anbieter in Deutschland, Frankreich und England haben werden.

---

[1] Abl. EG Nr. L 187 vom 17.07.2000.

[2] So die Begründung der Europäischen Kommission in KOM (1998) 586, S. 5. Einen Überblick über verschiedene Lösungsansätze bietet *Sieber*, ZUM 1999, 196 ff.

[3] KOM (1998) 586, S. 5, 14.

[4] Vgl. Single Market News, No 15, Dezember 1998, S. 16/17.

[5] Geänderter Vorschlag für eine Richtlinie des Europäischen Parlaments und des Rates über bestimmte Aspekte des elektronischen Geschäftsverkehrs im Binnenmarkt, KOM (1999) 427 endg. Die für die Frage der Deliktshaftung relevanten Verantwortlichkeitsregelungen des Richtlinienvorschlages blieben bei den Änderungen unberührt.

II. Erläuterung der für die Deliktshaftung der Host- und Access-Provider relevanten Bestimmungen der E-Commerce-Richtlinie

1. Anwendungsbereich

Die Richtlinie (RL) bezieht sich auf „Dienste der Informationsgesellschaft". Für die Definition dieses Begriffs wird gemäß Art. 2 lit. a RL auf die Begriffsbestimmung in der Richtlinie 98/34/EG vom 22. Juni 1998[6] in der Fassung der Richtlinie 98/48/EG von 20. Juli 1998[7] verwiesen: Danach ist unter einem Dienst der Informationsgesellschaft „jede in der Regel gegen Entgelt elektronisch im Fernabsatz und auf individuellen Abruf eines Empfängers erbrachte Dienstleistung" zu verstehen. Die Definition erfaßt eine Vielzahl höchst unterschiedlicher Wirtschaftstätigkeiten[8]. Neben Diensten, die elektronische Transaktionen von Waren oder den Verkauf von Dienstleistungen ermöglichen, werden als Dienste der Informationsgesellschaft auch solche Dienste eingeordnet, die darin bestehen, daß Informationen durch ein Kommunikationsnetz übermittelt werden, daß Zugang zu einem Kommunikationsnetz geboten wird oder daß von einem Nutzer des Dienstes eingegebene Informationen gespeichert werden[9]. Über das Merkmal „auf individuellen Abruf" werden die Dienste der Informationsgesellschaft vom Rundfunk abgegrenzt[10]. Eine über diese Abgrenzung hinaus gehende Differenzierung zwischen Diensten der Massen- und Individualkommunikation wird mit diesem Merkmal nicht bezweckt.

Die in der Richtlinie auffällige Betonung der wirtschaftlichen Tätigkeit[11] läßt vermuten, daß die Tätigkeit von nichtgewerblichen Providern, z. B. Universitäten und gemeinnützigen Internet-Vereinen, aus dem Anwendungsbereich der Richtlinie herausfallen soll[12]. Neben dem Zweck der Richtlinie, Aspekte des elektronischen Geschäftsverkehrs im Binnenmarkt zu regeln, spricht hierfür insbesondere auch Art. 3 Abs.1 i. V. m. Art. 2 lit. c RL. Danach haben die Mitgliedstaaten dafür Sorge zu tragen, daß Diensteanbieter, die in ihrem Hoheitsgebiet eine Wirtschaftstätigkeit ausüben,

---

[6] Richtlinie 98/34/EG des Europäischen Parlaments und des Rates vom 22. Juni 1998 über ein Informationsverfahren auf dem Gebiet der Normen und technischen Vorschriften; Abl. L. 204 vom 21. 7. 1998, S. 37.

[7] Richtlinie 98/48/EG vom 20. Juli 1998; Abl. L. 217 vom 5. 8. 1998.

[8] So die Begründung zum Richtlinie, KOM (1998) 586, S. 16.

[9] Darauf wird in Erwägungsgrund (3) ausdrücklich hingewiesen. Damit haben sich die von *Hoeren*, MMR 1999, 192/194 geäußerten Bedenken zerstreut, daß die Access-Provider nicht als Anbieter von Diensten der Informationsgesellschaft zu qualifizieren sind.

[10] Damit ist auch eine saubere Abgrenzung zu der „Fernsehrichtlinie" (Richtlinie 89/552/EWG vom 3. 10. 1989; Abl. L. 298/23 vom 17. 10. 1989) gegeben, die in ihrem Art.1 ausdrücklich bestimmt, daß „Kommunikationsdienste auf individuellen Abruf" nicht von ihrem Anwendungsbereich erfaßt werden. Zu dem anfänglichen Versuch, die Fernsehrichtlinie auf die neuen Informations- und Kommunikationsdienste auszudehnen, vgl. *Tettenborn*, EuZW 1997, 462.

[11] Vgl. z. B. Erwägungsgrund (3) „ Erfaßt sind vielmehr auch Dienste, die nicht von denjenigen vergütet werden, die sie empfangen (...) vorausgesetzt jedoch, es handelt sich überhaupt um eine wirtschaftliche Tätigkeit".

[12] So schon Hoeren, MMR 1999, 193/193; *Spindler*, MMR 1999, 199/200, ders. ZUM 1999, 775/776.

den innerstaatlichen Vorschriften entsprechen, die den von der Richtlinie koordinierten Bereich betreffen. Daraus, daß die Richtlinie hier nicht allgemein von Personen spricht, die in dem jeweiligen Mitgliedstaat Tätigkeiten der Informationsgesellschaft ausüben, ist zu schließen, daß es für die Zwecke der E-Commerce-Richtlinie nur auf die gewerblich tätigen Diensteanbieter ankommt. Die auf EU-Ebene angesteuerte Harmonisierung betrifft also nicht die nicht-kommerziellen Host- und Access-Provider. Allerdings würde es dem mit einer E-Commerce-Richtlinie angestrebten Ziel – Angleichung der für die Dienste der Informationsgesellschaften geltenden innerstaatlichen Regelungen – auch nicht zuwiderlaufen, wenn die Mitgliedstaaten bei der Umsetzung über den von der Richtlinie geregelten Bereich hinausgingen und auch für solche Provider Regelungen schaffen würden, die mangels Gewerblichkeit keine Dienste der Informationsgesellschaft anbieten. Es wäre aber wünschenswert gewesen, wenn die Möglichkeit, auch für nichtgewerbliche Anbieter Regelungen zu schaffen, in der Endfassung der Richtlinie noch einmal ausdrücklich klargestellt worden wäre.

2. Die Verantwortlichkeitsregelungen der E-Commerce-Richtlinie

Die in Art. 12 bis 14 RL niedergelegten Verantwortlichkeitsregeln befassen sich ausschließlich mit der Verantwortlichkeit solcher Diensteanbieter, die Informationen[13] Dritter übermitteln oder speichern und damit als Vermittler tätig werden. Den einzelnen Regelungen liegt der in Art. 15 RL explizit aufgeführte Grundsatz zugrunde, daß die Anbieter nicht dazu verpflichtet werden dürfen, Informationen Dritter zu überprüfen oder aktiv zu überwachen. Dementsprechend ist kein Anbieter unbeschränkt für die vermittelten Inhalte verantwortlich. Eine Verantwortlichkeit kommt nur in Ausnahmefällen in Betracht, dann nämlich, wenn die in den einzelnen Vorschriften aufgeführten Voraussetzungen nicht erfüllt sind. Die Verantwortlichkeit richtet sich in diesem Fall nach den jeweils einschlägigen innerstaatlichen Rechtsvorschriften[14]. Wegen der Konzeption der Verantwortlichkeitsregelungen als horizontale, rechtsgebietsübergreifende Regelungen[15] wird in jedem Mitgliedstaat zu untersuchen sein, wie diese Regelungen in die zivilrechtlichen Haftungstatbestände zu integrieren sind.

a. Verantwortlichkeit beim Hosting

Nach Art. 14 RL ist derjenige Diensteanbieter, der im Auftrag eines Nutzers Informationen speichert, die von diesem geliefert werden (Host-Provider), bei Erfüllung der in Art. 14 Abs. 1 RL aufgeführten Voraussetzungen nicht für den Inhalt dieser Informationen verantwortlich.

---

[13] Der Begriff „Informationen“ ist für die Frage der Verantwortlichkeit der Diensteanbieter weit zu verstehen. Vgl. KOM (1998), 586 endg., S. 30.
[14] Vgl. die Begründung zum Richtlinie, KOM (1998) 586, S. 30.
[15] Ebenda, S. 30.

aa. Kenntnis bzw. Kennenmüssen der Rechtswidrigkeit

Für die Freistellung von der Verantwortlichkeit darf der Host-Provider gemäß Art. 14 lit. a RL keine Kenntnis davon haben, daß die Tätigkeit des Nutzers rechtswidrig ist. Der Begriff der Kenntnis meint hier die tatsächliche, also die positive Kenntnis[16], so daß dem Host-Provider für eine Verantwortlichkeit positiv bekannt sein muß, daß die gespeicherte Information in die Rechte Dritter eingreift und die Tätigkeit des Nutzers aus diesem Grund rechtswidrig ist[17]. Die Anforderungen an das Merkmal der Kenntnis sind jedoch weniger hoch, wenn es um Ansprüche auf Schadensersatz, d. h. um deliktsrechtliche Ansprüche geht. In diesem Fall haftet der Host-Provider schon dann, wenn ihm Tatsachen oder Umstände bekannt sind, aus denen die Rechtswidrigkeit der Information offensichtlich wird. An keiner Stelle der Richtlinie wird näher erläutert, welche Tatsachen oder Umstände als Rechtswidrigkeitsindikatoren in Betracht kommen. Es ist aber davon auszugehen, daß die Rechtswidrigkeit einer Information offensichtlich ist, wenn eine positiv bekannte Information grobe Gesetzesverstöße aufweist oder der Provider von Nutzern oder Selbstkontrollorganisationen auf verdächtige Informationen hingewiesen wurde. Denkbar ist auch, daß die Rechtswidrigkeit offensichtlich ist, wenn es um Informationen von Personen geht, die in der Vergangenheit häufig durch die Eingabe rechtswidriger Informationen aufgefallen sind. Um eine einheitliche Lösung in allen Mitgliedstaaten zu erreichen, wäre es vorteilhaft gewesen, wenn konkretere Angaben zu den Tatsachen bzw. Umständen gemacht worden wären, aus denen eine Rechtswidrigkeit offensichtlich werden soll.

bb. Unverzügliches Tätigwerden zur Entfernung der Information oder Zugangssperrung

Kennt oder erfährt der Host-Provider die Rechtswidrigkeit der Inhalte, folgt daraus nicht unmittelbar seine Verantwortlichkeit für die gespeicherten Informationen. Vielmehr besagt Art. 14 lit. b RL, daß ein Host-Provider auch dann von der Verantwortlichkeit freigestellt ist, wenn er, nachdem er tatsächliche Kenntnis von der unerlaubten Tätigkeit erlangt oder Umstände erfahren hat, die auf diese hinweisen, unverzüglich tätig wird, um die Information zu entfernen oder den Zugang zu ihr zu sperren. Die Richtlinie folgt in diesem Punkt dem zuerst vom US-amerikanischen Gesetzgeber im Digital Millenium Copyright Act 1998 vorgesehenen Prinzip des „notice and take down procedures“[18], das sich als effektivstes Mittel zur Verhinderung der Verbreitung rechtswidriger Inhalte herauskristallisiert hat[19]. Welche Anforderungen erfüllt sein müssen, damit ein Tätigwerden „unverzüglich“ ist, wird in Art. 14 lit. b RL nicht näher

---

[16] So die Begründung zum Richtlinie, KOM (1998) 586, S. 32.

[17] *Brisch*, CR 1999, 235/242.

[18] Die europäische Kommission hat sich für die Verantwortlichkeitsregelungen an den Haftungsregelungen des Digital Millennium Copyright Act 1998 orientiert. Vgl. Waldenberger, EuZW 1999, 296/301.

[19] *Sieber*, ZUM 1999, 196/198.

erläutert. Es ist aber anzunehmen, daß der Diensteanbieter in den nächsten Tagen nach Kenntniserlangung tätig werden muß, um in den Genuß einer Freistellung von der Verantwortlichkeit zu kommen. Grund für die weitere Einschränkung der Verantwortlichkeit ist die Intention, die Schaffung und Durchführung von Selbstregulierungssystemen zu fördern[20]. Wäre eine Verantwortlichkeit der Diensteanbieter bereits bei Nichterfüllung der in Art. 14 Abs. 1 RL aufgeführten Voraussetzungen gegeben, würden zum einen die einzelnen Diensteanbieter selbst wohl darauf verzichten, die gespeicherten Informationen im Hinblick auf eine mögliche Rechtswidrigkeit näher zu begutachten. Zum anderen würde auch die gegenseitige Unterrichtung der Diensteanbieter über rechtswidrige Informationen gehemmt, käme eine Benachrichtigung doch einer Denunzierung gleich. Der Selbstkontrolle, die ein wichtiges Instrument zur Bekämpfung der Verbreitung rechtswidriger Informationen im Internet darstellt, wäre damit der Boden genommen.

cc. Keine Haftungsbefreiung für Inhalte der dem Host-Provider unterstehenden Personen

Selbst bei Erfüllung der in Art. 14 Abs. 1 RL genannten Voraussetzungen wird eine Freistellung von der Verantwortlichkeit nicht gewährt, wenn der Nutzer, der die gespeicherte Information geliefert hat, dem Host-Provider untersteht oder von diesem beaufsichtigt wird. Die Vorschrift, die eine Verantwortlichkeit insbesondere für unternehmensinterne Vorgänge bei den Host-Providern beläßt, erweckt den Eindruck, als solle mit ihr eine Art der „Selbstregulierung in kleinem Raum" gefördert werden. Nicht zu übersehen ist, daß mit dieser Art der Selbstregulierung auch die Gefahr begründet wird, daß Host-Provider die zu speichernden Inhalte ihrer Mitarbeiter, Angestellten oder in einem anderen Abhängigkeitsverhältnis zu ihnen stehenden Personen aus Angst vor einer Haftung zensieren oder gänzlich von deren Speicherung absehen.

b. Verantwortlichkeit bei „reiner Durchleitung"

Art. 12 RL regelt die Verantwortlichkeit der Diensteanbieter, deren Tätigkeit darin besteht, die von einem Nutzer eingegebene Information in ein Kommunikationsnetz zu übermitteln oder den Zugang zu diesem Kommunikationsnetz zu vermitteln[21]. Die Geltung des Art. 12 RL erstreckt sich im Bereich des Internets auf die Netzbetreiber und die Access-Provider. Für die Frage der Verantwortlichkeit der Access-Provider für

---

[20] Vgl. die Begründung zum Richtlinie, KOM (1998) 586, S. 32 unter Verweis auf die Mitteilung der Kommission an das Europäische Parlament, den Rat, den Wirtschafts- und Sozialausschuß und den Ausschuß der Regionen (Aktionsplan zur Förderung der sicheren Nutzung des Internet, KOM (1997) 582 endg., Abl. L 270 vom 7. 10. 1998, S. 48) sowie die Empfehlung 98/560/EG des Rates vom 24. September 1998 zur Steigerung der Wettbewerbsfähigkeit des europäischen Industriezweiges der audiovisuellen Dienste und Informationsdienste durch die Förderung nationaler Rahmenbedingungen für die Verwirklichung eines vergleichbaren Niveaus in bezug auf den Jugendschutz und den Schutz der Menschenwürde.

[21] So die Begründung zum Richtlinie, KOM (1998) 586, S. 29.

zugänglich gemachte Inhalte wird nicht auf den Akt des Zugänglichmachens im Sinne des den Nutzern ermöglichten Abrufens eines Inhalts abgestellt, sondern auf die Durchleitung des abgerufenen Inhalts vom Adressaten zum Nutzer. Die Vorschrift bestimmt, daß die Verantwortlichkeit der eine Information „nur durchleitenden" Diensteanbieter bei dem kumulativen Vorliegen dreier Voraussetzungen ausgeschlossen ist. So darf der Diensteanbieter die Übermittlung weder veranlaßt noch den Adressaten der übermittelten Information ausgewählt haben. Für einen Ausschluß der Verantwortlichkeit ist drittens erforderlich, daß die übermittelten Informationen nicht vom Diensteanbieter ausgewählt oder verändert wurden. Diese Voraussetzungen machen deutlich, daß in den Genuß der von Art. 12 RL vorgesehenen Freistellung nur solche Diensteanbieter kommen sollen, die tatsächlich eine rein passive Rolle bei der Übermittlung von Informationen spielen. Werden sie nur in einer der dargestellten Weise tätig, veranlassen sie z. B. die Übermittlung eines Inhalts, ist ein Ausschluß ihrer Verantwortlichkeit nicht mehr mit dem Argument zu rechtfertigen, daß sie als bloße Vermittler der Information tätig werden.

3. Umsetzung der Verantwortlichkeitsregelungen

Mit Inkrafttreten der E-Commerce-Richtlinie sind die Mitgliedstaaten der Europäischen Union dazu verpflichtet, die Vorgaben der Richtlinie innerhalb von 18 Monaten in innerstaatliches Recht umzusetzen (Art. 22 RL) [22]. Der den Mitgliedstaaten bei der Umsetzung von Richtlinien typischerweise gegebene Gestaltungsspielraum ist im Hinblick auf die von der E-Commerce-Richtlinie zu regelnde Verantwortlichkeit der Diensteanbieter allerdings überaus gering[23]. Denn die in Art. 12-15 RL niedergelegten Verantwortlichkeitsregelungen sind so detailliert, daß eine Abweichung von diesen Vorgaben kaum möglich sein wird, ohne dem mit der Richtlinie zu erreichenden Ziel zuwiderzulaufen. Im folgenden gilt es zu untersuchen, ob und in wie weit die in Deutschland, Frankreich und England gefundenen Lösungen von der mit der E-Commerce-Richtlinie eingeführten Haftungsregeln abweichen.

III. Auswirkung der E-Commerce-Richtlinie auf die Deliktshaftung der Host- und Access-Provider in Deutschland

Mit den §§ 5 TDG, MDStV hat Deutschland bereits zu einem Zeitpunkt über Regelungen zur straf- und zivilrechtlichen Verantwortlichkeit für Host- und Access-Provider verfügt, als eine Behandlung dieser Frage auf EU-Ebene noch fernlag. Die in der E-Commerce-Richtlinie enthaltenen Verantwortlichkeitsregelungen zeigen, daß sich die

---

[22] Gemäß Art. 249 Abs. 3 EGV (Art. 189 Abs. 3 EGV) sind Richtlinien hinsichtlich des zu erreichenden Ziels verbindlich, die Wahl der Form und Mittel wird allerdings den innerstaatlichen Stellen überlassen.

[23] Eine derartige Einschränkung des Umsetzungsspielraums findet sich häufig bei der Rechtsangleichung in technischen Bereichen, vgl. dazu *Oppermann*, Europarecht, 2. Auflg. 1999, Rn. 551.

Europäische Kommission bei der Formulierung dieser Regelungen offensichtlich auch an den deutschen Regelungen orientiert hat.

1. Schaffung einer bundesgesetzlichen Verantwortlichkeitsregelung für Medien- und Telediensteanbieter

Die Richtlinie bezieht sich allgemein auf die Dienste der Informationsgesellschaft, wobei das Merkmal „auf individuellen Abruf“ allein der Abgrenzung zum Rundfunk dient. Nicht angestrebt wird eine allgemeine Differenzierung zwischen Diensten der Individual- und der Massenkommunikation. Damit erfaßt die Richtlinie sowohl die nach § 2 TDG als Teledienste als auch die nach § 2 MDStV als Mediendienste zu qualifizierenden Dienste. Ob hieraus für das deutsche Recht die Konsequenz gezogen wird, die ohnehin mißglückte Abgrenzung zwischen Medien- und Telediensten aufzugeben und das Nebeneinander des TDG und MDStV der Übersichtlichkeit und Rechtssicherheit wegen zu beenden, ist angesichts des in diesem Fall wieder aufzurollenden kompetenzrechtlichen Streits überaus fragwürdig[24]. Auszugehen ist vielmehr davon, daß die bestehenden Gesetze den Vorgaben der Richtlinie angepaßt werden. Um seiner Umsetzungsverpflichtung im Hinblick auf die Verantwortlichkeitsregelungen der Art. 12-15 RL gerecht zu werden, muß der Bundesgesetzgeber die Regelung des § 5 Abs. 2 TDG diesen Vorgaben anpassen. Wegen der festgestellten Schwierigkeit, mit der landesrechtlichen Regelung des § 5 Abs. 2 MDStV eine Modifizierung der Deliktshaftung zu bewirken, diese nach den Vorgaben der Richtlinie jedoch auch für Mediendiensteanbieter gelten soll, ist der Gesetzgeber insbesondere gehalten, den Geltungsbereich der neu formulierten Regelung auch auf die Anbieter von Mediendiensten auszudehnen[25]. Spätestens mit Umsetzung der E-Commerce-Richtlinie wird die im Hinblick auf die Verantwortlichkeit der Mediendiensteanbieter bestehende Rechtsunsicherheit also beseitigt werden.

2. Modifizierung des § 5 TDG und Auswirkung auf die deliktische Haftung der Host- und Access-Provider

Die Verantwortlichkeitsregelungen der Art. 12-15 RL entsprechen in ihrem Ansatz der Regelung des § 5 Abs. 2 TDG, die in analoger Anwendung auch für Mediendienste gilt, sowie § 5 Abs. 3 TDG. Wie diese sind die Regelungen der Richtlinie als rechtsgebietsübergreifende Regelungen darauf ausgerichtet, bei Erfüllung der genannten Voraussetzungen sowohl eine strafrechtliche Verantwortlichkeit als auch eine deliktische Haftung der Host- und Access-Provider für die rechtswidrigen Inhalte Dritter auszu-

---

[24] *Hoeren*, MMR 1999, 192/199, geht davon aus, daß sich wegen der E-Commerce-Richtlinie die Unterscheidung zwischen Tele- und Mediendiensten erübrigen wird und schätzt die Zukunft des MDStV aus diesem Grund als ungewiß ein.

[25] Vgl. zu der kompetenzrechtlichen Problematik bei § 5 Abs. 2 MDStV und der analogen Anwendung des § 5 Abs. 2 TDG auf Mediendiensteanbieter oben, Teil 1, V. 2. a. bb. (2).

schließen. Die für die Deliktshaftung der Host- und Access-Provider relevanten Differenzen werden im folgenden erörtert.

a. Auswirkung des Art. 14 RL auf die Haftung der Host-Provider

Gewährt § 5 Abs. 2 TDG demjenigen Diensteanbieter eine Haftungsprivilegierung, der fremde Inhalte zur Nutzung bereithält, ist Art. 14 RL bezüglich der von ihm begünstigten Personen präziser. So erfaßt diese Vorschrift nur die Diensteanbieter, die im Auftrag des Nutzers die Informationen speichern, die von diesem eingegeben wurden. Im Gegensatz zu der deutschen Regelung wird für die Einordnung als Host-Provider nicht auf die Fremdheit der gespeicherten Inhalte abgestellt, sondern darauf, daß bei der Inhaltsverbreitung eine passive, rein technische Funktion ausgeübt wird. Eine Abgrenzung zum Content-Provider, die bei Zugrundelegung des § 5 Abs. 2 TDG im deutschen Recht m. E. zwar nicht zu einem anderen Ergebnis führt[26], wegen der zu unterscheidenden Begriffe „eigene, zueigengemachte und fremde Inhalte" aber besondere Schwierigkeiten bereitet, wird damit überflüssig. Für einen Ausschluß der Haftung dürfen den Host-Providern nach Art. 14 RL keine Umstände oder Tatsachen bekannt sein, aus denen die Rechtswidrigkeit eines gespeicherten Inhalts offensichtlich wird. Haben sie erfahren oder ist ihnen bewußt geworden, daß ein Inhalt rechtswidrig ist, müssen sie des weiteren unverzüglich tätig werden, um diesen Inhalt von ihrem Server zu entfernen oder den Zugang zu diesem Inhalt zu sperren. Nach § 5 Abs. 2 TDG ist eine deliktische Haftung der Host-Provider für rechtswidrige Inhalte Dritter ausgeschlossen, wenn sie den gerügten Inhalt nicht positiv kannten oder im Fall seiner Kenntnis Kontrollmaßnahmen und Maßnahmen zur Nutzungsverhinderung durchgeführt haben. Ihre Haftung kommt nach Maßgabe des § 5 Abs. 2 TDG ferner dann nicht in Betracht, wenn die Nutzungsverhinderung technisch nicht möglich oder ihnen nicht zumutbar war.

aa. Keine aktive Kontrolle der bekannten Inhalte

Im deutschen Recht sind die Host-Provider, die mit ihrer Tätigkeit grundsätzlich die Gefahr der Verbreitung rechtswidriger Inhalte begründen, dazu verpflichtet, ihren Server auf verdächtige Inhalte zu kontrollieren. Durch die in § 5 Abs. 2 TDG aufgestellte Haftungsvoraussetzung der positiven Kenntnis wird diese Pflicht auf die dem Provider bekannten Inhalte beschränkt[27]. Art. 14 Abs. 1 RL – in Verbindung mit Art. 15 RL – schließt dagegen auch das Bestehen auch einer auf die bekannten Inhalte bezogenen aktiven Kontrollpflicht aus. Die für die Frage der Sperrung oder Entfernung eines rechtswidrigen Inhalts erforderliche nähere Untersuchung ist nur dann erforderlich, wenn Umstände oder Tatsachen bekannt sind, aus denen die Rechtswidrigkeit dieses

---

[26] Zu dieser Abgrenzung im deutschen Recht vgl. Teil 1, II. 2. b. aa.

[27] Zu den durch § 5 Abs. 2 TDG ausgestalteten Verkehrspflichten der Host-Provider vgl. Teil 1, V. 2. b. cc. (3).

Inhalts offensichtlich wird. Wie oben bereits angemerkt, läßt die Richtlinie offen, welche Tatsachen und Umstände als Rechtswidrigkeitsindikatoren heranzuziehen sind. Ohne Zweifel zählt jedoch auch die positive Kenntnis eines grob rechtswidrigen Inhalts dazu, so daß in dieser Hinsicht eine Vergleichbarkeit mit der geltenden Rechtslage in Deutschland gegeben ist. Die Rechtswidrigkeit eines Inhalts kann weiterhin dann offensichtlich sein, wenn der Host-Provider auf die Rechtswidrigkeit eines Inhalts hingewiesen wurde. Stets zu berücksichtigen ist jedoch der Grundsatz des Art. 15 RL, daß kein Provider dazu verpflichtet werden darf, die gespeicherten Informationen zu überwachen oder aktiv nach Umständen Ausschau zu halten, aus denen sich die Rechtswidrigkeit eines Inhalts ergeben kann. Anders als im deutschen Recht ist der Host-Provider somit auch hinsichtlich der ihm bekannten Inhalte von aktiven Kontrollmaßnahmen befreit, die zu der Auffindung rechtswidriger Inhalte führen könnten.

bb. Unverzügliche Entfernung oder Sperrung rechtswidriger Inhalte

Sind Umstände bekannt, aus denen die Rechtswidrigkeit einer Information ersichtlich wird, folgt hieraus nicht unmittelbar eine Haftung. Eine Haftung kommt nach Art. 14 Abs. 1 RL nur dann in Betracht, wenn der Host-Provider nicht unverzüglich tätig geworden ist, um die Information zu entfernen oder den Zugang zu ihr zu versperren. Diese Voraussetzung, mit der vor allem die Schaffung von Selbstregulierungssystemen gefördert werden soll, findet sich in einer weniger konkreten Form bereits in § 5 Abs. 2 TDG. Hier wird für die Haftung des Host-Providers darauf abgestellt, daß eine Nutzungshinderung technisch möglich und zumutbar ist. Damit wird impliziert, daß bei Feststellung der Rechtswidrigkeit nutzungsverhindernde Maßnahmen durchzuführen sind. Der deutsche Gesetzgeber hat bei Einführung dieser Regelung auf den zeitlichen Hinweis der „Unverzüglichkeit“ verzichtet. Dies bedeutet nicht, daß die Host-Provider nach der geltenden Rechtslage die für eine Verantwortlichkeitsfreistellung erforderliche Sperrung erst Wochen nach der Kenntniserlangung durchführen können. Vielmehr ist auch hier ein zügiges Tätigwerden geboten[28].

Die Regelung des Art. 14 Abs. 1 lit. b RL weicht jedoch insofern von § 5 Abs. 2 TDG ab, als für eine Haftung weder die technische Möglichkeit noch die Zumutbarkeit der nutzungshindernden Maßnahmen verlangt werden. Der Verzicht auf die Voraussetzung der technischen Möglichkeit ist zu begrüßen, spielt dieser Aspekt doch wegen der geringen Probleme, die bei der Entfernung eines als rechtswidrig identifizierten Inhalts auftreten, auch im Rahmen des § 5 Abs. 2 TDG eine untergeordnete, wenn nicht gar überflüssige Rolle. Das Absehen von einer Zumutbarkeitsklausel, welche im deutschen Recht unter Umständen dazu führt, daß ein als rechtswidrig identifizierter Inhalt nicht zu entfernen bzw. zu sperren ist, zeigt, daß bereits das in Art. 14 RL niedergelegte Lösungskonzept – Haftung nur für nicht entfernte, offensichtlich rechtswidrige Inhalte – als Interessenausgleich angesehen wird[29]. Dieser Interessenausgleich soll

[28] Siehe hierzu Teil 1, V. 1. b. aa..
[29] Single Market News, No 18, Oktober 1999, S. 23.

im Einzelfall offensichtlich nicht noch weiter zugunsten der Host-Provider entschieden werden können. Im Interesse einer effektiven Verhinderung rechtswidriger Inhalte im Internet sind bei der Auffindung eines rechtswidrigen Inhalts somit unbedingt Maßnahmen zu deren Sperrung oder Entfernung zu ergreifen. In Anbetracht der Tatsache, daß mit Art. 14 Abs. 1 RL der Pflichtenkreis der Host-Provider gegenüber dem deutschen Recht noch weiter eingeschränkt wird, diese danach keine Kontrollen der ihnen positiv bekannten Inhalte durchführen müssen, erscheint der Wegfall der diese weiterhin privilegierenden Zumutbarkeitsklausel als angemessen.

cc. Einschränkung der Privilegierung

Folgenreich für das deutsche Recht ist die mit Art. 14 Abs. 2 RL bewirkte Einschränkung der Haftungsprivilegierung. So differenziert § 5 Abs. 2 TDG für die mit ihm erreichte Haftungsbeschränkung nicht danach, in welchem Verhältnis die Host-Provider zu den Verfassern der rechtswidrigen Inhalte stehen. Die Richtlinie bestimmt in Art. 14 Abs. 2 hingegen, daß die Haftungsprivilegierung des Art. 14 Abs. 1 RL nicht für solche Inhalte gilt, die von Personen stammen, die den Host-Providern unterstehen oder von diesen beaufsichtigt werden. In der Praxis bedeutet diese Regelung, daß Host-Provider zur Vermeidung einer Haftung gehalten sind, die Inhalte ihrer Mitarbeiter und Angestellten ständigen Kontrollen zu unterziehen. Anders als nach dem Konzept des § 5 Abs. 2 TDG wird ihre Kontrollpflicht in diesen Fällen nicht auf die positiv bekannten Inhalte beschränkt. Die für das deutsche Recht mit Art. 14 Abs. 2 RL anstehende Änderung ist einerseits gutzuheißen, da auf diesem Weg zumindest ein kleiner Teil der über die Host-Provider verbreiteten Inhalte auf seine Rechtmäßigkeit hin kontrolliert werden wird. Wie bei der Erläuterung dieser Regelung bereits angedeutet, steht andererseits jedoch zu befürchten, daß Host-Provider zur Vermeidung einer Haftung entweder scharfe Kontrollen durchführen oder aber davon absehen werden, ihren Mitarbeitern etc. Speicherplatz zur Verfügung zu stellen. Es ist nicht zu verkennen, daß mit der Durchführung umfassender Kontrollen je nach Größe des jeweiligen Host-Providers und der Anzahl der für ihn tätigen Personen ein hoher Arbeitsaufwand verknüpft sein kann, den zu erbringen nicht jeder Host-Provider bereit sein wird.

dd. Zusammenfassung und Ergebnis

Die Ausführungen zeigen, daß die deliktische Haftung der Host-Provider im deutschen Recht mit der E-Commerce-Richtlinie nur geringfügige Änderungen erfährt. So wird die Verkehrspflicht der Host-Provider, die durch § 5 Abs. 2 TDG zu einer sich auf die bekannten Inhalte erstreckenden Kontroll- und Nutzungsverhinderungspflicht ausgestaltet wurde, durch Art. 14 RL auf eine sich auf offensichtlich rechtswidrige Inhalte beziehende Sperrungsverpflichtung beschränkt. Damit wird für die Identifizierung rechtswidriger Inhalte von der im deutschen Recht bestehenden, auf bekannte Inhalte bezogenen Kontrollpflicht der Host-Provider abgerückt und mehr auf das Tätigwerden von Dritten, insbesondere auf das Tätigwerden von Selbstkontrollorganisationen, gesetzt. Obwohl im Hinblick auf die Frage, inwiefern die Host-Provider an der Auffindung rechtswidriger Inhalte beteiligt werden sollten, mit § 5 Abs. 2 TDG und Art. 14 RL folglich unterschiedliche Lösungsansätze gefunden wurden, wird mit beiden Regelungen das Prinzip der „notice and take down procedures" gestützt, das als besonders effektive Methode zur Bekämpfung rechtswidriger Inhalte im Internet gilt. Anders als im deutschen Recht, in dem eine Haftung wegen der Kriterien der „technischen Möglichkeit und Zumutbarkeit einer Nutzungsverhinderung" auch bei Vorliegen eines als rechtswidrig identifizierten Inhalts ausgeschlossen sein kann, wird den Host-Providern nach dem Konzept des Art. 14 RL allerdings keine weitere Entlastungsmöglichkeit eingeräumt. Eine weitere Abweichung zeigt sich im Hinblick auf die Haftung der Host-Provider für Inhalte, die aus seiner Tätigkeitssphäre stammen. Gilt im deutschen Recht auch hier die haftungsbeschränkende Vorschrift des § 5 Abs. 2 TDG, folgt aus Art. 14 RL in diesem Fall eine unbeschränkte Anwendung der allgemeinen deliktsrechtlichen Regeln.

b. Auswirkung des Art. 12 RL auf die Haftung der Access-Provider

Nach § 5 Abs. 3 TDG ist eine Verantwortlichkeit und Haftung der Access-Provider für lediglich zugänglich gemachte fremde Inhalte ausgeschlossen. Art. 12 Abs. 1 RL verlangt für eine Freistellung von der Verantwortlichkeit hingegen ausdrücklich, daß die Access-Provider als passive Übermittler der Inhalte Dritter tätig geworden sind. Sobald sie die Übermittlung veranlaßt, den Adressaten der Information ausgewählt oder die übermittelten Informationen ausgewählt oder verändert haben, kommt eine Haftung für diese Inhalte in Betracht. Auffällig an Art. 12 Abs. 1 RL ist, daß die Tätigkeit der Access-Provider aus einem anderen Blickwinkel gesehen wird als bei § 5 Abs. 3 TDG. Zielt die deutsche Regelung mit ihrer Formulierung „Zugang zur Nutzung vermitteln" auf die dem Nutzer ermöglichte Zugreifbarkeit auf die im Internet verfügbaren Inhalte ab, steht im Mittelpunkt von Art. 12 Abs. 1 RL die über die Access-Provider bewirkte Durchleitung von Inhalten der Content-Provider zu den Nutzern. Beide Vorschriften betreffen jedoch denselben Sachverhalt: die über die technische Infrastruktur der Access-Provider erfolgende Übermittlung von Inhalten. Auf der ersten Blick ist mit Art. 12 Abs. 1 RL, der eine Verantwortlichkeit der Access-Provider für die so übermittelten Informationen nur bei Erfüllung der genannten Voraussetzungen ausschließt, eine strengere Regelung gegeben. Eine nähere Untersuchung dieser Voraussetzungen zeigt jedoch, daß diese bei der von § 5 Abs. 3 TDG erfaßten reinen Zugangsvermittlung, bei der die Access-Provider keine Einwirkungsmöglichkeit auf die zugänglich gemachten Inhalte haben, regelmäßig erfüllt sind. Mit der Formulierung „lediglich den Zugang zur Nutzung vermitteln" schließt zudem auch § 5 Abs. 3 TDG solche Access-Provider aus seinem Anwendungsbereich aus, die auf die übermittelten Inhalte eingewirkt haben[30].

[30] Vgl. dazu Teil 1, VI. 1.

Die Rechtslage in Deutschland – Haftungsausschluß für zugänglich gemachte Inhalte – wird durch Art. 12 Abs. 1 RL folglich nicht verändert. Vielmehr präzisiert die Richtlinie die unscharfe Formulierung der deutschen Regelung und zeigt auf, in welchen Fällen Access-Provider nicht mehr als reine Zugangsvermittler bzw. Übermittler von Inhalten von der Verantwortlichkeit bzw. Haftung freizustellen sind[31]. Der Auffassung, die deutsche Regelung sei prägnanter und kürzer und solle aus diesem Grund als Vorbild im europäischen Gesetzgebungsverfahren berücksichtigt werden[32], ist aus diesem Grund nicht zuzustimmen. Denn die in Art. 12 Abs. 1 RL ausdrücklich aufgeführten Einschränkungen der Privilegierung bewirken für das deutsche Recht eine Klarstellung, die wegen der damit bewirkten Rechtssicherheit zu begrüßen ist.

Als Ergebnis ist festzuhalten, daß Art. 12 RL für die Deliktshaftung der Access-Provider im deutschen Recht keine Modifizierung bewirkt. Access-Provider, die als reine Zugangsvermittler tätig werden, haften auch nach dem Konzept des Art. 12 RL nicht für die über ihre Infrastruktur für die Nutzer zugänglich gemachten Inhalte.

3. Modifizierung der Haftung nur für gewerbliche Provider?

Wie eingangs dargelegt, bezieht sich die Richtlinie nur auf solche Host- und Access-Provider, die mit ihrer Tätigkeit kommerzielle Zwecke verfolgen. Aus diesem Grund gelten auch die Verantwortlichkeitsregelungen der Richtlinie nur für gewerbliche Provider. Würde sich jedoch die deliktische Haftung der nicht gewerblichen Provider, z. B. der Universitäten und gemeinnützigen Vereine, bei Inkrafttreten der E-Commerce-Richtlinie wegen dieser Einschränkung im deutschen Recht weiterhin nach § 5 TDG richten, während für die Haftung der gewerblichen Provider eine den Vorgaben der E-Commerce-Richtlinie folgende, von den § 5 TDG abweichende Regelung heranzuziehen wäre, würde das in Deutschland mit dem TDG und MDStV ohnehin bestehende „Regelungschaos"[33] noch weiter verstärkt werden. Es wäre aus diesem Grund wünschenswert, wenn der deutsche Gesetzgeber bei Umsetzung der E-Commerce-Richtline über den Regelungsbereich der Richtlinie hinausginge und Verantwortlichkeitsregelungen schüfe, die gleichsam für gewerbliche und nichtgewerbliche Host- und Access-Provider gelten.

4. Schlußfolgerung

Die Ausführungen zeigen, daß die E-Commerce-Richtlinie für die deliktische Haftung der Host- und Access-Provider im deutschen Recht keine einschneidenden Änderungen bewirken wird. Obwohl die Verantwortlichkeitsregelungen der Richtlinie von ihrem Wortlaut von den Regelungen des § 5 Abs. 2 und Abs. 3 TDG differieren und zumindest bei der Deliktshaftung der Host-Provider zu geringfügig anderen Resultaten

[31] *Maennel*, MMR 1999, 187/191.
[32] So *Waldenberger*, EuZW 1999, 296/301.
[33] *Hoeren*, MMR 1999, 192/194.

führen, ist keine grundlegende Abweichung von dem für das deutsche Recht gefundenen Interessenausgleich zu erkennen. Insgesamt ist die sich mit Inkrafttreten der E-Commerce-Richtlinie abzeichnende Vereinheitlichung der Haftungsfrage auf EU-Ebene für die rechtliche Entwicklung in Deutschland positiv zu bewerten. So wird der vom deutschen Gesetzgeber gefundene Lösungsansatz – Haftungsbeschränkung für Host-Provider und Haftungsausschluß für Access-Provider –, der grundsätzlich für alle an dem Informationsverkehr im Internet Beteiligten zu befriedigenden Resultaten führt, bestätigt. Zu begrüßen ist vor allem, daß mit Umsetzung der geplanten Richtlinie auch einige Schwächen des TDG und MDStV beseitigt werden müssen, die sich nach über zwei Jahren „Bewährungsprobe" bei der Frage der Haftung von Host- und Access-Providern herauskristallisiert haben. Dies gilt zum einen bezüglich der Rechtsunsicherheit, die wegen der kompetenzrechtlichen Problematik bei § 5 Abs. 2 MDStV im Hinblick auf die Haftung der Host-Provider besteht, die Inhalte aus dem Bereich der Mediendienste gespeichert halten. Mit Umsetzung der E-Commerce-Richtlinie wird der deutsche Bundesgesetzgeber gezwungen sein, den Anwendungsbereich des § 5 Abs. 2 TDG auf diese Host-Provider auszuweiten. Zum anderen zeigt die Richtlinie in Art. 14 auf, wie die im deutschen Recht bestehende Abgrenzungsproblematik zwischen Host- und Content-Providern zu bewältigen ist. Erfreulich ist weiterhin, daß die Richtlinie nicht dem in Deutschland gegangenen, für den Bereich des Internets unpraktikablen Weg einer Differenzierung zwischen Diensten der Massen- und Individualkommunikation folgt. Möglicherweise nehmen Bund und Länder das Inkrafttreten der E-Commerce-Richtlinie zum Anlaß, das wegen der Abgrenzungsprobleme zwischen Medien- und Telediensten mißglückte Konzept nochmals zu überdenken und sich auf eine für das Internet geeignetere Kompromißlösung zu einigen.

IV. Auswirkungen der E-Commerce-Richtlinie auf die Deliktshaftung der Host- und Access-Provider in Frankreich und England

1. Frankreich

Unter dem Eindruck der auf den Erlaß der E-Commerce-Richtlinie zielenden gesetzgeberischen Tätigkeiten auf EU-Ebene[34] hat der französische Gesetzgeber Ende Juni 2000 ein Gesetz (*Loi sur la communication audiovisuelle modifiant la loi du 30 septembre 1986*[35]) erlassen, welches in seinen Artikeln 43-7 bis 43-10 teilweise auch die zivilrechtliche Haftung der Internet-Service-Provider regelt[36].

Zwar werden mit diesem Gesetz noch nicht die Haftungsregeln der E-Commerce-Richtlinie umgesetzt – eine Umsetzung dieser Richtlinie ist erst für En-

[34] Vgl. dazu sogleich Teil 3.

[35] Der Gesetzestext ist abrufbar unter: http://www.legalis.net/jnet (Stand: Oktober 2000).

[36] Das Gesetz wurde erst Ende Juni 2000 erlassen. Es konnte daher keine Berücksichtigung mehr bei der zuvor – in Teil 2– durchgeführten Rechtsvergleichung finden.

de 2000 vorgesehen –, insbesondere die für Host-Provider vorgesehene Regelung zeigt aber bereits deutliche Annäherungen zu Art. 14 der E-Commerce-Richtlinie. So enthält Art. 43-8 der *Loi sur la communication audiovisuelle modifiant la loi du 30 septembre 1986* – ähnlich auch wie Art. 5 Abs. 2 TDG im deutschen Recht – eine Beschränkung für die zivilrechtliche und damit auch für die deliktische Haftung der Host-Provider: Eine Haftung für die auf ihren Servern gespeicherten Inhalte kommt nur dann in Betracht, wenn die Host-Provider, a) nachdem sie von einer „autorité judicaire“ - z.B. von einem Staatsanwalt - auf einen rechtswidrigen Inhalt hingewiesen wurden, nicht unverzüglich Maßnahmen zur Zugriffsverhinderung ergriffen haben oder b) nachdem sie von einem Dritten darauf hingewiesen wurden, daß ein gespeicherter Inhalt rechtswidrig sein oder ihn in seinen Rechten verletzen könnte, keine „angemessenen“ Schritte (diligences appropriées) eingeleitet haben[37]. Bereits einen Monat nach Erlaß dieser Vorschrift erklärte der Verfassungsrat Teil b) für verfassungswidrig[38]. Begründet wurde diese Entscheidung damit, daß diese Regelung aufgrund ihrer Unbestimmtheit gegen den in Art. 34 der Verfassung niedergelegten Bestimmtheitsgrundsatz verstoßen würde. Aus ihrem Wortlaut gehe nämlich nicht hervor, durch welches Verhalten sich ein Host-Provider strafbar machen würde.

Trotz dieser verfassungsrechtlichen Korrektur zeigt Art. 43-8 des neuen Gesetzes, daß sich der französische Gesetzgeber bei der gesetzlichen Lösung der Haftungsproblematik über die zum Teil strenge Rechtsprechung französischer Gerichte zur Haftung der Host-Provider[39] hinweggesetzt und an den Vorgaben der E-Commerce-Richtlinie orientiert hat. In der *Loi sur la communication audiovisuelle modifiant la loi du 30 septembre 1986* findet sich indes keine Haftungsbeschränkung für die Access-Provider. In Art. 43-7 heißt es lediglich, daß Access-Provider ihre Kunden darüber informieren müssen, daß es technische Mittel gibt, mit denen der Zugang zu bestimmten Internet-Seiten verhindert werden kann. Weiterhin werden sie verpflichtet, den Kunden mindestens eines dieser Mittel (z.B. ein Softwareprogramm wie Cybernanny) zur Verfügung zu stellen. Aus dem Fehlen einer Haftungsbeschränkung ist jedoch nicht zu schließen, daß Access-Provider für zugänglich gemachte rechtswidrige Inhalte Dritter haften. Vielmehr ist davon auszugehen,

---

[37] Artikel 43-8: Les personnes physiques ou morales qui assurent, a titre gratuite ou onéreux, le stockage direct et permanent pour mise à la disposition du public de signaux, d'écrits, d'images, de sons ou de messages de toute nature accessibles par ces services ne sont pénalement ou civilement responsables du fait du contenu de ces services que : si ayant été saisies par une autorité judiciare, elles n'ont pas agi promptement pour empêcher l'accès à ce contenu, ou si, ayant été saisies par un tiers estimant que le contenu qu'elles héberges est illicite ou lui cause un préjudice, elle n'ont pas procédé aux diligences appropriées.

[38] Décision n° 2000-433 DC du 27 juillet 2000, abrufbar unter http://www.conseil-constitutionnel.fr/decision/2000/2000433dc.htm (Stand: Oktober: 2000).

[39] Vgl. nur die Entscheidung der Cour d'Appel de Paris in Hallyday ./. Lacambre Teil 2, 1. Abschnitt, III. 2. a. aa.

daß eine Haftung bei Erfüllung der vorgenannten Pflichten grundsätzlich ausgeschlossen ist, der Gesetzgeber lediglich auf eine klarstellende Klausel verzichtet hat.

2. England: Keine Gleichbehandlung mit traditionellen Verbreitern

Für die deliktische Haftung der Host- und Access-Provider wird im englischen Recht mit dem Defamation Act 1996 auf die für „distributor" geltenden Grundsätze zurückgegriffen. Die Richtlinie stellt klar, daß die Gleichbehandlung der Host- und Access-Provider mit traditionellen Verbreitern nach Inkrafttreten der E-Commerce-Richtlinie nicht beibehalten werden kann. Vielmehr müssen für Host- und Access-Provider haftungsrechtliche Sonderregelungen eingeführt werden. So sind zumindest die Voraussetzungen des im Bereich des Ehrschutzes geltenden Verteidigungsgrundes der „unschuldigen Verbreitung" den Vorgaben der Verantwortlichkeitsregelungen anzupassen. Die den Host-Providern gemäß Section 1 (1) (b) Defamation Act 1996 (DA) obliegende Sorgfaltspflicht darf wegen Art. 15 RL nicht dergestalt sein, daß Maßnahmen zur Überwachung der gespeicherten Inhalte zu ergreifen sind oder daß aktiv nach Umständen, die auf das Vorliegen ehrverletzender Inhalte hinweisen, Ausschau zu halten ist. Eine Haftung kommt nur dann in Betracht, wenn bei Kenntnis von Umständen, aus denen die Rechtswidrigkeit eines Inhalts offensichtlich wird, keine Maßnahmen zur Entfernung bzw. Sperrung dieses Inhalts durchgeführt werden. Für Access-Provider ist der Verteidigungsgrund der „unschuldigen Verbreitung" nach dem Konzept des Art. 12 RL schon gar nicht erforderlich. Werden diese nämlich als reine Zugangsvermittler tätig, ist ihre Verantwortlichkeit ausgeschlossen. Eine Qualifizierung ihrer Tätigkeit als haftungsbegründende „republication"[40] kann damit nicht in Betracht kommen. Es bleibt abzuwarten, ob der Defamation Act 1996 in einer der Vorgaben der E-Commerce-Richtlinie entsprechenden, modifizierten Form weiterhin auf diese Anbieter anwendbar bleibt oder ob sich die Haftung dieser Anbieter auch für den Bereich der Ehrverletzungen nach einer speziellen, horizontalen Haftungsregelung richten wird.

IV. Zusammenfassung und Würdigung

1. Zusammenfassung

Die E-Commerce-Richtlinie enthält in ihren Art. 12-15 Verantwortlichkeitsregelungen für gewerbliche Host- und Access-Provider. Wegen ihrer rechtsgebietsübergreifenden Natur wirken sich diese Regelungen auch auf die Deliktshaftung dieser Anbieter aus. Mit der Fokussierung auf die Verantwortlichkeit der Host- und Access-Provider wird dem Umstand Rechnung getragen, daß die besondere Funktion dieser Anbieter bei der Haftungsfrage internetspezifische Probleme aufwirft, für deren Lösung allein in Deutschland, Frankreich und England divergierende Ansätze entwickelt wurden. Die

---

[40] Siehe hierzu Teil 2, 2. Abschnitt, III. 1. b. cc. (3).

Richtlinie soll das sich in den Mitgliedstaaten der Europäischen Union abzeichnende, unterschiedliche Haftungsniveau durch eine Vereinheitlichung der Lösungsansätze angleichen. Dafür sehen die Verantwortlichkeitsregelungen ähnlich wie die deutsche Regelung des § 5 TDG ein abgestuftes Verantwortlichkeitssystem vor, das eine Haftung für fremde gespeicherte oder zugänglich gemachte Inhalte nur unter bestimmten Voraussetzungen zuläßt. Für Host-Provider soll gemäß der Regelung des Art. 14 RL das Prinzip der „notice and take down procedures" gelten, das als effektive Methode zur Bekämpfung rechtswidriger Inhalte im Internet gilt und zudem eine Einschränkung des Haftungsrisikos dieser Anbieter bewirkt. Access-Provider sollen in ihrer Funktion als reine Zugangsvermittler nach Art. 12 RL von einer Haftung befreit sein. Eine Haftung soll aber in Betracht kommen, wenn diese Anbieter nicht als passive Übermittler von Daten tätig werden, sondern aktiv in den über sie laufenden Übermittlungsvorgang eingreifen. Die Untersuchung der zu erwartenden Auswirkungen dieser Verantwortlichkeitsregelungen auf die deliktische Haftung der Host- und Access-Provider im deutschen, französischen und englischen Recht hat gezeigt, daß zumindest für das deutsche Recht keine einschneidenden Änderungen zu erwarten sind. Dies ist vor allem damit zu begründen, daß sich die europäische Kommission für diese Regelungen neben dem US-amerikanischen Digital Millennium Copyright Act 1998 zum Teil auch an den §§ 5 TDG, MDStV orientiert hat. Eine Übereinstimmung ist insbesondere im Hinblick auf den Ausgleich der bei einer Haftung dieser Anbieter betroffenen Interessen festzustellen. Während die für Host- und Access-Provider in Deutschland geltende Rechtslage im Wesentlichen fortbestehen wird, bewirkt das Inkrafttreten der E-Commerce-Richtlinie vor allem für England starke Modifizierungen. So wird nicht nur die in diesen Rechtsordnungen bestehende, auf dem Mangel an internetspezifischen Haftungsregeln beruhende Rechtsunsicherheit beseitigt werden. Auch die in diesen Rechtsordnungen zur Lösung der Haftungsproblematik angewendeten Lösungsansätze werden nicht zu halten sein.

2. Würdigung

Mit der E-Commerce-Richtlinie ist – vorerst für die Europäische Union – ein maßgeblicher Schritt zur Schaffung einer einheitlichen Lösung der Problematik einer Haftung der Host- und Access-Provider getan. Die Richtlinie trägt dem Umstand Rechnung, daß es wegen der grenzüberschreitenden Natur des Internets nicht ausreicht, innerstaatliche Regelungen zur Lösung der Haftungsfrage zu schaffen. Mit den Verantwortlichkeitsregelungen der Art. 12-15 RL hat jedoch nicht nur die Internationalität des Internets Berücksichtigung erfahren. Auch die technischen Besonderheiten dieses Mediums, die zu eingeschränkten Kontrollmöglichkeiten der Host- und Access-Provider führen, haben Beachtung gefunden. Mit den Art. 12-15 RL wurde ein Lösungsansatz gewählt, der sich auch an der deutschen Regelung des § 5 TDG orientiert. Die in der französischen Rechtsprechung festzustellende strenge Behandlung der Host-Provider und die vom englischen Gesetzgeber vorgesehene Gleichbehandlung der Host- und

Access-Provider mit dem „secondary publisher“ haben in der Richtlinie hingegen keine Berücksichtigung gefunden. Bis auf die Nichtaufgreifung der für das französische Recht festgestellten strengen Behandlung von Host-Providern, die anonyme Inhalte abspeichern, ist dies zu begrüßen. Denn die Gegenüberstellung der in diesen Rechtsordnungen zu verzeichnenden Lösungsansätze hat gezeigt, daß der im deutschen Recht gefundene, auf einem Interessenausgleich basierende Lösungsansatz die ausgewogensten Resultate erzielt.

Mit der Richtlinie wird der Erfordernis, eine einheitliche und allen Interessen gerecht werdende Lösung zu finden, in durchaus gelungener Form Rechnung getragen. Nicht zu übersehen ist aber, daß eine Harmonisierung, die allein auf EU-Ebene stattfindet, noch nicht ausreicht, um der globalen Dimension dieser Problematik gerecht zu werden. Denn die im Internet stattfindende elektronische Kommunikation beschränkt sich nicht auf die Mitgliedstaaten der Europäischen Union, sie berührt vielmehr jeden Staat, der aufgrund seines technologischen Entwicklungsstandes die Nutzung des Internet möglich macht.

4. Teil: Die deliktische Haftung der Internet-Service-Provider in den USA

1. Abschnitt: Darstellung der Rechtslage

I. Einleitung

Wegen der in den USA schon früh eingesetzten Verbreitung von Computernetzwerken ist die Problematik der deliktischen Haftung von Internet-Service-Providern bereits seit längerem Gegenstand der dort geführten juristischen Diskussion. Viele der typischen Problembereiche haben bereits vor einigen Jahren Eingang in die Rechtsprechung gefunden. Mit § 230 (c) des 1996 in das Telekommunikationsgesetz eingefügten Communications Decency Act (CDA) verfügen die USA zudem über eine Regelung der zivilrechtlichen Providerhaftung, die den praktischen Erfahrungen im Umgang mit der Haftung der Internet-Service-Provider Rechnung trägt. Von besonderer Wichtigkeit für die Behandlung der Rechtsprobleme des Internets im amerikanischen Recht ist die durch das First Amendment der US-amerikanischen Verfassung gewährte Redefreiheit[1], deren Schutzbereich sich auch auf die elektronische Kommunikation und Informationsverbreitung im Internet erstreckt[2]. Eindrucksvoll demonstriert wurde die Bedeutung dieser verfassungsrechtlichen Garantie für das Internet in der Entscheidung des U. S. Supreme Court in *Aclu v. Reno*[3], in der es um die Verfassungsmäßigkeit der Vorschriften des CDA ging, die das Verbreiten unanständiger und obszöner Materialien im Internet verboten. Der Supreme Court bezeichnete das Internet als „new market place of ideas", dem wegen der verfassungsrechtlich geschützten Redefreiheit keine inhaltsorientierte Beschränkung auferlegt werden könnte, und erklärte diese Vorschriften für verfassungswidrig[4]. Vor dem Hintergrund dieser die Entwicklung des Internets prägenden Entscheidung wird der Redefreiheit auch im Hinblick auf die Haftungsfrage der Internet-Service-Provider eine große Bedeutung beigemessen.

II. Besonderheiten des amerikanischen Deliktsrechts

Das Deliktsrecht der USA ist ein „law of torts", das sich aus verschiedenen, voneinander unabhängigen Deliktstypen zusammensetzt[5]. Wegen seiner Grundlage, dem Common Law, zeigt es in vielen Bereichen deutliche Parallelen zum englischen Deliktsrecht. Das Deliktsrecht unterliegt in den USA der Gesetzgebungskompetenz der Bundesstaaten, mit der Folge, daß die für eine Deliktshaftung erforderlichen Vorausset-

---

[1] „Congress shall make no law (...) abridging the freedom of speech, or of the press (...)", U. S. Const., Amdt. 1.
[2] *Rose*, Netlaw, Kapitel 1, S. 2; *Cummins*, Journal of Internet Law, September 1997, 1/2; *Cavazos/Morin*, Cyberspace and the Law, Kapitel 5, S. 67/68.
[3] *ACLU v. Reno*, 521 U. S. 844 (1997).
[4] *ACLU v. Reno*, 521 U. S. 844/885.
[5] *Reimann*, Einführung in das US-amerikanische Privatrecht, S. 76.

zungen in den einzelnen Bundesstaaten voneinander abweichen können[6]. Wegen der gemeinsamen Grundlage des Common Law stimmen die wesentlichen Grundsätze in den Einzelstaaten jedoch überein. Die Gerichtsverhandlungen finden bei deliktsrechtlichen Klagen grundsätzlich vor einer Jury statt[7]. Diese entscheidet über „questions of fact", während der Richter die „questions of law" beantwortet. Neben dem Ersatz materieller und immaterieller Schäden kann der Beklagte zum Strafschadensersatz („punitive damages") verurteilt werden[8].

III. Die Haftung der Internet-Service-Provider nach dem „law of torts"

1. Deliktshaftung für Ehrverletzungen

Die deliktische Haftung der Internet-Service-Provider für im Internet veröffentlichte ehrverletzende Äußerungen hat sich in den USA in der Praxis als überaus relevant erwiesen. So war die Frage einer Haftung für „electronic defamation" in den letzten Jahren bereits mehrfach Gegenstand von Gerichtsentscheidungen.

a. Allgemeine Grundsätze des „defamation law"

Der deliktische Ehrschutz bezieht sich im Recht der USA auf Verletzungen des guten Rufes und des Ansehens einer Person, die durch die Veröffentlichung unwahrer und ehrverletzender Aussagen hervorgerufen wurden. Wie im englischen Recht wird dabei zwischen zwei Deliktstatbeständen differenziert: Zum einen die schriftliche Niederlegung einer ehrverletzenden Behauptung („libel"), zum anderen ihre mündliche Äußerung („slander")[9]. Maßgebliche Haftungsvoraussetzung ist neben der Veröffentlichung, für welche die ehrverletzende Aussage zumindest gegenüber einer anderen Person als dem Betroffenen erklärt worden sein muß[10], die Unwahrheit der Aussage. Stellt sich heraus, daß die Tatsache der Wahrheit entspricht, so ist ein absoluter Verteidigungsgrund gegeben, der eine Haftung ausschließt[11].

Ausgehend vom Common Law galt im Bereich der Ehrverletzungen bis Mitte der siebziger Jahre eine verschuldensunabhängige Haftung[12]. In der Entscheidung *New*

---

[6] *Clark/Ansay*, Introduction to the Law of the United States, S. 181.
[7] *Reimann*, aaO, S. 83.
[8] *Zöllner*, ZUM 1997, 719/722.
[9] Restatement of Torts (Second), Paragraph 568; *Eldredge*, The law of defamation, Kapitel 3, S. 77. Wie im englischen Recht ist die Unterscheidung zwischen diesen Arten der Verletzung vor allem deswegen von Bedeutung, weil der Diffamierende bei „libel" für „special damages", d. h. durch die Ehrverletzung verursachte materielle Schäden haftet, ohne daß deren Vorliegen vom Kläger zu beweisen ist. Bei „slander" muß der Kläger in den meisten Bundesstaaten dagegen das Vorliegen der „special damages" beweisen. Vgl. *Prosser/Wade/Schwartz* et al., Torts, Kapitel 17, S. 942.
[10] *Zuckmann/Corn-Revere* et al., Modern Communication Law, Vol. 1, Kapitel 5, S. 531; *Reimann*, Einführung in das US-amerikanische Privatrecht, S. 113.
[11] *Reimann*, aaO, S. 113. Der Kläger trägt die Beweislast für die Unwahrheit der verbreiteten Aussage.
[12] *Clark/Ansay*, Introduction to the Law of the United States, S. 196; *Zöllner*, ZUM 1997, 719/723.

York Times Co. v. Sullivan[13] stellte der Supreme Court der Vereinigten Staaten jedoch fest, daß eine verschuldensunabhängige Haftung in diesem Bereich nicht mit dem im First Amendment niedergelegten Recht auf freie Rede zu vereinbaren ist. Eine Haftung kommt aus diesem Grund nur dann in Betracht, wenn der Diffamierende bei Behauptung der unwahren, ehrverletzenden Aussage zumindest fahrlässig gehandelt hat[14]. Allerdings differiert der Verschuldensmaßstab und damit auch der gewährte Ehrschutz je nachdem, ob es sich bei dem Betroffenen um eine Privatperson oder um eine Person des öffentlichen Lebens („public figure") handelt. So gilt bei ehrverletzenden Äußerungen über Personen des öffentlichen Lebens der in *New York Times v. Sullivan* entwickelte sogenannte „actual-malice-standard", nach dem eine Haftung nur dann in Betracht kommt, wenn dem Beklagten die Falschheit der behaupteten Tatsache bewußt war oder er sie aufgrund von grober Fahrlässigkeit nicht kannte[15].

Mit Einführung dieser strengen Regelung sollte gewährleistet werden, daß die für ein demokratisches System unentbehrliche politische Diskussion, die sich in der Regel auch auf Personen der Öffentlichkeit bezieht, ungehindert geführt werden kann[16]. Der „actual-malice-standard" gilt auch für sogenannte „limited purpose public figures", also für solche Personen, die sich selbst in den Mittelpunkt einer bestimmten öffentlichen Debatte und damit in die Aufmerksamkeit der Öffentlichkeit gestellt haben[17]. Privatpersonen werden insbesondere wegen ihrer Schwierigkeit, sich gegen ehrverletzende Äußerungen zur Wehr zu setzen, als schutzbedürftiger erachtet[18]. Für eine Haftung ist aus diesem Grund nur die Fahrlässigkeit des Beklagten zu beweisen[19]. Als Fahrlässigkeitsmaßstab ist auch bei ehrverletzenden Äußerungen in der Presse der „ordinary negligent standard" heranzuziehen. Ob ein Verhalten als fahrlässig zu qualifizieren ist, richtet sich mithin danach, wie sich eine vernünftige Person unter den gleichen Umständen verhalten hätte[20].

---

[13] *New York Times Co. v. Sullivan*, 376 U. S. 254 (1964).

[14] *Eldredge*, The law of defamation, Chapter 1 S. 25; *Luftman*, 65 Geo. Wash. L. Rev. 1071/1084 (1996/1997).

[15] Vgl. *New York Times v. Sullivan*, 376 U. S. 254, 279/280 (1964).

[16] *Nimmer*, The Law of Computer Technology, Chap. 15, S. 109; *Godwin*, Cyber Rights, Kapitel 4, S. 78/79.

[17] *Rosenbloom v. Metromedia*, Inc. 403 U. S. 29 (1971); *Foretich v. Capital Cities/ABC*, Inc., 37 F. 3d 1541 (4th Cir. 1994).

[18] Der U. S. Supreme Court sprach in der Entscheidung in *Gertz v. Robert Welch*, Inc., 418 U. S. 323 (1973) von dem Fehlen sogenannter „channel of effective communication".

[19] *Gertz v. Robert Welch*, Inc., 418 U. S. 323 (1973).

[20] Vgl. *Peagler v. Phoenix Newspapers*, Inc. 560 P. 2d 1216/1223 (1977); *Memphis Publishing Co v. Nichols*, 569 S. W. 2d 412/418 (1978). Zu der von der Rechtsprechung überwiegend abgelehnten Frage, ob ein anderer Maßstab gilt, wenn es um Veröffentlichungen der Presse handelt, vgl. *Simon*, 53 Fordham L. Rev. 449 ff. (1984).

b. Besonderheiten bei internetrechtlichen Sachverhalten

aa. „Libel“ oder „slander“

Wie im englischen Recht wird eine im Internet verbreitete Äußerung stets als schriftliche Äußerung qualifiziert[21]. Selbst wenn die ehrverletzende Behauptung im Rahmen eines elektronischen Diskussionsforums aufgestellt wird, kommen folglich die Grundsätze des „libel law“ zur Anwendung. Wie bei Ehrverletzungen, die durch Massenmedien verursacht werden[22], hat der durch eine Ehrverletzung im Internet Geschädigte zum Ersatz seines Schadens aus diesem Grund nicht das Vorliegen etwaiger finanzieller Einbußen zu beweisen.

bb. Einschränkung des Ehrschutzes im Internet

Wegen der besonderen Funktionsweise des Internets wird in der Lehre für eine Modifizierung des bei der Ehrverletzung von Privatpersonen geltenden Verschuldensmaßstabs plädiert. Da sich Betroffene gegen ehrverletzende Äußerungen im Internet durch entsprechende, ebenfalls über das Internet verbreitete Entgegnungen verteidigen könnten, seien sie grundsätzlich als „public figure“ einzustufen[23]. Für eine Haftung sei dementsprechend nicht Fahrlässigkeit, sondern „actual malice“ erforderlich. Weniger pauschal wird für die Anwendung dieses Verschuldensmaßstabs zum Teil auch darauf abgestellt, ob die ehrverletzende Äußerung im Rahmen einer Diskussionsgruppe gemacht wurde, an der sich der Betroffene zuvor aktiv beteiligt hat. In diesem Fall habe dieser sich als „limited purpose public figure“ bewußt und auf eigene Gefahr in eine öffentliche Diskussion begeben, bei der er damit rechnen mußte, für seine Meinung angegriffen zu werden[24]. Wegen der geringeren Schutzbedürftigkeit des Betroffenen komme eine Haftung wegen Ehrverletzung hier nur dann in Betracht, wenn dieser dem Diffamierenden Schädigungsabsicht nachweisen könne[25]. Dies soll weiterhin auch dann gelten, wenn der Betroffene zwar Zugang zu der Diskussionsgruppe hat, in der die ehrverletzende Behauptung aufgestellt wurde, sich aber selbst nicht aktiv an der Diskussion beteiligt hat. Allein durch den Zugang habe er eine „starke Waffe“, sich

---

[21] *Cubby, Inc. v. Compuserve, Inc.*, 776 F. Supp. 135 (S. D. N. Y. 1991), 19 Media L. Reptr. 1525; *Stratton Oakment v. Prodigy Services Co.*, 23 Media L. Reptr. 1794 (N. Y. Sup. Ct. May 25, 1995); *Kurz*, Internet and the Law, Kapitel 8, S. 162; *Delta/Matsuura*, Law of the Internet, Paragraph 7, S. 25; *Godwin*, Cyber Rights, S. 76; *Zuckmann/Corn-Revere*, Modern Communication Law, Kapitel 5, S. 610; *Stone Weber*, 46 Case W. Res. L. Rev. 235/258 (1995).

[22] Bei Ehrverletzungen durch Massenmedien handelt es sich grundsätzlich um „libel“. Vgl. Restatement of Torts (Second), § 568 A.

[23] „On a computer network, it's as though everybody is a public figure, and can answer what's said about them“, *Godwin*, zitiert nach Lewin, N. Y. Times, Sept. 25, 1994, Paragraph 4 at 3.

[24] *Stone Weber*, 46 Case W. Res. L. Rev. 235/264 (1995).

[25] *Stone Weber*, 46 Case W. Res. L. Rev. 235/267.

durch entsprechende Äußerung zu verteidigen, und sei aus diesem Grund nicht mehr schutzbedürftig[26].

Die Rechtsprechung hat sich mit diesen zu einer Einschränkung des Ehrschutzes im Bereich des Internets führenden Argumenten bislang nicht auseinandergesetzt. Ein Ergebnis muß folglich dahinstehen. Wegen der jedem Nutzer des Internets zustehenden Kommunikationsmöglichkeit erscheint es jedoch nicht ausgeschlossen, daß das Internet als „channel of effective communication" qualifiziert wird, die Schutzbedürftigkeit der Nutzer des Internets somit nicht allein darauf zu stützen ist, daß diese sich gegen ehrverletzende Äußerungen nicht wehren können. Zu berücksichtigen ist aber, daß für die Einordnung als „limited purpose public figure" neben dem Zugang zu einem „channel of effective communication" weitere Voraussetzungen verlangt werden. So wurde in *Foretich v. Capital Cities/ABC, Inc.*, in dem die Voraussetzungen für die Annahme einer „limited purpose public figure" aufgelistet wurden, gefordert, daß der Betroffene in der öffentlichen Kontroverse freiwillig die Rolle einer „special prominence" übernommen hat[27]. Diese Voraussetzung wird im Bereich des Internets nicht erfüllt sein, wenn ein Nutzer des Internets lediglich Zugang zu einem Diskussionsforum hat. Noch unwahrscheinlicher erscheint es, daß bereits der Zugang zum Internet als solches zu der Einordnung als „public bzw. limited purpose public figure" führt. Ohne die Voraussetzungen, unter denen ein Nutzer des Internets den Status der schützbedürftigen Privatperson verliert, näher bestimmen zu können, bleibt festzuhalten, daß die Schwelle zur Qualifizierung als „limited purpose public figure" wegen der mit dem Internet ermöglichten Gegenwehr im Einzelfall niedriger sein kann als bei traditionellen Kommunikationsmedien. Öfter als bei Ehrverletzungen in der Presse, Rundfunk und Fernsehen wird im Internet für eine Haftung wegen Ehrverletzungen der „actual-malice-standard" erfüllt sein müssen.

c. Haftung der Internet-Service-Provider

Die Haftung der Internet-Service-Provider für die Veröffentlichung ehrverletzender Äußerungen im Internet gründet wie im englischen Recht maßgeblich auf der Regel der „liablity for repetition", wonach derjenige, der die von einem anderen behauptete unwahre Tatsache weiterveröffentlicht oder ihre Verbreitung auf eine andere Weise unterstützt, grundsätzlich in der gleichen Weise haftet, als wenn die Behauptung ursprünglich von ihm aufgestellt oder veröffentlicht worden wäre[28]. Uneingeschränkte Anwendung findet diese Regel jedoch nur auf solche Personen, die bei der Weiterverbreitung einer ehrverletzenden Behauptung eine „verantwortungsvolle" Rolle über-

---

[26] *Cavazos/Morin*, Cyberspace and the Law, S. 80; vgl. auch *Stone Weber*, 46 Case W. Res. L. Rev. 235/268: „A libel plaintiff with access to the bulletin board on which the dafamatory message was posted owns a powerful weapon to combat the libelous statement (...): to post a nearly instantanous and universal response to the defamation".

[27] *Foretich v. Capital Cities/ABC*, Inc., 37 F. 3d 1541/1545 (1994).

[28] *Cianci v. New Times Pub.* Co., 639 F. 2d 54, 60-61 (2d Cir. 1980); Restatement of Torts (Second), Paragraph 578.

nommen haben[29]. Dies wird vor allem bei dem „publisher", also dem Verleger bzw. Herausgeber von Zeitschriften oder Büchern, angenommen, da dieser aufgrund der von ihm ausgeübten Kontrolle nicht als passives Verbreitungsmedium anzusehen ist[30]. Für den „distributor", also den Drucker oder den Betreiber eines Buchladens oder Zeitungskiosks, wird die Verbreiterhaftung dagegen auf die Fälle eingeschränkt, in denen er Kenntnis von dem ehrverletzenden Inhalt der fremden Publikation hatte oder Anlaß für die Annahme bestand, daß die Publikation ehrverletzend sein könnte[31]. In diesem Fall wird die Nichtentfernung des ehrverletzenden Materials als „publishing" gewertet, so daß der „distributor" wie ein „publisher" behandelt wird[32]. Grund für die Einschränkung der Verbreiterhaftung ist die durch das First Amendment gewährte Rede- und Pressefreiheit. Denn würde die Verbreiterhaftung ohne Restriktion auch auf den „distributor" angewendet, wäre dieser faktisch dazu verpflichtet, alle verbreiteten Materialien zu kontrollieren. Ein solches Haftungsrisiko würde aber zu einer Einschränkung seiner Tätigkeit führen, die nicht mit den aus dem First Amendment resultierenden Garantien der Rede- und Pressefreiheit zu vereinbaren wäre[33].

aa. Haftung der Content-Provider

Die Content-Provider, die selbst verfaßte Informationen oder Äußerungen mit ehrverletzendem Inhalt im Internet veröffentlichen, haften genauso, als wenn die Veröffentlichung des ehrverletzenden Inhalts über ein traditionelles Informationsmedium – bspw. über die Zeitung oder den Rundfunk – erfolgt wäre[34]. Wegen der „liability for repetition" gilt dies auch dann, wenn es sich um die Äußerungen Dritter handelt, die der Content-Provider in einer dem Verleger bzw. Herausgeber ähnlichen Funktion verbreitet hat. Die Vorschrift des § 230 (c) CDA, die für Host- und Access-Provider eine Haftungsbeschränkung vorsieht, findet auf Content-Provider keine Anwendung. „Information content provider", d. h. natürliche oder juristische Personen, die für die Schöpfung und Entwicklung von Informationen, die über das Internet oder andere interaktive Computersysteme verbreitet werden, verantwortlich sind[35], haften für Ehrverletzungen

[29] *Lewis v. Time* Inc., 83 F. R. D. 455, 463 (E. D. Cal. 1979).

[30] *Kurz*, Internet and the Law, S. 164; *Godwin*, Cyber Rights, Kapitel 4, S. 85; *Davidson/Podkopacz/Dechery*, Journal of the Internet Law, Juli 1998, S. 14/15.

[31] Restatement of Torts (Second), Paragraph 581; vgl. z. B. *Dworkin v. Hustler Magazine*, Inc., 634 F. Supp. 727/729 (D. Wyo. 1986); *Lerman v. Chuckleberry Publishing*, Inc., 521 F. Supp. 228/235 (S. D. N. Y. 1981); *Macaluso v. Mondadori Publishing* Co. 527 F. Supp. 1017/1019 (E. D. N. Y. 1981).

[32] Restatement, Second, Torts, Paragraph 577; vgl. auch *Scott v. Hull*, 259 N. E. 2d 160 (Ohio Ct. App. 1970).

[33] Vgl. *Smith v. California*, 361 U. S. 147 (1959); *Lewis v. Time*, Inc., 83 F. R. D. 455/465 (E. D. Cal. 1979).

[34] *Perritt*, Law and the Information Superhighway, Kapitel 4, S. 162; *Delta/Matsuura*, Law of the Internet, Paragraph 7, S. 23; *Sheridan*, 61 Al. L. Rev. 147/154 (1997); *Rose*, Netlaw, Kapitel 1, S. 11; *Hardy*, 55 U. Pitt. L. Rev. 993/999 (1994).

[35] 47 U. S. C. Paragraph 230 (e) (3): „any person or entity that is responsible, in whole or in part, for the creation or development of information provided through the Internet or any other interactive computer system".

auch dann, wenn sie nicht wußten, daß der von ihnen verbreitete Inhalt eine Ehrverletzung enthielt[36]. Voraussetzung für eine Haftung ist jedoch Fahrlässigkeit, bei „public bzw. limited purpose public figures" muß den Content-Providern „actual malice" nachgewiesen werden.

bb. Haftung der Host- und Access-Provider

Besondere Schwierigkeiten hat bis zur Einführung des CDA die Frage bereitet, ob ein Internet-Service-Provider für fremde ehrverletzende Äußerungen haftet, die er auf seinem Server zum Abruf bereithält oder zu denen er den Zugang verschafft. Als problematisch offenbarte sich in der Praxis insbesondere die Frage nach der Haftung derjenigen Provider, die sogenannte Bulletin Boards unterhalten. Die gegen die Provider gerichteten Klagen wurden in diesen Fällen jeweils darauf gestützt, daß die ehrverletzenden Inhalte über das bereitgehaltene Bulletin Board fahrlässig weiterverbreitet worden seien[37], so daß im Mittelpunkt der Haftungsfrage die Differenzierung zwischen „publisher" und „distributor" stand[38].

(1) Die Rechtsprechung vor Inkrafttreten des CDA

Die Problematik einer Zuordnung der Internet-Service-Provider in die Kategorien der „publisher" und „distributor" zeigt sich daran, daß die Rechtsprechung vor Inkrafttreten des CDA hier zu unterschiedlichen Ergebnissen kam.

(a) „Provider-as-a-bookstore-model": Cubby, Inc. v. CompuServe, Inc.

In dem bereits im Jahre 1991 entschiedenen Fall *Cubby, Inc. v. CompuServe, Inc.*[39] betrieb der Internet-Service-Provider CompuServe ein Bulletin Board, das den Nutzern unter anderem den Zugang zu einem journalistischen Forum verschaffte. Über dieses Forum konnte auf eine Publikation („Rumorville USA") zugegriffen werden, die nach Auffassung des Klägers (Cubby) über einen ehrverletzenden Inhalt verfügte. Cubby richtete seine Klage gegen den Verfasser der Publikation und gegen den Internet-Service-Provider CompuServe als Betreiber des Bulletin Boards. Da CompuServe keine Kontrolle über die über das Bulletin Board abrufbaren Inhalte ausübte, diese Inhalte vor ihrer Veröffentlichung auch nicht zur Kenntnis nehmen konnte, erklärte das Gericht, daß CompuServe in diesem Fall wie ein Buchhändler, Zeitungsverkäufer oder Büchereibetreiber als „distributor" einzuordnen sei, und wandte zum ersten Mal die

---

[36] *de Grazia Blumenfeld/Carome/Jain*, Journal of Internet Law, Jan. 1999, S. 20/23.
[37] *Cubby, Inc. v. Compuserve*, Inc., 776 F. Supp. 135 (S. D. N. Y. 1991); *Stratton Oakment v. Prodigy Services* Co., 23 Media L. Reptr. 1794 (N.Y. Sup. Ct. May 25, 1995).
[38] *Nimmer*, The Law of Computer Technology, Kapitel 15, S. 122; *Pearson*, Journal of Internet Law, Januar 1998, S. 16/17.
[39] *Cubby, Inc. v. Compuserve, Inc.*, 776 F. Supp. 135 (S. D. N. Y. 1991).

Grundsätze der „distributor liability" auf einen Internet-Service-Provider an[40]. Eine Haftung von CompuServe wäre dementsprechend nur dann in Betracht gekommen, wenn dieser Kenntnis von dem diffamierenden Inhalt gehabt hätte oder hätte haben können. Da dies nicht bewiesen werden konnte, wurde die Klage gegen CompuServe abgewiesen.

(b) Stratton Oakmont v. Prodigy Services Co.

Zu einem entgegengesetzten Ergebnis kam der Supreme Court of New York (Nassau County) im Fall *Stratton Oakmont v. Prodigy Services Co.*[41]. Auch hier ging es um die Haftung eines Internet-Service-Providers für eine über sein Bulletin Board („Money Talk") abrufbare, ihm nicht bekannte ehrverletzende Äußerung. Wie im Fall Cubby, Inc. v. CompuServe, Inc. löste das Gericht die Haftungsfrage unter Zugrundelegung der für traditionelle Medien entwickelten Differenzierung, stufte den Internet-Service-Provider Prodigy Services Co. (Prodigy) hier jedoch als „publisher" ein. Damit haftete Prodigy dem Kläger auch ohne Kenntnis des ehrverletzenden Inhalts auf Schadensersatz. Das Gericht begründete seine Entscheidung damit, daß der Internet-Service-Provider (Prodigy) sich gegenüber seinen Nutzern und der Öffentlichkeit so dargestellt habe, als würde er die über das Bulletin Board abrufbaren Inhalte kontrollieren. Er habe nicht nur ein spezielles Software-Programm installiert, mit dem er die fremden Inhalte überprüfen konnte, sondern sich zudem auch das Recht vorbehalten, bestimmte Inhalte vom Bulletin Board zu entfernen. Aus diesen Umständen gehe hervor, daß Prodigy wie ein Herausgeber klare Entscheidungen bezüglich der über sein Bulletin Board verbreiteten Informationen treffe. Durch die bewußte Entscheidung, Kontrollen durchzuführen, habe sich der Provider Prodigy einer größeren Verantwortlichkeit ausgesetzt als die Provider, die sich eben nicht zu Inhaltskontrollen entschlössen. Aus diesem Grund sei Prodigy auch nicht als „distributor", sondern als „publisher" zu qualifizieren[42].

Die Tatsache, daß die von Prodigy ausgeübte Kontrolle, die in Anbetracht der von der amerikanischen Regierung angestrebten Selbstkontrolle im Internet durch die Nutzer und Provider als überaus positiv zu bewerten ist, ausschlaggebend für eine Deliktshaftung von Prodigy war, hat in den USA heftige Kritik ausgelöst[43]. So wurde insbesondere bemängelt, daß die Provider durch die Entscheidung dazu verleitet würden, von Inhaltskontrollen abzusehen, um auf diesem Weg einer Haftung zu entge-

---

[40] Vgl. dazu *Kurz*, Internet and the Law, S. 166/167; *Millstein/Neuberger/Weingart*, Doing Business on the Internet, Paragraph 11, S. 41.

[41] *Stratton Oakment v. Prodigy Services* Co., 23 Media L. Reptr. 1794 (N. Y. Sup. Ct. May 25, 1995).

[42] Ebenda, S. 1797.

[43] Vgl. nur *Friedman*, 64 Fordham L. Rev. 794 ff. (1995); *Hermann*, 8 St. Thomas L. Rev. 423/434 (1996); *de Grazia Blumenfeld/Carome/Jain*, Journal of Internet Law, Januar 1999, S.20/21; *Godwin*, Cyber Rights, Kapitel 4, 91 f.

hen[44]. Außerdem sei die Kontrollpflicht, die Prodigy und anderen Internet-Service-Providern mit der Entscheidung auferlegt worden sei, wegen der Vielzahl von Nachrichten, die minütlich auf einem Bulletin Board abgelegt würden, nicht zu erfüllen[45]. Aus diesem Grund könne ein Provider auch nicht mit einem Verleger verglichen werden. Denn auch wenn er teilweise Kontrolle ausübte, könne er nicht in gleichem Maß auf die verbreiteten Inhalte einwirken[46].

(2) Regulierung der Providerhaftung durch § 230 (c) CDA

Mit dem CDA, der im Februar 1996 als Titel V in den Telecommunication Act von 1996 aufgenommen wurde[47], hat sich die Einordnung der Internet-Service-Provider als „publisher" oder „distributor" für die Haftungsfrage erübrigt. Die als „safe harbor"[48] bezeichnete Vorschrift des § 230 (c) CDA, die als eine der wenigen Vorschriften des CDA nicht vom U. S. Supreme Court für verfassungswidrig erklärt wurde[49], erklärt in Absatz 1 zum einen, daß kein Provider oder Nutzer von interaktiven Computersystemen als Verleger („publisher") oder Sprecher („speaker") von Informationen behandelt werden darf, die von einem anderen Content-Provider stammen[50]. Zum anderen verbietet sie in Absatz 2, daß eine zivilrechtliche Haftung darauf gestützt wird, daß ein Provider oder Nutzer von interaktiven Computerdiensten freiwillig und gutgläubig eine Handlung unternommen hat, um den Zugang oder die Verfügbarkeit von Materialien zu beschränken, die er als anstößig erachtet[51]. Die Regelung des § 230 (c) CDA stellt eine unmittelbare Reaktion des Kongresses auf das umstrittene und zu Rechtsunsicherheiten führende Urteil im Fall *Stratton Oakmont v. Prodigy Services* dar, dessen Hauptaussage – Haftung aufgrund der Durchführung von Kontrollen der verbreiteten Inhalte – entkräftet werden sollte[52]. Wie dem CDA selbst zu entnehmen ist, soll mit §

---

44 *Davidson/Podkopacz/Dechery*, Journal of the Internet Law, Juli 1998, S. 14/15; *Porter,* 41 N. Y. L. Sch. L. Rev. 731/745 (1997).

45 *Kurnit*, Journal of the Internet Law, Juni 1998, S. 15/19.

46 *Street*, Paragraph 6-5, S.427; *Delta/Matsuura*, Law of the Internet, Paragraph 7 S.39; *Luftmann*, 65 Geo. Wash. L. Rev. 1071/1089 (1996/97).

47 Pub. L. No. 104, Paragraph 501 ff. (1996), codified in 47 U. S. C. Paragraph 223 ff. (1996 Supp.).

48 So *Davis/Loundy*, Long Arms of the Law, Government Technology, 15. Januar 1999, S. 8/13.

49 Vor allem die im CDA enthaltenen Vorschriften über ein Verbot der Verbreitung von „indecent" Material wurden vom Supreme Court für verfassungswidrig erklärt. Vgl. Reno v. ACLU et al., 521 U. S. 844.

50 47 U. S. C. Paragraph 230 (c) (1): „Treatment of publisher or speaker. No provider or user of an interaktive computer service shall be treated as the publisher or speaker of any information provides by another information content provider".

51 47 U. S. C. Paragraph 230 (c) (2) „No provider or user of an interactive computer services shall be held liable on account of - (A) any action voluntarily taken in good faith to restrict Access to or availability of material that the provider or user considers to be obscene, lewd, lascivious, filthy, excessively violent, harassing, or otherwise objectionable, whether or not such material is constitutionally protected; or - (B) any action taken to enable or make available to information content providers or others the technical means to restrict access to material describes in paragraph (1)".

52 Vgl. Joint Explanatory Statement of the Congressional Conference Committee, House Conference Report No. 104-458, 104th Congress, 2nd Session (1996), veröffentlicht in U. S. Code Congressional

230 (c) vor allem die Entwicklung des Internets und anderer interaktiver Computersysteme unterstützt und vor staatlichen Eingriffen bewahrt werden[53]. Eine Kontrolle der über das Internet verbreiteten Inhalte soll nicht von staatlicher Seite erfolgen, sondern, mit Blick auf eine angestrebte Selbstkontrollierung des Internets, vielmehr von den Nutzern und Internet-Service-Providern selbst durchgeführt werden[54].

(a) Anwendung des § 230 (c) CDA auf Host- und Access-Provider

Die Vorschrift des § 230 (c) CDA gilt für alle Nutzer und Anbieter von interaktiven Computerdiensten („interactive computer service"). In § 230 (e) (2) wird der Begriff „interactive computer service" definiert als „any information service, system, or access software provider that provides or enables computer access by multiple users to a computer server, including specifically a service or system that provides access to the Internet and such systems operated or services offered by libraries or educational institutions".

Aus dieser Formulierung könnte geschlossen werden, daß § 230 (c) CDA nur auf Access-Provider als Zugangsvermittler zum Internet anwendbar sei, während Host-Provider, deren Tätigkeit in der Speicherung fremder Inhalte und Diskussionsbeiträge liegt, vom Anwendungsbereich ausgenommen seien. Daß eine so enge Auslegung vom Gesetzgeber nicht gewollt sein kann, zeigt sich daran, daß dieser sich mit Erlaß des § 230 (c) CDA unmittelbar auf die Entscheidung in *Stratton Oakmont v. Prodigy Services Co.* bezog. In diesem Fall ging es nicht um die Haftung des Service-Providers Prodigy in seiner Tätigkeit als Access-Provider, sondern um seine Haftung für fremde Beiträge in seinem Diskussionsforum und damit um seine Haftung als Host-Provider. Auch die Lehre stuft Host-Provider als Anbieter von interaktiven Computerdiensten ein[55]. Zum Teil erfolgt dies mit der Begründung, daß auch das „Hosting" als Zugangsvermittlung zu verstehen sei, und zwar als Zugangsvermittlung zu dem Computerserver, auf dem sich die für einen anderen gespeicherte Web-Seite befindet[56]. Wie im Zusammenhang mit der Haftung der Content-Provider erörtert, ist die Anwendung von § 230 (c) CDA auf „information content provider" ausgeschlossen. Unter welchen Voraussetzungen eine solche Verantwortlichkeit gegeben sein soll, wird im Gesetz nicht erläutert. Es ist aber davon auszugehen, daß die Gerichte auch für die Abgren-

---

and Administrative News, 104th Congress, 2nd Session 1996, S. 207/208: „This section provides 'Good Samaritan' protection from civil liability for providers or users of an interactive computer service for actions to restrict or to enable restriction of access to objectionable online material. One of the specific purposes of this section is to overrule Stratton Oakmont v. Prodigy and any other similar decisions which have treated such providers and users as publishers or speakers of content that is not their own because they have restricted access to objectionable material. The conferees believe that such decisions create serious obstacle to the important federal policy of empowering parents to determine the content of communications their children receive through interactive computer services".

[53] 47 U. S. C. Paragraph 230 (b) (1)-(2).

[54] 47 U. S. C. Paragraph 230 (b) (3)-(4); vgl. auch Joint Explanatory Statement of the Congressional Conference Committee, S. 207/208.

[55] Vgl. nur *Delta/Matsuura*, Law of the Internet, Paragraph 7, S. 45.

[56] So *de Grazia Blumenfeld/Carome/Jain*, Journal of Internet Law, Januar 1999, S. 20/23.

zung zwischen „interactive computer service" und „information content provider" auf die Nähe zum Inhalt und die Einwirkungsmöglichkeiten der Provider auf den Inhalt abstellen. § 230 (c) (2) CDA, nach dem die zur Verhinderung der Verbreitung anstößigen Materials vorgenommenen Handlungen nicht ausschlaggebend für eine zivilrechtliche Haftung des Providers sein dürfen, macht jedoch deutlich, daß für die Abgrenzung nicht auf die Durchführung von Kontrollen und Sperrungen abzustellen ist.

(b) Wirkung von § 230 (c) CDA

§ 230 (c) CDA bestimmt, daß die Nutzer und Anbieter von interaktiven Computerdiensten nicht als „publisher" oder „speaker" fremder Inhalte zu behandeln sind.

(aa) Ausschluß der strengen „publisher liability"

Aufgrund dieser Bestimmung wird die Anwendung der „publisher liability" auf die Host- und Access-Provider ausgeschlossen. Hieraus folgt zunächst nur, daß diese, unabhängig von der ihnen im Einzelfall gegebenen Kontrollmöglichkeit, nicht für die in fremden Äußerungen enthaltenen, ihnen unbekannten Ehrverletzungen haften. Aus diesem Grund sind weder Host- noch Access-Provider dazu verpflichtet, die von ihnen übermittelten oder zugänglich gemachten fremden Äußerungen und Informationen einer inhaltlichen Kontrolle zu unterziehen.

(bb) Ausschluß der „distributor liability"?

Umstritten ist die Frage, ob der Internet-Service-Provider wegen Ehrverletzung haftet, wenn er über den ehrverletzenden Inhalt informiert wurde oder wenn ihm die diffamatorische Natur der Äußerung aus einem anderen Grund bekannt ist. Nach der oftmals zitierten Entscheidung in Cubby Inc., die noch vor Erlaß von § 230 (c) CDA ergangen ist, findet auf die als Übermittler tätigen Akteure im Internet die „distributor liability" Anwendung, die bei Kenntnis der Ehrverletzung zu einer Haftung führt. Zu konstatieren ist jedoch, daß bislang alle Gerichte, die über die Vorschrift des § 230 (c) CDA zu entscheiden hatten, einen Ausschluß der „distributor liability" angenommen haben. Die Internet-Service-Provider haften diesen Entscheidungen zufolge auch nicht bei Kenntnis des ehrverletzenden Inhalts für fremde Informationen und sind demgemäß von jeder Haftung für fremde Inhalte befreit.

(aaa) Zeran v. America Online

§ 230 (c) CDA wurde zum ersten Mal im Fall *Zeran v. America Online*[57] angewendet, in dem ein Unbekannter nach dem Bombenattentat von Oklahoma City Werbung für „Naughty Oklahoma T-Shirts" auf das von America Online (AOL) betriebene Bulletin

---

[57] *Zeran v. America Online*, Inc., 958 F. Supp. 1124 (E. D. Va. 1997).

Board gesetzt und für Bestellungen den Namen sowie die Telefonnummer des Klägers Zeran angegeben hatte. Zeran, der infolgedessen mit Telefonterror und Morddrohungen belästigt wurde, verlangte von AOL, die er über diesen Vorfall informiert hatte, die Entfernung der Werbung. Nachdem die Werbung ein paar Tage später erneut auf den Seiten von AOL erschienen war und trotz Benachrichtigung über eine Woche nicht entfernt wurde, erhob Zeran gegen AOL Klage wegen Ehrverletzung. Dabei berief er sich auf den Fall Cubby. Inc. und erklärte, daß AOL es trotz Kenntnis fahrlässig versäumt habe, die diffamierenden Nachrichten von dem Bulletin Boad zu entfernen[58]. Für den zuständigen District Court galt es nunmehr zu klären, ob AOL unter dem Gesichtspunkt der „distributor liability" zu haften habe.

Zunächst analysierte das Gericht den in § 230 (c) (1) CDA verwendeten Begriff des „publisher" und kam zu dem Ergebnis, daß dieser Begriff auch den „distributor" umfasse. Zur Begründung berief es sich auf das Restatement of Torts (Second), in dem es heißt, daß derjenige, der mit Absicht oder aus Unvorsichtigkeit versäumt, ein seiner Kontrolle unterliegendes, ihm bekanntes ehrverletzendes Material zu entfernen, als „publisher" für seine weiter aufrechterhaltene Veröffentlichung haftet[59]. In diesem Zusammenhang führte es auch die Entscheidung im Fall *Tacket v. General Motors Corp.*[60] an, in der das Nichtentfernen einer ehrverletzenden Wandzeichnung als „publishing" eingeordnet wurde. Für das Gericht folgte daraus, daß der als „distributor" fungierende Host-Provider, der ihm bekanntes diffamierendes Material nicht von seinem Server bzw. Bulletin Board entfernt, grundsätzlich als „publisher" einzuordnen ist[61], und daß § 230 (c) CDA dementsprechend auch die „distributor liability" ausschließt[62].

Das Gericht verwies weiterhin auf die Intention des Gesetzgebers, mit Erlaß von § 230 (c) CDA auch die Durchführung von Selbstregulierungsmaßnahmen zu fördern. Käme aber die „distributor liability" zur Anwendung, nach der die Haftung von der Kenntnis der Rechtswidrigkeit eines Inhalts abhängt, würde genau das Gegenteil erreicht: Um einer Haftung zu entgehen, würde jeder Provider versuchen, die verbreiteten Inhalte möglichst zu ignorieren, um eine Kenntniserlangung zu vermeiden. Die Durchführung von Inhaltskontrollen sei unter diesen Umständen sehr unwahrscheinlich[63].

---

[58] Ebenda, S. 1127.

[59] Restatement of Torts (Second), Paragraph 577: „(1) Publication of defamatory material is its communication intentionally or by negligence act to one other than the person defamed. (2) One who intentionally and unreasonably falls to remove defamatory matter that he knows to be exhibited on land or chattels in his possession or under his control is subject to liability for its continued communication".

[60] *Tacket v. General Motors Corp.*, 836 F. 2d 1042 (7th Cir. 1987).

[61] Vgl. die Schlußfolgerung des Gerichts: „ ...a publisher is not merely one who intentionally communicates defamatory information. Instead, the law also treats as a publisher or speaker one who fails to take reasonable steps to remove defamatory statements from property under his control", 958 F. Supp. 1124/1133.

[62] *Zeran*, 958 F. Supp. 1124/1133.

[63] Ebenda, S. 1134.

Das Berufungsgericht, der Fourth Circuit Court of Appeals, bestätigte die Entscheidung des Untergerichts[64]. Als Unterform der „publisher liability" sei die „distributor liability" durch § 230 (c) CDA ausgeschlossen. Mit Erlaß von § 230 (c) CDA habe sich der Gesetzgeber klar dagegen ausgesprochen, die Verbreitung rechtswidriger Inhalte durch die Haftbarmachung der als technische Verbreiter tätigen Provider zu verhindern[65]. Eine mit Anwendung der „distributor liability" bewirkte Haftung bei Kenntnis der ehrverletzenden Inhalte würde die Internet-Service-Provider bei jedem Hinweis auf einen ehrverletzenden Inhalt verpflichten, diese Inhalte einer juristischen Prüfung zu unterziehen und spontan zu entscheiden, ob eine Haftung durch die weitere Veröffentlichung der Inhalte riskiert werden könne. Während eine derartige Prüfung vom Verleger oder Herausgeber von Printmedien problemlos durchgeführt werden könne, stelle sie für den Internet-Service-Provider angesichts der unzähligen auf einem Internet-Server gespeicherten Inhalte eine untragbare Belastung dar[66]. Die Anwendung der „distributor liability" würde, so das Gericht, wegen des damit gegebenen Haftungsrisikos zu einer Verringerung der im Internet verfügbaren Inhalte führen und habe aus diesem Grund einen „chilling effect" auf die durch das First Amendment geschützte Redefreiheit[67]. Eine den Anbietern von interaktiven Computerdiensten auferlegte deliktische Haftung sei damit nichts anderes als „intrusive government regulation of speech"[68].

(bbb) Blumenthal v. Drudge und America Online, Inc.

Ohne wegen der „stare decisis doctrine" an die Entscheidung des Court of Appeals im Fall Zeran gebunden zu sein, erklärte auch das Gericht in *Blumenthal v. Drudge und America Online, Inc.*[69] die Anwendung der „distributor liability" gemäß § 230 (c) CDA für ausgeschlossen. Gegenstand dieses Falles war die Veröffentlichung einer ehrenrührigen Äußerung des Kolumnisten Matt Drudge über den Assistenten des amerikanischen Präsidenten, Sidney Blumenthal, in Drudge's AOL-Kolumne. Blumenthal richtete seine US $ 30 Millionen Schadensersatzklage nicht nur gegen Drudge, sondern auch gegen AOL. Denn AOL sei zum einen als Arbeitgeber und Förderer von Drudge auch für die von ihm veröffentlichten Berichte verantwortlich, zum anderen habe AOL gewußt, daß Drudge in seinen Kolumnen oft auch unwahre Tatsachen behaupten würde. Das Gericht schloß sich – etwas widerwillig[70] – der im Fall Zeran ge-

---

[64] Zeran v. America Online, Inc., 129 F. 3d. 327 (4th Cir. 1997).
[65] Ebenda S. 330/31.
[66] Ebenda S. 333.
[67] Ebenda S. 331.
[68] Ebenda S. 330.
[69] *Blumenthal v. Drudge*, 992 F. Supp. 44 (D. D. C. 1998).
[70] Judge Friedman zeigte seine Unzufriedenheit mit der Entscheidung des Kongresses und erklärte: „If it were writing on a clean slate, this Court would agree with the plaintiffs", vgl. 992 F. Supp. 44/51. Weiterhin erklärte er: „In some sort of tacit quid pro quo arrangement with the service provider community, Congress has conferred immunity from tort liability as an incentive to Internet service providers to self police the Internet (...), even where the self-policing is unsuccessful or not even attempted".

fundenen Auslegung von § 230 (c) CDA an und erklärte, der Gesetzgeber habe sich im Hinblick auf die von den Internet-Service-Providern weiterverbreiteten fremden Inhalte dafür entschieden, eine Deliktshaftung der Provider auszuschließen. Angesichts der Tatsache, daß AOL im Gegensatz zu einer Telefongesellschaft eine gewisse Kontrolle über die verbreiteten Inhalte ausübe, gebe es zwar eigentlich keinen Grund dafür, AOL hier nicht wie einen „publisher", zumindest aber wie einen „distributor" zu behandeln. Wegen der Entscheidung des Gesetzgebers, jegliche Haftung der Anbieter interaktiver Computerdienste für fremde Inhalte auszuschließen, könne die „distributor liability" jedoch nicht zur Anwendung kommen.

(ccc) Kritik in der Lehre

Gegen die weite Auslegung von § 230 (c) CDA wird eingewendet, daß der Kongreß bei Erlaß dieser Vorschrift nicht bezweckt habe, die von der Vorschrift erfaßten Internet-Service-Provider so umfassend zu schützen, daß eine Haftung für fremde ehrverletzende Inhalte auch bei Kenntnis von deren ehrverletzenden Natur ausgeschlossen ist. Eine solche grundsätzliche Haftungsbefreiung, die die Anbieter interaktiver Computerdienste gegenüber dem traditionellen „distributor" privilegiere, widerspreche den Grundsätzen des Ehrschutzes und sei nur schwierig zu rechtfertigen[71]. Dies gelte vor allem in Angesicht der Tatsache, daß die Provider oftmals die einzigen seien, denen eine Entfernung des ehrverletzenden Inhalts möglich sei[72]. Weiterhin sei der Begriff des „publisher" auch nicht durch die Heranziehung des Restatement of Torts auszulegen, sondern vielmehr unter Berücksichtigung der Entscheidung in *Stratton Oakmont v. Prodigy Services*, die zum Erlaß von § 230 (c) CDA geführt habe. Da in dieser Entscheidung sorgfältig zwischen dem „publisher" und dem „distributor" unterschieden wurde, sei nicht einzusehen, warum in § 230 (c) CDA mit dem Begriff „publisher" beide Tätigkeiten erfaßt werden sollten[73]. Außerdem sei zu beachten, daß die vom Kongreß bezweckte Selbstregulierung des Internets durch Inhaltskontrollen der Provider auch bei Zulassung der „distributor liability" gefördert würden. Bewußt habe der Kongreß auch § 230 (c) (2) in den CDA mit aufgenommen, der gerade für solche Provider einen Schutz darstellt, die Kontrollen durchführen[74]. Wären die Provider dagegen auch bei Kenntnis der ehrverletzenden Inhalte von einer Haftung befreit, hätten sie auch keinen Anreiz, Kontrollen durchzuführen und sicherzustellen, daß über ihre Systeme nur rechtmäßige Inhalte verbreitet würden[75]. Der Kongreß könne nicht bezweckt haben, solche Provider mit einer Haftungsfreistellung zu belohnen, die einen ehrverletzenden Inhalt ausfindig machten, es aber versäumten, die nötigen Schritte zu ergreifen, um diesen Inhalt zu entfernen. Mit § 230 (c) CDA sei somit keine Vorschrift er-

---

[71] *Perle/Williams*, The Publishing Law Handbook, Paragraph 4.03; *Guenther*, Communications and the Law, Juni 1998, 35/91.

[72] *Delta/Matsuura*, Law of the Internet, Paragraph 7, S. 44.

[73] *Sheridan*, 61 Alb. L. Rev. 163/168 (1997/98); *Ballon*, Journal of Internet Law, März 1998, S. 6/8.

[74] *Ballon*, Journal of Internet Law, März 1998, 6/11.

[75] *Sheridan*, 61 Alb. L. Rev. 163/170; *Ballon*, aaO, S. 6/12.

lassen worden, die eine generelle Haftungsfreistellung für Internet-Service-Provider vorsähe, sondern vielmehr eine Vorschrift, die dem in der Entscheidung in Cubby Inc. v. Compuserve, Inc. aufgestellten Standard folge und damit erklären würde, daß eine Haftung zwar nicht grundsätzlich, doch aber bei Kenntnis in Betracht komme[76].

(ddd) Zwischenergebnis

Ungeachtet der Kritik an einer weiten Auslegung von § 230 (c) CDA scheint die Tendenz in der US-Rechtsprechung dahin zu gehen, die Provider so umfassend vor einer Haftung zu schützen, daß sie auch bei Kenntnis bzw. fahrlässiger Nichtkenntnis des ehrverletzenden Inhalts nicht in Anspruch genommen werden können. So haben neben dem District Court of Columbia in *Blumental v. Drudge* auch andere Gerichte, die nicht an die Entscheidung im Fall Zeran gebunden waren, die dort entwickelten Grundsätze übernommen[77]. Die Diskussion über die Reichweite des mit § 230 (c) (1) CDA bewirkten Haftungsausschlusses konnte auch nicht durch eine im Fall Zeran erwartete Revisionsentscheidung des U. S. Supreme Courts beendet werden, da der Antrag zur Annahme der Revision vom Supreme Court abgelehnt wurde[78]. Diese Ablehnung wird zum Teil als indirekte Bestätigung der untergerichtlichen Rechtsprechung gewertet[79]. Der Ausschluß der „distributor liability“, der dazu führt, daß Host- und Access-Provider auch bei Kenntnis der ehrverletzenden Natur eines gespeicherten oder zugänglich gemachten Inhalts keiner Haftung unterliegen, scheint sich in den USA folglich zu einem allgemeinen Grundsatz entwickelt zu haben. Erstaunlich ist diese Entwicklung vor allem vor dem Hintergrund, daß der 1998 verabschiedete „Digital Millennium Copyright Act“ in 17 U. S. C. § 512 eine Haftungsfreistellung der Host-Provider für Urheberrechtsverletzungen nur für den Fall vorsieht, daß diese den Inhalt nicht positiv kannten und bei Kenntniserlangung unverzüglich Maßnahmen zur Entfernung des rechtswidrigen Inhalts ergriffen haben[80].

(c) Verhältnis von § 230 (c) zum Recht der Einzelstaaten

Bei § 230 (c) CDA handelt es sich um eine bundesgesetzliche Regelung. Da die Regelung des Deliktsrechts grundsätzlich in die Kompetenz der einzelnen Bundesstaaten fällt, stellt sich die Frage, wie § 230 (c) CDA als bundesgesetzliche Regelung die de-

---

[76] *Ballon*, Journal of Internet Law, S. 6.

[77] Vgl. *Doe v. America Online*, Inc., 25 Media L. Reptr. 2112 (1998) (Fla. Ct. App. 1998); *Aquino v. Electriciti* Inc., 26 Media L. Reptr. 1032 (1998).

[78] 118 S. Ct. 2341 (1998).

[79] Vgl. z. B. *Hein/Davies*, MMR 1998, 627.

[80] Vgl. dazu *Markiewicz*, 7 CommLaw Conspectus 423/437 (1999); *Sieber*, ZUM 1999, 196/204. Eine Haftung auf Schadensersatz ist hiernach nur dann ausgeschlossen, wenn der Host-Provider keine Kenntnis davon hat, daß das gespeicherte Material urheberrechtsverletzend ist, für ihn keine finanziellen Vorteile mit der Urheberrechtsverletzung verknüpft sind und er, nach Hinweis auf die Urheberrechtsverletzung, unverzüglich Maßnahmen ergreift, um das Material zu löschen oder den Zugang zu ihm zu sperren.

liktische Haftung der Host- und Access-Provider für Ehrverletzungen ausschließen kann. Nach der „Supremacy Rule“ der amerikanischen Verfassung sind Bundesgesetze als das höchste Recht eines jeden Bundesstaates einzustufen[81]. Der Ausschluß von Landesrecht wird allerdings nur in wenigen Situationen als angemessen erachtet. Dann nämlich, wenn der Kongreß bei Erlaß des Gesetzes die Absicht hat, das in einem bestimmten Bereich existierende Landesrecht zu ersetzen, wenn das Landesrecht mit Bundesrecht im Widerstreit steht oder aber dann, wenn das Landesrecht nicht mit den Zielen und Intentionen des Bundesrechts in Einklang zu bringen ist[82]. Aus § 230 (e) (3) CDA geht hervor, daß die landesrechtlichen Regelungen, die sich auf den Bereich des Internets und der Providerverantwortlichkeit beziehen, grundsätzlich nicht ersetzt werden sollen[83]. Etwas anderes gilt jedoch dann, wenn das Landesrecht nicht mit den Vorgaben in § 230 (c) zu vereinbaren ist. In diesem Fall soll die Anwendung der landesrechtlichen Regelungen ausgeschlossen sein[84].

(d) Die Besonderheiten von § 230 (c) CDA gegenüber der im englischen Recht geltenden „defence of innocent dissemination“

Mit § 230 (c) CDA und der in Section 1 Defamation Act 1996 enthaltenen „defence of innocent dissemination“ haben die USA und England zur gleichen Zeit Regelungen zur Einschränkung der im Common Law geltenden Regel der „liability for repetition“ für Host- und Access-Provider eingeführt[85]. Beide Regelungen führen dazu, daß Host- und Access-Provider nicht als „publisher“ der von ihnen gespeicherten oder zugänglich gemachten ehrverletzenden Inhalte zu qualifizieren sind. Trotz dieses vergleichbaren Ansatzes differieren die mit § 230 (c) (1) CDA und Section 1 (1) Defamation Act 1996 erzielten Ergebnisse erheblich. Grund dafür ist die zuvor dargestellte weite Auslegung des § 230 (c) (1) CDA, die dazu führt, daß eine Haftung der Provider auch bei Kenntnis des ehrverletzenden Inhalts ausgeschlossen ist. Die Einwendung nach Section 1 (1) Defamation Act 1996 führt dagegen nur dann zu einem Haftungsausschluß, wenn die Provider beweisen, unwissentlich zu der Veröffentlichung eines ehrverletzenden Inhalts beigetragen zu haben. Ferner müssen sie nachweisen, daß sie sich bei der Veröffentlichung des betreffenden Inhalts sorgfältig verhalten haben. Während die Host- und Access-Provider im englischen Recht also grundsätzlich wie traditionelle „distributor“ behandelt werden, wurde die Differenzierung zwischen „publisher“ und „distributor“ in den USA um die Kategorie der Anbieter interaktiver Computerdienste ergänzt. Zur Förderung der ungehemmten Entwicklung des Internets wird diesen An-

---

[81] U. S. Const. Art. VI § 2; vgl. auch *Mc Culloch v. Maryland*, 17 U. S. 316/427 (1819).
[82] *English v. General Elect.* Co., 496 U. S. 72/78 (1990).
[83] § 230 (d) (3) S. 1: „Nothing in this section shall be construed to prevent any state from enforcing any state law that is consistent with this section“.
[84] § 230 (d) (3) S. 2: „No cause of action may be brought and no liability may be imposed under any State or local Law that is inconsistent with this Section“.
[85] Zur Rechtslage in England vgl. Teil 2, 2. Abschnitt III. 1. b. bb.

bietern gegenüber den als „distributor" zu qualifizierenden Personen eine privilegierende Sonderbehandlung gewährt.

cc. Ergebnis

Eine deliktische Haftung der Host- und Access-Provider für fremde ehrverletzende Inhalte ist wegen § 230 (c) CDA ausgeschlossen. Von ihrem Wortlaut her schließt § 230 (c) CDA zunächst nur die Haftung „publisher liability" und damit die Haftung ohne Kenntnis der ehrverletzenden Aussage aus. Nach der Auffassung der Rechtsprechung ist mit der „publisher liability" jedoch zudem die „distributor liability", d. h. die auf der positiven Kenntnis der Ehrverletzung gründende Haftung, ausgeschlossen. Content-Provider haften für die Veröffentlichung ehrverletzender Inhalte im Internet dagegen nach den Grundsätzen des „libel law". Wegen ihrer Qualifizierung als „publisher" haften sie auch dann, wenn sie keine Kenntnis davon haben, daß der von ihnen in das Internet gestellte Inhalt ehrverletzend ist. Der Verschuldensmaßstab richtet sich nach der Art der betroffenen Person. Handelt es sich um Privatpersonen, ist schon mit einem fahrlässigen Verhalten des beklagten Content-Providers eine Haftung gegeben. Sind von der Ehrverletzung „public figures" oder „limited purpose public figures" betroffen, muß der Content-Provider die Falschheit der ehrverletzenden Aussage gekannt oder sich im Hinblick auf seine diesbezügliche Unkenntnis grob fahrlässig verhalten haben. Wegen der mit dem Internet gegebenen Möglichkeit der Nutzer, sich gegen ehrverletzende Äußerungen zu wehren, ist davon auszugehen, daß Betroffene insbesondere dann, wenn die Ehrverletzung in einem Diskussionsforum erfolgte, an dem sie sich zuvor beteiligt haben, vielfach als „limited purpose public figure" einzustufen sind.

2. Deliktshaftung für Verletzungen des „right of privacy"

Verbreitet jemand im Internet Abbildungen anderer Personen oder veröffentlicht er deren intime und persönliche Informationen, kommt eine „invasion of privacy" in Betracht[86], die mit einer Verletzung des Persönlichkeitsrechts zu vergleichen ist[87]. Wurde ein „right of privacy" zunächst nur als Grundrecht eingeordnet, das den Bürgern Schutz gegenüber Eingriffen von seiten des Staates bietet[88], erkennen die Gerichte seit Anfang des 20. Jahrhunderts an, daß dieses Recht seine Wirkung auch Zivilrecht entfaltet und den Einzelnen damit vor Verletzungen durch Private schützt[89]. Insbesondere

---

[86] *Perritt*, Law and the Information Superhighway, Kapitel 4, S. 171; *Perle/Williams*, Electronic Publishing Handbook, Paragraph 4.03; *Delaney/Kim/Isser*, Practising Law Institute, Patents, Copyrights, Trademarks, and Literary Property Course Handbook Series; PLI Order No. G0-0044, January 1999, S. 151 f.

[87] *Reimann*, Einführung in das US-amerikanische Privatrecht, S. 114.

[88] *United States v. Jacobsen*, 466 U. S. 109/113 (1984); *Smith v. Maryland*, 442 U. S. 735/740 (1979).

[89] Den Anfang dieser Entwicklung machten *Warren* und *Brandeis* mit ihrem 1890 erschienenen Artikel „The Right of Privacy" (4 Har. L. Rev. 193). In der Entscheidung *Roberston v. Rochester Folding*

wegen der mit den fortschreitenden technologischen Entwicklungen gegebenen Möglichkeiten, in das Privatleben anderer einzudringen, wird davon ausgegangen, daß die Bedeutung des „right of privacy“ sowohl in verfassungsrechtlicher als auch in zivilrechtlicher Hinsicht noch zunimmt[90]. Wie bei der Ehrverletzung in Form des „libel“ kann der Geschädigte Schadensersatz verlangen, ohne das Vorliegen eines tatsächlich erlittenen Schadens beweisen zu müssen. Hat der Beklagte mit Schädigungsabsicht gehandelt, kann er zudem zu Strafschadensersatz („punitive damages“) verurteilt werden[91].

a. Schutzumfang des „right of privacy“ und seine Bedeutung für das Internet

In der Regel werden vier verschiedene Handlungen als Eingriff in das „right of privacy“ eingeordnet: Das öffentliche Verbreiten von privaten Informationen, der unbefugte Gebrauch des Namens einer Person oder ihrer Abbildung, die Veröffentlichung von Informationen, die eine Person ins falsche Licht rücken, sowie das Eindringen in die Privat- und Intimsphäre einer Person[92]. Der Schutzumfang des „right of privacy“ variiert jedoch in den einzelnen Bundesstaaten. So ist z. B. bei der Veröffentlichung von Informationen, die eine Person ins falsche Licht rücken, nach dem Recht von New York keine Beeinträchtigung dieses Rechts gegeben[93].

aa. Veröffentlichung privater Informationen

Die Veröffentlichung von privaten Informationen begründet eine Haftung aus Delikt, wenn die damit bewirkte Enthüllung von einem objektiven Dritten als anstößig und unhaltbar („highly objectionable“) empfunden wird[94]. Dabei kommt es nicht darauf an, ob die Informationen der Wahrheit entsprechen[95], entscheidend ist, daß es sich um private Informationen handelt. Als solche gelten primär Informationen aus dem familiären, finanziellen und gesundheitlichen Bereich einer Person[96]. Eine Haftung ist ausgeschlossen, wenn die Informationen schon vorher veröffentlicht wurden oder aus sonstigen Gründen allgemein bekannt sind. Zum Schutz der Rede- und Pressefreiheit darf es sich für eine Haftung zudem nicht um Informationen handeln, die von öffentli-

Box Co., 64 N. E. 442 (1902) wurde die Geltung eines „right of privacy“ im Zivilrecht zunächst abgelehnt, der Supreme Court von Georgia dagegen erkannte in der Entscheidung *Pavesich v. New England Life Insurance*, 50 SE 68 (1905) die Existenz eines solchen Rechts an.

[90] *Street*, Law of the Internet, Kapitel 2, S. 95.

[91] Gutachten des Max-Planck-Institutes, S. 327.

[92] Restatement of Torts, Second, Paragraphen 652 A-652 E.

[93] *Howell v. New York Post* Co., 612 N. E. 2d. 699 (Ct. App. 1993).

[94] *Franklin/Anderson*, Mass Media Law, Kapitel 5, S. 348; *Cavazos/Morin*, Cyberspace and the Law, Kapitel 2, S. 27; Restatement of Torts, Second, Paragraph 652 D.

[95] *Cavazos/Morin*, Cyberspace and the Law, Kapitel 2, S. 26.

[96] *Brelsford*, First Annual Internet Law Institute, S. 471/501 (1997); *Brelsford/Wong*, Practising Law Institute, PLI Order No. G0-0001, Juni 1998, S. 707/758.

chem Interesse sind oder eine Person der Öffentlichkeit betreffen[97]. Aufgrund der jedem Internetnutzer gegebenen Möglichkeit, Informationen in Sekundenschnelle weltweit zu verbreiten, wird dieser Art der Verletzung des „right of privacy" eine besondere Bedeutung beigemessen[98]. Wegen der mit dem Internet gegebenen potentiell weiten Verbreitung wird davon ausgegangen, daß die Veröffentlichung privater Informationen im Internet eher als unhaltbar eingeordnet wird als bei Veröffentlichungen in jedem anderen Medium[99]. Trotzdem existieren bislang noch keine Gerichtsentscheidungen, die sich mit der Deliktshaftung eines Internet-Service-Providers für die Veröffentlichung privater Informationen beschäftigen. Mit der weiter zunehmenden Verbreitung des Internets wird gerade in diesem Bereich aber eine Fülle von Gerichtsentscheidungen erwartet[100].

bb. Unbefugter Gebrauch des Namens oder Abbildung einer Person – der Fall Howard Stern v. Delphi

Eine Haftung wegen der Verletzung des „right of privacy" kommt weiterhin in Betracht, wenn ohne das Einverständnis des Betroffenen dessen Name oder Abbildung verwendet wird. Geschützt wird vor Verletzungen der Selbstachtung und Würde, so daß für eine Haftung ein immaterieller Schaden gegeben sein muß[101]. Der mit der Verwendung von Namen und Abbildung verbundene kommerzielle Wert, der vor allem bei bekannten Persönlichkeiten eine Rolle spielt, wird dagegen vom verwandten „right of publicity" geschüzt[102], dem mittlerweile eine eigenständige Bedeutung zugeordnet wird[103]. Für die Deliktshaftung wegen des Verstoßes gegen das „right of privacy" bzw. das „right of publicity" gelten dieselben Grundsätze wie wenn der Name oder die Abbildung einer Person im Offline-Bereich verwendet worden wäre[104]. Damit kommen für Internet-Service-Provider auch die weitreichenden Rechtfertigungsgründe („privileges") in Betracht, die insbesondere Presse, Rundfunk und Fernsehen zugestanden werden und einen Ausschluß der Haftung bewirken.

Um die Anwendbarkeit eines solchen Rechtfertigungsgrundes auf einen Internet-Service-Provider ging es auch in der Entscheidung in *Howard Stern v. Delphi Internet Service Corp.*[105]. In diesem Fall hatte der Provider Delphi für seine Kunden ein Bulletin Board eröffnet, in dem die Kandidatur von Howard Stern zum Gouverneur des Staates New York diskutiert werden sollte. Um auf dieses Bulletin Board aufmerksam

---

97 *Cavazos/Morin*, Cyberspace and the Law, Kapitel 2, S. 27; *Frank*, Practising Law Institute, PLI Order No. G4-3962, März 14-15, 1996, S. 417/455.

98 *Rose*, Netlaw, Kapitel 4, S. 131; *Cavazos/Morin*, Cyberspace and the Law, Kapitel 2, S. 27.

99 *Rose*, aaO; *Cavazos/Morin*, aaO.

100 *Brelsford/Wong*, Practising Law Institute, PLI Order No. G0-0001, Juni 1998, S. 707/756.

101 *Mc Carthy*, The Rights of Publicity and Privacy, Paragraph 5.8, S. 68/69.

102 Vgl. *Cardtoons, L. C. v. Major Leage Baseball Players Ass.*, 95 F. 3d. 959/976: „Publicity rights, however, are meant to protect against the loss of financial gain, not mental anguits" (10th Cir. 1996).

103 *Delaney/Kim/Isser*, Practising Law Institute, PLI Order No. G0-0044, Januar 1999, S. 61/151.

104 *Delaney/Kim/Isser*, aaO.

105 *Stern v. Dephi the Internet Services* Corp., 626 N. Y. S. 2d. 694.

zu machen, hatte Delphi in verschiedenen Zeitungen eine Anzeigenkampagne gestartet. Unter dem Titel „Should this man be the next governor of New York?“ enthielten diese Anzeigen ein Foto von Stern, das ihn in einer sein Gesäß offenbarenden Lederhose zeigte. Stern, der weder der Verwendung seines Namens noch der Verwendung seiner Abbildung durch Delphi zugestimmt hatte, klagte nach dem Recht von New York wegen des unbefugten Gebrauchs seines Namens und seiner Abbildung.

Nach §§ 50, 51 New York Civil Rights Law stellt der Gebrauch des Namens oder der Abbildung einer Person, wenn er ohne deren schriftliches Einverständnis und zu Zwecken des Handels oder der Werbung erfolgt, eine Verletzung des „right of privacy“ dar[106].Eine Haftung ist allerdings ausgeschlossen, wenn die sogenannte „incidental use exception“ zur Anwendung kommt. Diese rechtfertigende Ausnahmeregelung beruht auf dem First Amendment und besagt, daß die Verwendung des Namens oder der Abbildung einer Person im Rahmen einer Werbung dann nicht zu einer Haftung führt, wenn die Werbung zu dem Zweck erfolgt, das Publikum auf die Verbreitung bestimmter Nachrichten aufmerksam zu machen, und die Verwendung des Namens oder der Abbildung hierbei nur eine Nebensache darstellt[107]. Sie findet nur auf solche Personen Anwendung, deren Tätigkeit in der Verbreitung von Nachrichten besteht („news disseminators“), bei denen es sich jedoch nicht unbedingt um Zeitungen oder Magazine handeln muß[108]. In *Howard Stern v. Delphi* galt es nunmehr zu klären, ob Delphi in seiner Tätigkeit als Betreiber eines Bulletin Boards als „news disseminator“ zu qualifizieren war. Das Gericht erklärte, der von Delphi angebotene Dienst sei mit dem eines Zeitschriftenverkäufers oder eines Buchladens gleichzustellen. Delphi sei als „news disseminator“ einzuordnen, der sich auf die besondere Ausnahmeregelung berufen könne. Auch wenn die eigentliche Verletzungshandlung in *Howard Stern v. Delphi* nicht im Internet erfolgte, der Sachverhalt mithin nicht typisch internetrechtlich ist, zeigt dieser Fall, daß die amerikanischen Gerichte auch im Bereich der Persönlichkeitsrechtsverletzungen darum bemüht sind, eine Benachteiligung von Internet-Service-Providern gegenüber traditionellen Informationsanbietern zu vermeiden.

cc. „False light“

Eine Verletzung des „right of privacy“ ist auch dann gegeben, wenn eine Person in einer Veröffentlichung mit Informationen oder Abbildungen in Zusammenhang gebracht wird, die diese in ein falsches Licht rücken und ihren Ruf schädigen[109]. Auch hier scheidet eine Haftung aus, wenn die betroffene Person zuvor ihr Einverständnis

---

[106] N. Y. Civ. Rights Law Paragraph 50: „ … a person , firm or corporation that uses for advertising purposes, or for the purposes of trade, the name, the portrait or picture of any living person without having first obtained the written consent of such person… is guilty of a misdemeanor“.

[107] St. Rspr. seit *Humiston v. Universal Film Mfg.* Co., 189 App. Div. 467/476.

[108] *Booth v. Curtis Publ.* Co, 15 AD 2d 343; 11 NY 2d 907 (1962).

[109] Vom „libel“ unterscheidet sich dieses Delikt dadurch, daß für eine Haftung keine Ehrverletzung gegeben sein muß. Vgl. *Cavazos/Morin*, Cyberspace and the Law, Kapitel 2, S. 27.

gegeben hat oder es sich bei den Informationen um solche handelt, die von öffentlichem Interesse sind[110].

dd. Eindringen in die Privat- und Intimsphäre

Eine Deliktshaftung wegen Eindringen in die räumliche oder sonstige Privatsphäre einer Person wird typischerweise durch unbefugtes Betreten des Hauses einer Person, durch unbefugte Tonbandaufnahmen oder durch Abhören des Telefons begründet[111]. Voraussetzung für eine Haftung ist, daß sich die Verletzungshandlung auch für einen vernünftigen und besonnenen Menschen als „highly offensive" darstellt[112]. Im Bereich des Internets entfaltet dieser Aspekt des Persönlichkeitsschutzes seine Bedeutung insbesondere bei der massenhaften Verbreitung unerwünschter E-mails[113].

b. Deliktshaftung der Host- und Access-Provider für Verletzungen des „right of privacy": Haftungsausschluß durch § 230 (c) CDA?

Während sich die Haftung der Content-Provider für eine Verletzung des „right of privacy" nach den dargestellten Grundsätzen bemißt, ihre Haftung wegen der Einschaltung des Internets weder beschränkt noch verschärft wird, stellt sich die Frage nach der Haftung der Host- bzw. Access-Provider. Deren Haftung wäre nach der bisherigen Rechtsprechung ausgeschlossen, erstreckte sich § 230 (c) CDA über den Bereich der Ehrverletzungen hinaus auch auf Persönlichkeitsrechtsverletzungen.

Dem Wortlaut von § 230 (c) (1) CDA, der zunächst darauf abzielt, eine Anwendung der im Bereich der Ehrverletzungen geltenden „publisher liability" auszuschließen, ist dies nicht zu entnehmen. Sowohl die Lehre[114] als auch die bislang ergangene Rechtsprechung verstehen § 230 (c) CDA jedoch als eine Vorschrift, die für Anbieter interaktiver Computerdienste nicht nur die „distributor liability", sondern jede deliktische Haftung für Inhalte Dritter ausschließt. So spricht der Court of Appeals im Fall *Zeran v. America Online* von einer Haftungsimmunität der Provider und führt diese auf den Schutz der freien Rede zurück. Der Gesetzgeber habe sich bei Erlaß von § 230 (c) CDA dafür entschieden, der Verbreitung rechtswidriger Inhalte im Internet zum Schutz der Redefreiheit nicht durch die Haftbarmachung der technischen Verbreiter entgegenzutreten[115]. Im Fall *Doe v. America Online*[116], in dem es um die Verbreitung

---

[110] *Cavazos/Morin*, Cyberspace and the Law, Kapitel 2, S. 28.
[111] *Dietmann v. Time*, Inc., 449 F. 2d 245 (9th. Circ. 1971); *Miller v. NBC*, 187 Cal. App. 3d. 1463 (1986).
[112] Restatement of Torts (Second), Paragraph 652 B.
[113] *Brelsford/Wong*, Practising Law Institute, PLI Order No. G0-0001, Juni 1998, S. 707/758.
[114] Vgl. de *Grazia Blumenfeld/Carome/Jain*, Journal of Internet Law, Januar 1999, 20: „Section 230 established that providers of interactive computer services are generally immune from liability for harms resulting from the dissemination of defamatory or otherwise harmful information that other persons or entities create and make available through such services".
[115] Vgl. 129 F. 3d 327: „The Communication Decency Act (CDA) creates federal immunity to any cause of action that would make interactive computer service provider liable for information originat-

von kinderpornographischen Materialien ging, erklärte sowohl das unterinstanzliche Gericht als auch das Berufungsgericht, daß über § 230 (c) CDA die Haftung wegen „negligence" für den Verstoß gegen zwei Strafgesetze des Bundesstaates Florida ausgeschlossen sei.

In Anbetracht der Tatsache, daß der Ausschluß der „distributor liability" damit begründet wird, daß die Anbieter aus Furcht vor einer Haftung ansonsten die Anzahl der zu verbreitenden Inhalte verringern würden, mit einem Haftungsrisiko also ein unzulässiger Einriff in die Redefreiheit gegeben sei, erscheint diese Rechtsprechung als konsequent. Denn die befürchtete „einschüchternde Wirkung" bestünde auch dann, wenn die Provider zwar nicht für Ehrverletzungen, doch aber für andere Rechtsverletzungen haften würden. Wegen der zwischen den Delikten der Ehrverletzung und der Persönlichkeitsrechtsverletzung bestehenden Verwandtschaft ist auch nicht davon auszugehen, daß für Ehrverletzungen eine Haftungsbefreiung gegeben ist, während für Persönlichkeitsrechtsverletzungen etwa das im DMCA für Urheberrechtsverletzungen vorgesehene Haftungssystem zur Anwendung kommt.

c. Ergebnis

Content-Provider haften für Veröffentlichungen, die eine Verletzung des „right of privacy" bewirken, wie traditionelle Informationsanbieter. Wegen der mit dem Internet gegebenen weiten Verbreitung eingespeister Inhalte kann es allerdings sein, daß die für eine Haftung wegen der Veröffentlichung privater Informationen erforderliche Einstufung der Verletzungshandlung als „highly objectionable" hier besonders schnell erreicht ist. Eine Haftung der Host- und Access-Provider erscheint dagegen als ausgeschlossen. Dem auf der Basis des § 230 (c) CDA für Ehrverletzungen entwickelten Haftungsausschluß werden in der Rechtsprechung auch für andere Bereiche der Deliktshaftung Gültigkeit zugesprochen. Wenngleich die Frage einer deliktischen Haftung der Host- und Access-Provider für Persönlichkeitsrechtsverletzungen selbst noch nicht Gegenstand der Rechtsprechung war, ist vor diesem Hintergrund von einer Haftungsbefreiung auszugehen.

3. Haftung für fehlerhafte Informationen

Die Deliktshaftung der Internet-Service-Provider für im Internet verbreitete fehlerhafte Informationen war bislang noch nicht Gegenstand der Rechtsprechung. In der Lehre wird diese Problematik unter Bezugnahme auf Printmedien erörtert. Im Vordergrund der Diskussion steht dabei die Frage nach der Anwendung der „strict liability for pro-

---

ing with third-party user of service"; vgl. weiter auf S. 331: „The specter of tort liability in an area of prolific speech would have an obvious chilling effect (...). Faced with potential liability (...) interactive computer service provider might choose to severely restrict the number and type of messages posted. Congress considered the weight of the speech interests implicated and chose to immunize service providers to avoid any such restrictive effect".

[116] *Doe v. America Online*, 25 Media L. Rptr. 2112 (Fla. Ct. App. 1998).

ducts“ auf im Internet verbreitete Informationen. Als Haftungsgrundlage kommt daneben auch die „negligence in tort“ in Betracht.

a. Haftung nach den Grundsätzen der Produkthaftung

Das Produkthaftungsrecht der USA sieht eine verschuldensunabhängige Haftung für Schäden vor, die durch ein fehlerhaftes Produkt verursacht worden sind[117]. Die Verschuldensunabhängigkeit der Produkthaftung, die sich in den USA mit der Entscheidung in *Greenman v. Yuba Power Products*[118] bereits in den sechziger Jahren durchgesetzt hat und die Vorbild für die Entwicklung der Produkthaftung in Europa war[119], beruht auf der rechtspolitischen Entscheidung, die durch ein fehlerhaftes Produkt entstandenen Schäden und Kosten von demjenigen tragen zu lassen, der das Produkt hergestellt und verkauft hat[120]. Mit Einführung der strikten Haftung sollte zudem der Tatsache Rechnung getragen werden, daß der Beweis von „fault“ und „negligence“ in Produkthaftungsfällen oftmals nur schwer zu erbringen ist, und der Konsument aus diesem Grund schützenswürdig ist[121].

aa. Anwendbarkeit der Produkthaftung auf fehlerhafte Druckwerke

Die Frage, ob die Produkthaftung auf im Internet verbreitete, fehlerhafte Informationen Anwendung finden kann, wird mangels einschlägiger Gerichtsurteile unter Bezugnahme auf die rechtliche Behandlung fehlerhafter Informationen in Druckwerken erörtert[122]. Dabei zeigt die zu Druckwerken ergangene Rechtsprechung, daß im Hinblick auf die Anwendung einer strikten Haftung im Bereich der Informationsverbreitung äußerst restriktiv verfahren wird.

(1) Informationen in Druckwerken als „products“ im Sinne der Produkthaftung?

Im Mittelpunkt der Untersuchung steht die Frage, ob Informationen, die in Druckwerken enthalten sind, als „products” einzuordnen sind. Die genaue Bedeutung des Beg-

---

[117] Geburtsstunde der amerikanischen Produkthaftung: der Fall *Mac Pherson v. Buick Motor* Co., 111 N.E. 1050 (N.Y. Ct. App. 1916).

[118] *Greenman v. Yuba Power Products*, Inc., 27 Cal. Reptr. 697 (1963).

[119] *Prosser/Wade/Schwartz* et al., Torts, Kapitel 15, S. 694; *Clark/Ansay*, Introduction to the Law of the United States, S. 190.

[120] Vgl. *Greenman v. Yuba Power Products*, Inc., 27 Cal. Reptr. 697 (1963).

[121] *Prosser & Keeton*, The Law of Torts, Paragraph 98, S. 693. Die von der Rechtsprechung aufgestellten Grundsätze der Produkthaftung wurden vom American Law Institute in Section 402 A des Restatement (Second) of Torts niedergelegt, die von den Gerichten der meisten Bundesstaaten als „guidance on product liability law“ angenommen wurde und oftmals in den Gerichtsentscheidungen zitiert wird. Mit dem Restatement (Third) of Torts, Products Liability, das 1998 veröffentlicht wurde, sind die in Section 402 A niedergelegten Grundsätze entsprechend der in der Rechtsprechung vollzogenen Entwicklung ergänzt worden.

[122] Vgl. nur *Davidson/Podkopacz/Dechery*, Journal of Internet Law, Juli 1998, S. 14/20; *Toedt*, Journal of Internet Law, November 1997, S. 1 ff.

riffs „product" wird in den USA nicht einheitlich definiert. Section 402 A des Restatement (Second) of Torts enthält keine Definition des Produktbegriffs. Viele Bundesstaaten haben eine Produktdefiniton - zum Teil mit großen Abweichungen - jedoch in ihr Produkthaftungsgesetz aufgenommen[123]. Die Gerichte der Bundesstaaten, deren Produkthaftungsgesetz keine Produktdefinition enthält, berufen sich für die Einordnung eines Gegenstandes als „product" überwiegend auf die mit der Produkthaftung verfolgten Ziele[124]. Dieser Praxis trägt nunmehr auch die in Paragraph 19 des Restatement (Third) of Torts, Product Liability, enthaltene Definition Rechnung, nach der als Produkt zwar zunächst nur körperliche Gegenstände in Betracht kommen, die aber auch die Einordnung von unkörperlichen Gegenständen als Produkt zuläßt, wenn die Umstände ihrer Verbreitung und ihre Benutzung mit der Verbreitung und Nutzung von körperlichen Gegenständen zu vergleichen sind, so daß die Anwendung der im Restatement niedergelegten Regeln angebracht ist [125]. Die in Zeitungen, Magazinen und in Büchern enthaltenen Informationen stellen nach der ständigen Rechtsprechung allerdings keine „products" dar[126].

In dem Präzedenzfall *Winter v. G. P. Putnam's Sons*[127] ging es um die Frage, ob der Verleger der „Encyclopedia of mushrooms" sich für die in diesem Lexikon enthaltenen, mißverständlichen Informationen nach den Grundsätzen der Produkthaftung zu verantworten habe. Der Court of Appeals (9th Circuit) stellte nach Untersuchung der Kommentierung des American Law Institutes zu Section 402 A und nach Auseinandersetzung mit den hinter der Produkthaftung stehenden Interessen und Zielen fest, daß sich der Geltungsbereich der Produkthaftung nur auf körperliche Gegenstände erstreckt[128]. Die Kommentierung des American Law Institutes zu Section 402 A Restatement (Second) of Torts, in der als „products" nur körperliche Gegenstände aufgeführt worden seien, mache deutlich, daß unkörperliche Objekte wie Ideen und Informationen bei der Entwicklung der produkthaftungsrechtlichen Grundsätze nicht berücksichtigt worden seien. Zudem sei die Verschuldensunabhängigkeit der Produkthaftung eingeführt worden, um das mit der Technologisierung und Massenproduktion

[123] Eine Definition des Produktbegriffes enthalten z. B. die Produkthaftungsgesetze von Arkansas, Idaho, Ohio, Washington, Maryland und Tennessee. Keine Definition die Gesetze von Kalifornien, New York und Connecticut.

[124] Vgl. nur *Fluor Corp. v. Jeppesen & Co.*, 216 Cal. Rptr. 68/71 (Cal. Ct. App. 1985).

[125] Paragraph 19 Restatement (Third) of Torts, Product Liability: „ A product is tangible personal property distributed commercially for use or consumption. Other items, such as real property and electricity, are products when the context of their distribution and use is sufficiently analogous to the distribution and use of tangible personal property that is appropriate to apply the rules stated in this Restatement".

[126] Vgl. nur *Smith v. Linn*, 563 A. 2d 123 (Pa. Super. 1989); *Walter v. Bauer*, 439 N.Y. S. 2d 821 (Supreme Court Erie County); *Herceg v. Hustler Magazine*, Inc., 565 F. Supp. 802 (D. C. S. T. 1983); *Birmingham v. Fodor's Travel Publications*, Inc., 833 P. 2d 70 (Supreme Court of Hawaii 1992); *Winter v. G.P. Putnam's Sons*, 938 F. 2d 1033 (9th Circuit 1991); *Miller v. Boy Scouts of Am.*, 856 SW 2d 230 (Tex. Ct. App. 1993); *Jones v. J.B. Lippincott* Co., 694 F. Supp. 1216 (D. Md. 1988).

[127] *Winter v. Putnam's Sons*, 938 F. 2d 1033 (9th Circuit 1991); „Recent cases", 105 Harv. L. Rev. 1147 ff. (1992).

[128] Ebenda S. 1034: „Products liability law is geared to the tangible world".

verbundene Risiko fehlerhafter Produkte und daraus resultierender Schäden auf den Hersteller zu verteilen und damit gleichzeitig auch die Schadensprävention zu fördern. Dieses Ziel würde sich wegen der Bedeutung, die der freien Meinungsäußerung in den USA beigemessen würde, jedoch nicht auf den Austausch von Informationen etc. erstrecken[129]. Aus diesem Grund müsse für die Anwendung der Produkthaftung zwischen dem Informationsträger und den darin enthaltenen Informationen differenziert werden. Während der Informationsträger als solcher, – z. B. der Buchumschlag – als „product“ eingestuft werden könnte, gelte dies nicht für die darin enthaltene Information[130].

Auch in *Smith v. Linn*[131], in dem der Verleger des Buches „The Last Chance Diet“ wegen des auf die dort beschriebene Diät zurückzuführenden Todes einer Leserin verklagt worden war, in *Herceg v. Hustler Magazine, Inc.*[132], in dem sich ein 14jähriger, der die in einem Artikel beschriebenen ungewöhnlichen Sexualpraktiken nachahmen wollte, nackt im Kleiderschrank erhängt hatte, sowie in *Jones v. J. B. Lippincott. Co*[133], in dem eine Krankenschwesternschülerin die Angaben in einem Lehrbuch befolgt und daraufhin erkrankt war, erklärten die Gerichte ausdrücklich, daß die in einem Buch oder Magazin enthaltenen Informationen, seien sie noch so gefährlich, keine „products“ im Sinne von Paragraph 402 A Restatement (Second) of Torts darstellen[134].

(2) Verfassungsrechtliche Bedenken bei Anwendung der Produkthaftung auf fehlerhafte Informationen

Wie zuvor aufgezeigt, stützen sich die Gerichte zur Ablehnung der Produkthaftung im Bereich des Informationsaustauschs auf die mangelnde Produkteigenschaft von Informationen. Jedoch läßt nicht nur der Präzedenzfall *Winter v. G.P. Putnam's Sons* erkennen, daß die restriktive Haltung der Gerichte weniger auf der mangelnden Körperlichkeit von Informationen oder der Unvereinbarkeit mit den Zielen der Produkthaf-

---

[129] Ebenda S. 1035.

[130] Das Gericht gab eine sehr anschauliche Beschreibung dieser Differenzierung: „A book containing Shakespeare's sonnets consists of two parts, the material and print therein, and the ideas and expressions thereof. The first may be a product, but the second is not“. S. 1034.

[131] *Smith v. Linn*, 563 A. 2d 123 (Pa. Super. 1989), vgl. dazu *Appleton*, 12 Loyola of Los Angeles Entertainment Law Journal, 585 ff (1992).

[132] *Herceg v. Hustler Magazine*, Inc., 565 F. Supp. 802 (D. C. S. T. 1983).

[133] *Jones v. J. B. Lippincott* Co, 694 F. Supp. 1216 (D. Md. 1988).

[134] Eine Ausnahme von diesem Grundsatz wird nach ständiger Rechtsprechung nur für Luftfahrkarten gemacht, da diese aufgrund ihrer technischen Funktion sowie ihres hohen technischen Standard weniger als Druckwerk, sondern vielmehr als technisches Instrument einzuordnen sind. Vgl. *Aetna Casualty & Surety Co. v. Jeppesen & Co.*, 642 F. 2d 339 (9th Cir. 1981); *Halstedt v. United States and Jeppesen & Co.*, 535 F. Supp. 782 (D. Conn. 1982); *Saloomey v. Jeppesen & Co.*, 707 F. 2d 671, 676/677 (2nd Cir 1982); *Fluor Corp. v. Jeppesen & Co.*, 216 Cal. Rptr. 68 (Cal. App. 1985). Zustimmend die Gerichte in *Smith v. Linn*, 563 A. 2d 123/127 (Pa. Super. 1989); *Winter v. Putnam's Sons*, 938 F. 2d 1033/1036; *Way v. Boy Scouts of America*, 856 S. W. 2d 230/238. Daß es sich hier um eine Ausnahme und nicht um eine neue Tendenz in der Rechtsprechung handelt, geht daraus hervor, daß die Gerichte immer wieder auf den Spezialfall „Luftfahrtkarten“ hinweisen.

tung beruht, sondern vielmehr auf der Befürchtung, mit der Anwendung der verschuldensunabhängigen Produkthaftung die Ausübung der durch das First Amendment gewährten Meinungs- und Pressefreiheit zu behindern[135]. So würde das aus der verschuldensunabhängigen Produkthaftung resultierende unbestimmte Haftungsrisiko nach Ansicht der Gerichte die Informationsverbreitung beeinträchtigen: Der Verleger würde nur noch solche Publikationen veröffentlichen, die zuvor auf ihre inhaltliche Richtigkeit hin überprüft worden wären[136], der Autor dagegen sähe davon ab, über Themen zu schreiben, die beim Leser zu Verletzungen führen könnten[137]. Anders als bei der Publikation von Luftfahrtkarten, die nach herrschender Auffassung nicht unter den Schutz des First Amendments fallen[138], wird die durch eine Haftungsrisiko bewirkte Einschränkung der Informationsverbreitung als unvereinbar mit der Redefreiheit erachtet[139].

Zu bemerken ist, daß die Gerichte in ihrer Bezugnahme auf das First Amendment nicht nach der Art der Publikation differenzieren. Auch wenn die fehlerhaften Informationen – wie etwa im Winter- oder Smith-Fall – einem Anleitungsbuch entstammen, das zwar das Vertrauen der Leser auf die Richtigkeit der Informationen erweckt, dessen Inhalt jedoch nicht zur öffentlichen Meinungsbildung beiträgt, wird die Anwendung der verschuldensunabhängigen Produkthaftung mit Hinweis auf die durch das First Amendment gewährte Redefreiheit abgelehnt[140]. In der Literatur ist diese weite Auslegung des First Amendments auf Kritik gestoßen[141]. Denn obwohl der Verfassungstext eine solche weite Auslegung durchaus zuläßt, sind die Grundrechte der Meinungs- und Pressefreiheit nicht absolut geschützt[142]. Vielmehr sind sie mit den sozialen Interessen des Staates und den Rechten anderer abzuwägen[143]. Aus dem mit dem

---

[135] Vgl. in Winter, S. 1035: „We place a high priority on the unfettered exchange of ideas. We accept the risk that words and ideas have wings we cannot clips and which carry them we know not where. The threat of liability without fault ... could seriously inhibit those who whish to share thoughts and theories".

[136] *Myers*, 45 Ark. L. Rev. 699/716 (1991); *Gray*, 82 Law Libr. J. 497/517 (1990).

[137] *Walter v. Bauer*: „Would any author wish to be exposed to a liability for writing on a topic which might result in physical injury?"; *Bayman*, 42 Vand. L. Rev. 557/576 (1989).

[138] Brockelsby v. United States, 753 F. 2d 794/803; Smith v. Linn, 563 A. 2d 123/127.

[139] *Gray*, 82 Law Libr. J. 497/517 (1990)

[140] Vgl. nur die Fälle Smith v. Linn, 563 A. 2d 123 und Winter v. Putnam's Sons, 938 F. 2d 1033.

[141] *Ross*, 39 Wayne L. Rev. 261 ff. (1992); *Myers*, 45 Ark. L. Rev. 699 ff. (1991); *Appleton*, 12 Loyola of Los Angeles Entertainment Law Journal, 585 ff. (1992).

[142] „The most stringent protection would not protect a man in falsely shouting fire in a theatre and causing panic", so der US Supreme Court in Schenk v. United States, 249 U. S. 47/52 (1919); vgl. auch Konigsberg v. State Bar, 366 U. S. 36/49 (1961).

[143] Der US-Supreme Court hat sich für die Abwägung zwischen sozialen Interessen und dem Schutz der freien Rede verschiedener Lösungsansätze bedient. So wurde eine zeitlang dem sogenannten „ad hoc balancing approach" gefolgt, nach dem die Abwägung unter Berücksichtigung aller im Einzelfall relevanter Umstände durchgeführt wurde. [vgl. z. B. American Communications Ass'n v. Douds, 339 U. S. 382/399 (1950)]. Bevorzugt zu werden scheint indes der sogenannte „categorical balancing approach", nach dem es verschiedene Arten der Kommunikation gibt, die unterschiedlichen verfassungsrechtlichen Schutz genießen. Als ungeschützte Rede gelten hiernach Ehrverletzungen [Gertz v. Robert Welch, 418 U. S. 323], Obszönitäten [Miller v. California, 413 U. S. 15 (1973)], aggressive Schimpf-

First Amendment verfolgten Ziel, den Bürgern die Möglichkeit zu geben, sich ohne Behinderung von Seiten des Staates frei äußern zu können[144], wird geschlossen, daß in erster Linie solche Publikationen dem Schutz des First Amendments unterfallen, die politische, künstlerische oder religiöse Ideen und damit solche Ideen enthalten, deren Schutz vom First Amendment bezweckt wurde[145]. Vor diesem Hintergrund wird zum Teil gefordert, daß die Anwendung der Produkthaftung auf fehlerhafte Informationen in Druckwerken nicht kategorisch ausgeschlossen werden sollte, sondern daß für die Anwendung dieser strengen Haftung vielmehr nach Art der Publikation zu differenzieren ist. Handelt es sich um Informationen, die aus einem Anleitungsbuch stammen, soll die Produkthaftung zur Anwendung kommen[146].

Von der Rechtsprechung wurde eine solche inhaltsorientierte Differenzierung bislang jedoch abgelehnt[147]. Zudem zeigen die verschiedenen Gerichtsentscheidungen, daß bei der Frage der Haftung für fehlerhafte Informationen auch keine Abwägung zwischen der Redefreiheit und den Interessen Dritter stattfindet. Der Redefreiheit wird vielmehr ein genereller Vorrang gewährt.

bb. Konsequenz für die Anwendbarkeit der Produkthaftung im Bereich des Internets

Aus den Ausführungen folgt, daß die Produkthaftung auch keine Anwendung auf fehlerhafte Informationen im Internet finden kann[148]. Die im Hinblick auf Anleitungsbücher geführte Diskussion ist jedoch auch für den Bereich des Internets von Relevanz. Wie bei Büchern stellt sich auch bei „anleitenden" Informationen im Internet die Frage, ob mangels geringeren Schutzes durch das First Amendment und aufgrund des gesteigerten Vertrauens der Nutzer nicht doch die Produkthaftung zur Anwendung kommt. Gegen die mangelnde Körperlichkeit von online übertragenen Informationen könnte in diesem Fall entsprechend Paragraph 19 des Restatements of Torts (Third), Product Liability, eingewendet werden, daß eine Anwendung der Produkthaftung aufgrund der Umstände des Falls gerechtfertigt ist. Wie zuvor aufgezeigt, ist in der Recht-

---

worte [vgl. Chaplinski v. New Hampshire, 315 U. S. 568 (1942)] sowie die Anstiftung zu kriminellen Handlungen [vgl. Brandenburg v. Ohio, 395 U. S. 444 (1969)]. Der Rede, die ausschließlich zu kommerziellen Zwecken erfolgt, wird ein geringerer Schutz als etwa der politischen Rede zugebilligt [Virginia State Board of Pharmacy v. Virginia Citizens Consumer Council, Inc. 425 U. S. 748 (1976)].

144 *Smith*, 72 Minn. L. Rev. 1193/1199 (1988).

145 *San Filippo*, 18 Trail Law. Q., 55/71 (1987).

146 *Ross*, 39 Wayne L. Rev. 261/285 (1992); *Myers*, 45 Ark. L. Rev. 699/724 f.(1991).

147 *Winter v. G.P. Putnam's Sons*, 938 F. 2d 1033/1035; vgl. auch die Erläuterung in *Alm v. Van Nostrand Reinhold* Co., Inc., 480 N. E. 2d 1263/1267: „We suspect that such a distinction would lead to further First Amendment problems involving content-based discrimination. (...) Even if liability could be imposed consistently with the Constitution, we believe that the adverse effect of such liability upon the public's free access to ideas would be a too high price to pay."

148 So auch *Davidson/Podkopacz/Dechery*, Journal of Internet Law, Juli 1998, S. 14/20; *Toedt*, Journal of Internet Law, November 1997, S. 1 ff.

sprechung bislang allerdings keine Tendenz zu erkennen, den Schutz der Redefreiheit bei Anleitungsbüchern oder anleitenden Informationen zu reduzieren.

b. Haftung nach den Grundsätzen der „negligence in tort“

Eine Haftung der Internet-Service-Provider für Schäden, die durch im Internet verbreitete oder zugänglich gemachte fehlerhafte Informationen hervorgerufen wurden, kann weiterhin auf Fahrlässigkeit gründen. Für die „negligence in tort“ wird im Hinblick auf die Verbreitung fehlerhafter oder mißverständlicher Informationen zwischen der Haftung für körperliche Schäden („negligent mispresentation involving risk of physical harm”[149]) und der Haftung für finanzielle Schäden („information negligently supplied for the guidance of others”[150]) unterschieden. In beiden Fällen ist für eine Haftung das Bestehen einer rechtlich durchsetzbaren Verhaltenspflicht („duty“), der Verstoß gegen diese Pflicht sowie ein aus diesem Pflichtverstoß unmittelbar resultierender Körper- bzw. Vermögensschaden erforderlich.[151].

aa. Verpflichtung zur Inhaltskontrolle

Das Bestehen einer Verhaltenspflicht wird von den Gerichten grundsätzlich unter Berücksichtigung verschiedener Gesichtspunkte festgestellt. Im Wege eines sogenannten „risk-utility-test“[152] sind neben der Vorhersehbarkeit eines möglichen Schadens die Vermeidbarkeit des Schadenseintritts sowie die Konsequenzen zu berücksichtigen, die aus der Auferlegung einer Verhaltenspflicht resultieren[153]. Die Frage, ob Internet-Service-Provider verpflichtet sind, fehlerfreie Informationen zu verbreiten, wird mit Blick auf die Behandlung traditioneller Informationsanbieter beantwortet[154].

(1) Kontrollpflichten im Bereich traditioneller Informationsmedien

Im Hinblick auf eine Verpflichtung des Verlegers, die von ihm publizierten Informationen auf ihre Richtigkeit zu untersuchen, hat vor allem das in diesem Fall drohende

---

[149] Restatement (Second) of Torts, Paragraph 311:„ (1) One who negligently gives false information to another is subject to liability for physical harm caused by action taken by the other in reasonable reliance upon such information, where such harm results (a) to the other, or (b) to such third persons as the actor should expect to be put in peril by action taken. (2) Such negligence may consist of failure to exercise reasonable care (a) in ascertaining the accuracy of the information, or (b) in the manner in which it is communicated.

[150] Restatement (Second) of Torts, Paragraph 552: „One who, in the course of his business, profession or employment, or in any other transaction in which he has pecuniary interest, supplies false information for the guidance of others in their business transactions, is subject to liability for pecuniary loss caused to them by their justifiable reliance upon the information, if he fails to exercise reasonable care or competence in obtaining or communicating the information”.

[151] *Prosser/Wade/Schwartz et. al.*, Torts, Kapitel 4, S. 131.

[152] Vgl. *Way v. Boy Scout of America*, 865 S. W. 2d 230 /231 (1993).

[153] *Barnes v. Washington*, 305 N. E. 2d 535 (1973).

[154] *Davidson/Podkopacz/Dechery*; Journal of Internet Law, Juli 1998, S. 14.

unbestimmte und uferlose Haftungsrisiko die Gerichte dazu bewogen, eine solche Pflicht auch im Hinblick auf die Haftung für Körperschäden abzulehnen[155]. Die Gefahr eines solchen Haftungsrisikos, das mit dem gesellschaftspolitischen Interesse an einem unbeschränkten Informationsfluß und der Redefreiheit als nicht zu vereinbaren erachtet wird[156], hat schon in frühen Entscheidungen dazu geführt, daß eine Haftung des Verlegers oder des Herausgebers einer Zeitschrift gegenüber einem geschädigten Leser für fehlerhafte Informationen Dritter nur bei dem Bestehen eines gewissen Rechts- bzw. Treueverhältnisses („privity") zugelassen wurde[157].

Auch wenn sich die Gerichte heute nicht mehr auf Privity-Doctrine berufen[158], wird der damit verfolgte Gedanke, den Verleger nicht durch ein unbestimmtes und unbeschränktes Haftungsrisiko unangemessen zu belasten, weiterhin aufrechterhalten[159]. So wird für das Bestehen einer Verpflichtung des Verlegers, korrekte Informationen zu veröffentlichen, gefordert, daß zwischen den Parteien ein Verhältnis existiert, das in „moral and good conscience" einerseits dazu berechtigt, auf die Richtigkeit der gegebenen Information zu vertrauen, und andererseits dazu verpflichtet, die Information nur unter Aufbringung höchster Sorgfalt zu verbreiten[160]. Wegen der über das First Amendment gewährten Garantien wird auch bei der Auferlegung einer Kontrollpflicht für Autoren Zurückhaltung geübt[161]. Da die Autoren die niedergelegten Inhalte kennen und auch in der Lage sind, Fehler auszumachen, wird in der Lehre aber davon ausgegangen, daß die Gerichte hier eher geneigt sind, das Bestehen einer Pflicht zur Inhaltskontrolle anzunehmen[162].

(2) Kontrollpflichten der Internet-Service-Provider

(a) Content-Provider – der Fall Daniel v. Dow Jones & Company

Wie die zur Verlegerhaftung ergangenen Gerichtsentscheidungen deutlich machen,

---

[155] „The scope of liability would extend to an indeterminate number of potential readers" *Alm v. Nostrand Reinhold* Co. Inc., 480 N. E. 2d 1263/1267; vgl. ferner *Gray*, 82 Law Libr. J. 497/509 (1990); *Toedt*, Journal of Internet Law, November 1997, 1.

[156] *Alm v. Nostrand Reinhold* Co. Inc., 480 N. E. 2d 1263 (1985); *Lewin v. McCreight*, 655 F. Supp. 282 (E. D. Mich. 1987). Vgl. auch hier das Gericht im Winter-Fall: „Were we tempted to create this duty, the gentle tug of the First Amendment and the values embodied therein would remind us of the social costs", *Winter v. Puntnam's Sons*, 938 F.2d 1033/1037.

[157] *Jaillet v. Cashman*, 189 N. Y. S. 743 (1921); *Ultramares Corp. v. Touche*, 174 N. E. 441 (1931); *Mac Kown v. Illinois Publishing* Co., 6 N. E. 2d 526.

[158] *Nelson v. Union Wire Rope Corp.*, 199 N. E. 2d 769 (1964).

[159] *Alm v. Nostrand Reinhold* Co. Inc., 480 N. E. 2d 1263 (1985); *Lewin v. McCreight*, 655 F. Supp. 282 (E. D. Mich. 1987); *Jones v. Lippincott*, 694 F. Supp. 1216 (D. Md. 1988).

[160] *Demuth Development Corp. v. Merck & Co.*, Inc., 432 F. Supp. 990/993 (1977).

[161] *Walter v. Bauer*, 439 N. Y. S. 2d 821/823: „Would any author wish to be exposed to a liability for writing on a topic which might result in physical injury?".

[162] *Toedt*, Journal of Internet Law, September 1997, 20. Dies geht auch aus der Entscheidung im Fall *Alm v. Van Nostrand Reinhold*, 480 N. E. 2d 1263/1267 hervor, in der es heißt: „The balance might well come out differently, however, if the publisher contributed some of the content of the book".

besteht bei der Veröffentlichung von Informationen und Texten Dritter grundsätzlich keine Verpflichtung zur Überprüfung ihrer inhaltlichen Richtigkeit oder zur Warnung vor möglichen Gefahren. Dieser Grundsatz muß auch für die Verbreitung fremder Informationen im Internet gelten. Wäre nämlich der Content-Provider, der ausgewählte Inhalte Dritter auf seinem Server bereithält und auf diesem Wege im Internet verbreitet, dazu verpflichtet, Inhaltskontrollen durchzuführen, wäre sein Haftungsrisiko aufgrund der mit dem Internet bewirkten weltweiten Verbreitung der Informationen noch erheblich größer als bei dem Verleger. Auch hier würde dieses Haftungsrisiko letztlich dazu führen, daß nur noch eine beschränkte Anzahl von Informationen für die Nutzer des Internets verfügbar wäre.

Die diesbezügliche Gleichbehandlung der Content-Provider mit Informationsanbietern im Bereich der Printmedien wird im Fall *Daniel v. Dow Jones & Company, Inc*[163] deutlich, in dem der Kläger behauptete, daß der interaktive Nachrichtendienst „Dow Jones News“[164] ihm fahrlässig falsche und irreführende Informationen übermittelt habe. Die ihm zur Verfügung gestellten Informationen hätten nicht erkennen lassen, daß es sich bei den angegebenen Preisen um kanadische und nicht amerikanische Dollar gehandelt habe. Das Gericht hatte zu entscheiden, ob „Dow Jones News“ seinem Abonnenten gegenüber dazu verpflichtet war, fehlerfreie und akkurate Informationen zu liefern. Mit der Begründung, eine Haftung für die Verbreitung fehlerhafter Informationen komme nur dann in Betracht, wenn zwischen den Parteien eine Beziehung bestehen würde, die den Empfänger der Information dazu berechtige, auf die Richtigkeit der Information zu vertrauen und denjenigen, der die Information verbreite, zu einer bestimmten Sorgfalt verpflichte, lehnte das Gericht das Bestehen einer solchen Verpflichtung ab. Das Verhältnis zwischen dem Kläger und dem Online-Dienst „Dow Jones News“ sei in funktioneller Hinsicht nicht von dem Verhältnis zwischen dem Käufer und dem Verkäufer von gedruckten Informationen zu unterscheiden. Da der Verkäufer von Printmedien nach New Yorker Recht aber nicht dazu verpflichtet sei, fehlerfreie Informationen zu verbreiten und ein Online-Dienst nicht allein deshalb anderes behandelt werden müsse, weil er die Informationen elektronisch verbreite, sei kein Grund ersichtlich, einen Online-Dienst zur Verbreitung fehlerfreier Informationen zu verpflichten[165].

Ob das Gericht anders entschieden hätte, wenn „Dow Jones News“ die fehlerhaften Informationen nicht nur zusammengestellt hätte, sondern Schöpfer dieser Informationen gewesen wäre, kann der Entscheidung nicht entnommen werden. Bislang existie-

---

[163] *Elridge Daniel v. Dow Jones & Company*, Inc., 520 N. Y. S. 2d 334.

[164] Dieser Dienst bestand darin, auf Anforderung der Abonnenten bestimmte Nachrichten online auf deren PCs zu übertragen.

[165] Vgl. *Daniel v. Dow Jones & Company*, Inc., 520 N. Y. S. 2d 334/338: „There is no functional difference between defendant's service and the distribution of a moderate circulation newspaper or a subscription newsletter. The instantanaous, interactive and computerized delivery of defendant's service does not alter the facts: plaintiff purchased defendant's news reports as did thousands of others. The 'special relationship' required to allow an action for negligent missatement must be greater than that between the ordinary buyer and seller“.

ren auch keine anderen Urteile, die sich mit einer Kontrollpflicht desjenigen Content-Providers beschäftigen, der selbstverfaßte Inhalte im Internet verbreitet.

(b) Host- und Access-Provider

Eine Kontrollverpflichtung der als technische Verbreiter tätigen Host- und Access-Provider, deren Mißachtung zu einer Haftung führen könnte, ist wegen der hierfür erforderlichen Sonderbeziehung fernliegend. Möglich ist zudem, daß eine Haftung bereits über § 230 (c) CDA ausgeschlossen wird. Wie oben dargelegt, vertritt die Rechtsprechung die Auffassung, daß diese Vorschrift für Anbieter interaktiver Computersysteme eine auf die Inhalte Dritter bezogene Haftungsimmunität statuiert.

c. Ergebnis

Die Frage nach einer Haftung der Internet-Service-Provider für Schäden, die aus der Fehlerhaftigkeit im Internet verbreiteter Informationen resultieren, ist im amerikanischen Recht von der verfassungsrechtlich garantierten Rede- und Pressefreiheit geprägt. So scheitert die Anwendung der verschuldensunabhängigen Produkthaftung auf fehlerhafte Informationen nicht nur daran, daß Informationen generell, d. h. unabhängig davon, ob sie mit einem Trägermedium verknüpft sind oder online im Internet übertragen werden, nicht als „product" im Sinne der produkthaftungsrechtlichen Grundsätzen zu qualifizieren sind. Maßgeblich für die Ablehnung der Produkthaftung im Bereich der Informationsverbreitung sind vielmehr verfassungsrechtliche Bedenken. Denn die Auferlegung einer verschuldensunabhängigen Haftung würde, so die ständige Rechtsprechung, wegen des damit begründeten uferlosen Haftungsrisikos als „chilling effect" einen unzulässigen Eingriff in die Rede- und Pressefreiheit darstellen.

Dieselben Befürchtungen bestehen auch hinsichtlich einer Haftung aus „negligence". Eine Haftung kommt hier nur bei dem Bestehen eines Verhältnisses zwischen den Parteien in Betracht, welches den Nutzer dazu berechtigt, auf die gegebenen Informationen zu vertrauen. Aus diesem Grund ist das Risiko der Content-Provider, für Schäden zu haften, die aus der Fehlerhaftigkeit der gegebenen Informationen resultieren im amerikanischen Recht überaus gering. Für die Host- und Access-Provider ist von einem Haftungsausschluß auszugehen.

2. Abschnitt: Rechtsvergleichende Betrachtung

Die Untersuchung der deliktischen Haftung der Internet-Service-Provider in den USA hat gezeigt, daß die USA ebenso wie Deutschland Mitte der neunziger Jahre bestrebt waren, durch Einführung gesetzlicher Regelungen Rechtsunsicherheiten zu beseitigen, welche die Entwicklung des Internets und die Ausnutzung der mit diesem Medium gegebenen Betätigungsmöglichkeiten hätten behindern können. Besondere Aufmerksamkeit galt dabei der Beseitigung der Rechtsunsicherheiten, die hinsichtlich der rechtlichen Behandlung der Host- und Access-Provider bestanden[1]. Wegen deren rein technischer Funktion bei der Inhaltsverbreitung im Internet wurden in beiden Staaten Regelungen erlassen, die eine Haftung dieser Anbieter für die verbreiteten Inhalte beschränken. Diese Übereinstimmung relativiert sich indes dadurch, daß die US-Rechtsprechung auf der Basis der gesetzlichen Regelung für Host- und Access-Provider eine Haftungsimmunität entwickelt hat, wohingegen im deutschen Recht eine generelle Haftungsfreistellung nur für Access-Provider gilt. Gemeinsamkeiten sind dagegen bei der Deliktshaftung der Content-Provider festzustellen, für die grundsätzlich weder im deutschen noch im amerikanischen Recht internetspezifische Sonderregelungen gelten.

Im Rahmen der rechtsvergleichenden Betrachtung werden zunächst die Besonderheiten erörtert, die sich bei der Gegenüberstellung der deliktischen Haftung der Content-Provider in Deutschland und den USA ergeben. Ein besonderes Augenmerk wird den Besonderheiten geschenkt, die sich bei der Haftung für Ehrverletzungen und der Haftung für im Internet verbreitete fehlerhafte Informationen zeigen. Anschließend wird auf die Differenzen eingegangen, die hinsichtlich der deliktischen Haftung der Host- und Access-Provider zu verzeichnen sind. Dabei soll insbesondere untersucht werden, ob die in den USA gefundenen Lösungsansätze, die maßgeblich auf deren praktischen Erfahrungen im Umgang mit der rechtlichen Behandlung dieser Anbieter beruhen, für das deutsche Recht fruchtbar zu machen sind. Angesichts der sich mit der Richtlinie zum E-Commerce abzeichnenden europäischen Lösung der Haftungsfrage sind in die Analyse auch die in dem Richtlinienvorschlag niedergelegten Verantwortlichkeitsregelungen einzubeziehen.

[1] In den USA wurde der Mangel an gesetzlichen Regelungen für die Haftung der Host- und Access-Provider deutlich, als mit Cubby, Inc. v. Compuserve, Inc., 776 F. Supp. 135 und Stratton Oakment v. Prodigy Services Co., 23 Media L. Reptr. 1794 (N.Y. Sup., Ct. May 25, 1995) divergierende Gerichtsentscheidungen zu der Haftung der Host-Provider ergingen. In Deutschland zeigte sich das Bedürfnis an einem Tätigwerden des Gesetzgebers zunächst im Hinblick auf die strafrechtliche Verantwortlichkeit dieser Provider. So hatte die Staatsanwaltschaft München 1995 dem Online-Dienst CompuServe aufgegeben, den Zugang zu 200 Newsgroups zu sperren, und die Staatsanwaltschaft Mannheim dem Online-Dienst T-Online vorgeworfen, über den Zugang zum WWW auch den Zugang zu der Nazipropaganda Ernst Zündels verschafft zu haben. Vgl. dazu Mayer, NJW 1996, 1782/1787 Fn. 64.

I. Content-Provider

Die Gegenüberstellung der deliktischen Haftung der Content-Provider im deutschen und amerikanischen Recht zeigt, daß Content-Provider, die rechtswidrige Materialien in das Internet stellen, für die dadurch verursachten Rechtsverletzungen in beiden Rechtsordnungen grundsätzlich so haften, als hätten sie sich für die Verbreitung dieser Materialien eines traditionellen Verbreitungsmediums bedient. Eine Einschränkung der Haftung, die auf der besonderen Funktionsweise und Struktur des Internets beruhen würde, ist in beiden Rechtsordnungen ausgeschlossen. Für das deutsche Recht folgt dies aus den Regelungen der §§ 5 Abs. 1 TDG, MDStV, die für die Haftung der Anbieter eigener Inhalte auf die allgemeinen Gesetze verweisen, in den USA aus § 230 (c) CDA, der für „interactive service provider" eine Haftungsprivilegierung vorsieht, aus ihrem Anwendungsbereich aber solche Provider ausschließt, die für das Verfassen und die Entwicklung der über das Internet verbreiteten Informationen verantwortlich sind.

1. Haftung für ehrverletzende Inhalte im Internet

Die für die Haftung der Content-Provider wichtige Frage nach einer Gleichbehandlung dieser Informationsanbieter mit den Akteuren der traditionellen Massenmedien Presse, Funk und Fernsehen stellt sich in den USA anders als in Deutschland nicht bezüglich des für Ehrverletzungen geltenden Verschuldensmaßstabs[2]. Hier gilt für alle Content-Provider, unabhängig davon, ob sie allgemeine oder journalistisch-redaktionelle Inhalte bereithalten, der „actual-malice-standard", wenn es sich bei den Betroffenen um eine Person des öffentlichen Lebens handelt, der Fahrlässigkeitsmaßstab, wenn es sich bei dem Betroffenen um eine Privatperson handelt[3]. Daß auch für den Fahrlässigkeitsmaßstab nicht danach zu differenzieren ist, ob der Content-Provider ein elektronisches Presseerzeugnis oder eine private Homepage bereithält, ist so zu erklären, daß für die Presse in den meisten Bundesstaaten kein besonderer „publizistischer" Sorgfaltsmaßstab gilt[4].

Die Besonderheit des amerikanischen Rechts, für den im Einzelfall zu gewährenden Ehrschutz nach der Art des Betroffenen zu unterscheiden, erhält im Bereich des Internets dadurch eine besondere Brisanz, daß die Schwelle zur Qualifizierung einer Pri-

---

[2] Zur Differenzierung zwischen Ehrverletzungen durch elektronische Presseerzeugnisse und Web-Seiten mit allgemeinen Inhalten im deutschen Recht Teil 1, IV. In den USA hat die Frage der Gleichbehandlung der Content-Provider mit den Akteuren traditioneller Massenmedien praktische Relevanz vor allem im Hinblick auf die Anwendbarkeit der für die Presse aus der „press-clause" des First Amendment entwickelten Privilegien. Zu nennen sind hier etwa die der Presse im amerikanischen Recht zugestandenen Steuervergünstigungen, das Verbot staatlicher Zensur sowie der besondere Schutz der Akteure der Presse durch den Privacy Protection Act. Vgl. dazu *Rose*, Legally Online, Internet World 1996, abrufbar unter http://www.boardwatch.internet.com/mag/95/jul/bwm.55.html.

[3] Siehe hierzu Teil 4, 1. Abschnitt, III. 1. a., S. 174 f.

[4] Zum Fahrlässigkeitsmaßstab bei Ehrverletzungen im amerikanischen Recht vgl. Teil 4, 1. Abschnitt, III. 1. a., S. 175.

vatperson als „public figure“ bzw. „limited purpose public figure“ hier von einem Teil der Lehre niedriger angesetzt wird als bei Ehrverletzungen in traditionellen Massenmedien. So sollen Privatpersonen nach einer Auffassung generell als „public figures“ zu qualifizieren sein, wenn sie nur Zugang zum Internet haben. Nach einer anderen Auffassung entfällt der besondere Schutz von Privatpersonen, wenn diese Zugang zu Diskussionsforen haben oder sich an der dort „online“ geführten Diskussion aktiv beteiligt haben[5]. Begründet werden diese Auffassungen damit, daß das für Privatpersonen geltende Privileg, bereits bei Fahrlässigkeit des Schädigers einen Schadensersatzanspruch geltend machen zu können, nur wegen deren besonderer Schutzbedürftigkeit gerechtfertigt ist. Diese Schutzbedürftigkeit, die vom U. S. Supreme Court in der *Gertz*-Entscheidung mit dem Mangel an einem zur Gegenwehr erforderlichen „channel of effective communication“ begründet wurde[6], wird bezweifelt, wenn es um Ehrverletzungen im Internet überhaupt oder um ehrverletzende Äußerungen im Rahmen von Diskussionsforen geht, zu denen die betroffenen Privatpersonen Zugang oder an denen sie sich aktiv beteiligt haben. In diesen Fällen könnten sie sich durch entsprechende, ebenfalls im Internet zu veröffentlichende Entgegnungen wehren. Bei der aktiven Teilnahme an Newsgroups wird die Schutzbedürftigkeit der Betroffenen auch deshalb abgelehnt, weil diese sich bewußt in die Aufmerksamkeit der Öffentlichkeit gegeben und auf eigene Gefahr gehandelt hätten.

Diese Argumente, die, sollten sie von der Rechtsprechung aufgegriffen werden, zu einem verminderten Ehrschutz im Bereich des Internets bzw. in Diskussionsforen führen, können sich in dieser Form im deutschen Recht nicht auswirken. Zunächst wird der Ehrschutz im deutschen Recht grundsätzlich nicht eingeschränkt, weil sich der Betroffene gegen eine ehrverletzende Äußerung wehren kann. Aus diesem Grund kann weder der Zugang zum Internet, noch der Zugang zu Diskussionsforen zu einem verminderten Ehrschutz führen. Das in der US-Lehre weiterhin angeführte Argument, ein aktiver Teilnehmer von Diskussionsgruppen sei weniger schützenswert, weil er sich bewußt in die Aufmerksamkeit der Öffentlichkeit begeben habe, geht in die Richtung des besonderen Schutzes der öffentlichen Debatte im amerikanischen Recht. Auch im deutschen Recht erfährt diese für das demokratische System als unentbehrlich erachtete öffentliche Debatte einen besonderen Schutz. So gilt bei der im Rahmen der Rechtswidrigkeitsprüfung durchzuführenden, fallbezogenen Abwägung mit dem Grundrecht auf Meinungsfreiheit eine Vermutung zugunsten der Meinungsfreiheit[7], wenn eine ehrverletzende Äußerung Angelegenheiten von öffentlichem Interesse be-

---

[5] Siehe hierzu Teil 4, 1. Abschnitt, III. 1. b. bb., S. 176.

[6] *Gertz v. Robert Welch*, Inc, 418 U. S. 323 (1974). Der U. S. Supreme Court erklärte in dieser Entscheidung, Personen des öffentlichen Lebens hätten einen leichteren Zugang zu Massenmedien und könnten sich gegen ehrverletzende Äußerungen besser verteidigen als Privatpersonen.

[7] Aus der Vermutung zugunsten der Meinungsfreiheit folgt keine generelle Vorrangstellung der Meinungsfreiheit. Vielmehr sind allein die Begründungsanforderungen besonders hoch, wenn bei der Güter- und Interessenabwägung gegen die Meinungsfreiheit entschieden wird. Vgl. *Grimm*, NJW 1995, 1697/1703, der sich auch ausführlich zu den unterschiedlichen Ansätzen im deutschen und amerikanischen Recht äußert.

trifft[8]. Zudem gilt der Grundsatz, daß derjenige, der in einer öffentlichen Debatte Anlaß zu einem abwertenden Urteil gegeben hat, eine scharfe Reaktion auch dann hinnehmen muß, wenn sie sein Ansehen mindert[9]. Ohne Zweifel gelten diese besonderen Grundsätze auch dann, wenn in Diskussionsforen im Internet Fragen von öffentlichem Interesse debattiert werden. Anders als im amerikanischen Recht über die pauschale Qualifizierung der Teilnehmer von Diskussionsforen als „limited purpose public figure" zu erreichen versucht, kann es für die Anwendung dieser Sonderregelungen aber nicht ausreichen, daß ein Betroffener sich an einem Diskussionsforum im Internet beteiligt. Vielmehr ist im Einzelfall zu untersuchen, ob es bei dem diskutierten Themenkomplex um eine Angelegenheit von öffentlichem Interesse ging und ob der Betroffene selbst Anlaß zu einer scharfen Reaktion gegeben hat. Die in den USA für das Internet geforderte generelle Einstufung von Privatpersonen als „public figures" bzw. „limited purpose public figure" ist auch nicht gutzuheißen. Denn die hieraus resultierende grundsätzliche Anwendung der Verschuldensform der „actual malice", die mit ihren vom Kläger zu beweisenden Voraussetzungen – Wissen des Beklagten um die Unrichtigkeit der behaupteten Tatsache oder diesbezügliche grobe Fahrlässigkeit – eine kaum zu überwindende Prozeßhürde darstellt[10], führt im Ergebnis dazu, daß die Nutzer mit dem Zugang zum Internet bzw. mit dem Zugang zu Diskussionsforen ihren Ehrschutz einbüßen. Eine solche „Vogelfreiheit" der Nutzer kann aufgrund der damit zu befürchtenden Zunahme an Ehrverletzungen für das Internet nicht erstrebenswert sein.

2. Haftung für fehlerhafte Informationen im Internet

Deutliche Abweichungen zeigen sich bei der Frage einer Haftung für fehlerhafte Informationen im Internet.

a. Produkthaftung

Die Anwendung des deutschen Produkthaftungsgesetzes (PHG) auf online übermittelte fehlerhafte Informationen scheitert an der mangelnden Produkteigenschaft dieser Informationen. Aufgrund ihrer fehlenden Verkörperung sind sie, auch wenn sie ausgedruckt oder abgespeichert werden, nicht als Sache, wegen des Ausnahmecharakters des Merkmals der Elektrizität nicht als Elektrizität i. S. d. § 2 S. 1 PHG zu qualifizieren[11]. Anders als im deutschen Recht existiert im Produkthaftungsrecht der USA kein einheitlicher Produktbegriff. Im Restatement (Third) of Torts, Product Liability, heißt es jedoch, daß auch unkörperliche Sachen als Produkte im Sinne der Produkthaftung eingestuft werden können, wenn eine Anwendung der Produkthaftung aufgrund der

---

[8] Anders als im Recht der USA ist der grundrechtliche Schutz bei öffentlichen Auseinandersetzungen mithin nicht personen-, sondern themenbezogen. Vgl. hierzu *Nolte*, EuGRZ 1988, 253/257.

[9] BVerfGE 12, 113/131; BVerfGE 24, 278/286.

[10] *Zöllner*, ZUM 1997, 719/726.

[11] Siehe zu der Diskussion der Produkteigenschaft von online übermittelten Informationen Teil1, IV. 2. b. aa., S. 51 ff.

Umstände des Falls gerechtfertigt ist[12]. Obwohl die Anwendung der Produkthaftung auf fehlerhafte Informationen im amerikanischen Recht in Anbetracht dieser Regelung nicht als ausgeschlossen erscheint, wird die Geltung dieser verschuldensunabhängigen Haftung im Bereich der Informationsverbreitung in ständiger Rechtsprechung abgelehnt. Begründet wird dies mit dem Sinn und Zweck der Produkthaftung sowie der mangelnden Produkteigenschaft von Informationen. Ausschlaggebend für die Ablehnung der Produkthaftung ist aber die befürchtete hemmende Wirkung („chilling effect"), die eine solche strikte Haftung auf den durch die Redefreiheit geschützten Kommunikationsprozeß hätte[13]. Zwar wird diese Rechtsprechung in der Lehre zum Teil kritisiert. Die Redefreiheit – so die Argumentation – schütze primär die Äußerung politischer, religiöser und künstlerischer Ideen. Informationen, die allein zu einer praktischen Verhaltensweise anleiten würden, seien aus diesem Grund weniger schützenswert[14]. Die US-Rechtsprechung hat eine solche inhaltsorientierte Differenzierung für den verfassungsrechtlichen Äußerungsschutz bislang aber abgelehnt. Zwar erstreckt sich der Schutz der Redefreiheit nach ständiger Rechtsprechung nicht auf Luftfahrtkarten. Diese unterfallen als „products" dementsprechend auch der Produkthaftung[15]. Alle übrigen Druckwerke werden im amerikanischen Recht hingegen unbeschränkt vom Schutz der Redefreiheit erfaßt.

Als Ergebnis bleibt festzuhalten, daß bei der Informationsverbreitung im Internet weder im deutschen noch im amerikanischen Recht das Risiko besteht, ohne Verschulden für Schäden zu haften, die aus der Fehlerhaftigkeit der Information resultieren. Während die Anwendung der Produkthaftung im deutschen Recht aber primär an der mangelnden Produkteigenschaft online übermittelter Informationen scheitert, scheint im amerikanischen Recht der Schutz der Redefreiheit Hauptursache für ihre Ablehnung sein.

b. Fahrlässigkeitshaftung

Daß der Redefreiheit im amerikanischen Recht eine überragende Bedeutung zukommt, zeigt sich auch bei der auf Fahrlässigkeit gründenden Haftung für fehlerhafte Informationen. Diese wird in den USA in einem wesentlich geringeren Maße als in Deutschland zugelassen. Zwar erstreckt sich die Haftung aus „negligence" im Gegensatz zur Haftung aus § 823 Abs. 1 BGB auch auf Schäden, die den Nutzern aufgrund fehlerhafter bzw. mißverständlicher Informationen an ihrem Vermögen entstehen[16]. Um das durch die Redefreiheit geschützte gesellschaftspolitische Interesse an einem unbeschränkten Informationsfluß nicht zu beeinträchtigen und die Informationsanbieter keinem zu unbestimmten und unbeschränkten Haftungsrisiko auszusetzen, wird aber

---

[12] Siehe hierzu Teil 4, 1. Abschnitt, III. 3. a. aa. (1), S. 201.
[13] Siehe hierzu Teil 4, 1. Abschnitt, III. 3. a. aa. (2), S. 203.
[14] Siehe hierzu Teil 4, 1. Abschnitt, III. 3. a. aa. (2), S. 204.
[15] Zu dieser Ausnahme siehe Teil 4, 1. Abschnitt, III. 3. a. aa. (2), S. 202, Fn. 134.
[16] Vgl. Restatement (Second) of Torts, Paragraph 552, abgedruckt in Teil 4, 1. Abschnitt, III. 3. b., S. 205, Fn. 149.

sowohl eine Haftung für Vermögens- als auch für Körperschäden nur bei dem Bestehen eines Sonderverhältnisses zwischen den Beteiligten zugelassen. Dieses Verhältnis muß dergestalt sein, daß es die Nutzer dazu berechtigt, auf die Richtigkeit der gegebenen Informationen zu vertrauen[17].

Der im deutschen Recht für eine Haftung maßgebliche Aspekt der Gefährlichkeit einer Information für die Rechtsgüter der Nutzer oder Dritter[18], scheint sich im amerikanischen Recht nicht auszuwirken. In einem obiter dictum erklärte das Gericht in *Lewin v. McCreight* zwar, daß die Haftung wohl strenger sein müßte, wenn es sich bspw. um ein Anleitungsbuch zur Herstellung eines Fallschirms handele, das das Risiko schwerer Schäden für die Nutzer in sich berge[19]. Soweit ersichtlich, wurde bislang aber in keiner Gerichtsentscheidung tatsächlich auf den konkreten Inhalt einer Publikation und die darin angelegten Gefahren abgestellt. Auch das für die Haftung nach deutschem Recht wichtige Kriterium des berechtigten Vertrauens der Nutzer in die Richtigkeit von Informationen, das vor allem von der Aufmachung der Publikation bzw. Web-Seite, den typischen Benutzerkreisen sowie der Entgeltlichkeit abhängt, findet im amerikanischen Recht in dieser Form keine Berücksichtigung. Selbst wenn ein Content-Provider auf seinen Web-Seiten wissenschaftliche Erkenntnisse auf hohem stilistischen Niveau preisgibt und bei den Nutzern damit den Eindruck erweckt, diese Informationen seien zuverlässig und vertrauenswürdig, folgt hieraus im amerikanischen Recht keine Verpflichtung zu umfassenden Kontrollen der gegebenen Informationen. Das Bestehen der für eine Haftung erforderlichen Sonderbeziehung zwischen den Beteiligten richtet sich nicht nach der Art oder Aufmachung der gegebenen Informationen, sondern danach, ob zwischen dem Informationsanbieter und dem Nutzer im Einzelfall ein das Vertrauen rechtfertigende Sonderverhältnis gegebenen ist. Die zur Haftung für fehlerhafte Informationen in Druckwerken ergangene Rechtsprechung zeigt, daß zum Schutz der Redefreiheit an das Bestehen eines solchen Verhältnisses hohe Anforderungen gestellt werden. Bei der Informationsverbreitung im Bereich des Internets, die dadurch gekennzeichnet ist, daß eine Information von einer Vielzahl von Nutzern abgerufen werden kann, werden diese Anforderungen nur selten erfüllt sein. Das Risiko einer Haftung ist für Content-Provider, die fehlerhafte Informationen in das Internet stellen, im amerikanischen Recht folglich wesentlich geringer als im deutschen Recht.

Wie oben angedeutet, gründet die Einschränkung des Haftungsrisikos im Bereich der Informationsverbreitung im amerikanischen Recht auf dem Gedanken, daß ein zu großes Haftungsrisiko eine abschreckende Wirkung auf die Redefreiheit hat[20]. Auch im deutschen Recht gilt der Grundsatz, daß ein Eingriff in die durch Art. 5 Abs. 1 S. 1 GG garantierte Meinungsfreiheit gegeben ist, wenn die Meinungsäußerung durch nachteilige Rechtsfolgen, z. B. der Verpflichtung zur Leistung von Schadensersatz

[17] Siehe hierzu Teil 4, 1. Abschnitt, III. 3. b. aa. (1), S. 206.
[18] Zu diesem für das deutsche Recht wichtigem Kriterium vgl. Teil 1, IV. 2. cc. (2) (b), S. 47.
[19] *Lewin v. McCreight*, 655 F. Supp. 282/284 (E. D. Mich. 1987).
[20] Siehe zu der Argumentation der US-Rechtsprechung Teil 4, 1. Abschnitt, III. 3. b. aa. (1), S. 206.

oder Schmerzensgeld, praktisch verhindert wird[21]. Daß sich die Meinungsfreiheit bei der Frage der Haftung für fehlerhafte Informationen im deutschen Recht jedoch nicht in der Weise auswirkt wie im amerikanischen Recht, hat verschiedene Gründe:

So ist das deutsche Recht durch die Besonderheit geprägt, daß Art. 5 Abs. 1 S. 1 GG nicht die Äußerung als solche, sondern die Äußerung einer Meinung schützt. Tatsachenaussagen werden nur dann geschützt, wenn sie einen Bezug zur Meinungsbildung aufweisen[22]. Bei Informationen mit Anleitungscharakter stehen die eine Meinung ausmachenden subjektiven Wertungen des Verfassers oftmals im Hintergrund. In diesen Fällen ist es daher bereits fraglich, ob der Schutzbereich der Meinungsfreiheit überhaupt eröffnet ist. In den USA spielt die Unterscheidung zwischen Werturteilen und Tatsachenbehauptungen für den Schutzbereich der Redefreiheit dagegen eine weitaus weniger bedeutende Rolle[23]. Die in der Lehre für den Schutz der Redefreiheit geforderte Differenzierung danach, ob es sich um politische bzw. religiöse Informationen oder aber um Informationen mit Anleitungscharakter handelt, wurde, wie schon oben dargelegt, von der Rechtsprechung bislang abgelehnt. Grund für die unterschiedliche Auswirkung der Rede- bzw. Meinungsfreiheit ist des weiteren, daß aus einem Eingriff in die Meinungsfreiheit im deutschen Recht nicht sogleich dessen Unzulässigkeit folgt. Vielmehr muß das Grundrecht der Meinungsfreiheit zurücktreten, wenn seine Wahrnehmung zu einer Verletzung höherrangiger Interessen führen würde. Bei Informationen, deren praktische Umsetzung etwa zu Verletzungen der körperlichen Integrität ihrer Nutzer führen kann, wird die Meinungsfreiheit insofern untergeordnet, als diese Informationen nur dann ohne Haftungsrisiko bereitgehalten werden können, wenn sie zuvor umfassend auf ihre Exaktheit kontrolliert wurden[24]. Die Rechtsprechung in den USA zeigt hingegen, daß bei der Haftung für fehlerhafte Informationen keine solche Abwägung vorgenommen wird. Der Redefreiheit wird hier ein genereller Vorrang vor den Interessen potentiell Geschädigter eingeräumt.

II. Host- und Access-Provider

Besondere Beachtung bei der Gegenüberstellung der Rechtslage in Deutschland und den USA verdient die Haftung der Host- und Access-Provider, die den Meinungs- und Informationsaustausch im Internet durch die Zurverfügungstellung der hierfür erforderlichen technischen Infrastruktur ermöglichen. Die Untersuchung des amerikanischen Rechts hat gezeigt, daß die Rechtsprechung diese Anbieter wegen der Regelung des § 230 (c) CDA von einer deliktischen Haftung für rechtswidrige Inhalte Dritter befreit. Damit sind zumindest im Hinblick auf die Host-Provider, die im deutschen Recht nach Maßgabe des § 5 Abs. 2 TDG durchaus für fremde, rechtswidrige Inhalte haften können, deutliche Unterschiede gegeben.

---

[21] BVerfG NJW 1980, 2069; BVerfGE 86, 122/128.
[22] Siehe hierzu Teil 1, IV. 2. a. dd. , S. 48.
[23] Vgl. zu dieser Differenzierung im amerikanischen Ehrschutz *Zöllner*, ZUM 1997, 719/727.
[24] Siehe hierzu Teil 1, IV. 2. a. dd., S. 48.

1. Host-Provider

Die amerikanische Regelung des § 230 (c) CDA führt auf den ersten Blick zu einem ähnlichen Ergebnis wie § 5 Abs. 2 TDG, der für eine Haftung der Host-Provider deren positive Kenntnis von den betreffenden rechtswidrigen Inhalten verlangt. So schließt § 230 (c) CDA von seinem Wortlaut her zunächst nur die Geltung der „publisher liability" und damit die Haftung ohne Kenntnis der Rechtswidrigkeit eines Inhalts aus. Die aus dem Umkehrschluß folgende Haftung bei Kenntnis der Ehrverletzung, die von ihrem Ansatz her mit der Rechtslage in Deutschland zu vergleichen gewesen wäre[25], wurde von der US-Rechtsprechung jedoch als die Redefreiheit gefährdend und mit dem gesetzgeberischen Ziel der Förderung von Selbstregulierungsmaßnahmen im Internet nicht vereinbar abgelehnt. Aus § 230 (c) CDA wurde daher ein grundsätzlicher Haftungsausschluß für Host-Provider entwickelt, der sich auf Ehrverletzungen und – der Argumentation der Gerichte zufolge – auch auf Persönlichkeitsrechtsverletzungen bezieht[26]. Im Vergleich zum deutschen Recht, in dem eine Haftung gemäß § 5 Abs. 2 TDG nur bei fehlender Kenntnis des gerügten rechtswidrigen Inhalts sowie bei der Unmöglichkeit bzw. Unzumutbarkeit, nutzungsverhindernde Maßnahmen durchzuführen, ausgeschlossen wird, geht die haftungsrechtliche Privilegierung der Host-Provider im amerikanischen Recht also erheblich weiter. Zu diesem Ergebnis führt auch der Vergleich mit Art. 14 der E-Commerce-Richtlinie (RL), der einen Haftungsausschluß nur zuläßt, wenn dem Host-Provider keine Umstände bekannt sind, aus denen die Rechtswidrigkeit des gespeicherten Inhalts offensichtlich wird oder der Provider Maßnahmen zur Sperrung bzw. Entfernung dieser Inhalte durchgeführt hat[27].

a. Haftungsrisiko der Host-Provider: Unzulässiger Eingriff in die Meinungsfreiheit?

Die US-Rechtsprechung begründet die Freistellung der Host-Provider von einer deliktischen Haftung für fremde Inhalte damit, daß die Möglichkeit einer Haftung diese Anbieter dazu bewegen könnte, die Anzahl der gespeicherten Materialien zu Lasten der Nutzer zu verringern. Ein Haftungsrisiko habe wegen der damit bewirkten privaten Vorzensur einen „chilling effect" auf die durch das First Amendment geschützte Redefreiheit[28]. Auch im deutschen Recht wird eine unbeschränkte Haftung der Host-Provider, die zu einer alle gespeicherten Inhalte umfassenden Kontrollverpflichtung führen und die Tätigkeit dieser Anbieter unzumutbar erschweren würde, als nicht mit Art. 5 Abs. 1 S. 2 GG vereinbar erachtet[29]. Mit der über § 5 Abs. 2 TDG erreichten

---

[25] Allerdings wird im deutschen Recht für eine Haftung nur auf die positive Kenntnis des gerügten Inhalts, nicht auf die Kenntnis der Rechtswidrigkeit des Inhalts abgestellt.

[26] Zur Geltung der Haftungsimmunität gegenüber fremden persönlichkeitsrechtsverletzenden Inhalte vgl. Teil 4, 1. Abschnitt, III. 2. b., S. 197.

[27] Ausführlich zu den Voraussetzungen des Art. 14 RL vgl. Teil 3, II. 2. a., S. 154 ff.

[28] *Zeran v. America Online* Inc., 129 F. 3d 327/331(1997).

[29] Zum grundrechtlichen Schutz der Host-Provider im deutschen Recht vgl. Teil 1, V. 2. b. cc. , S. 71.

Beschränkung der Haftung auf positiv bekannte Inhalte sind diese verfassungsrechtlichen Bedenken jedoch ausgeräumt worden. Denn der grundrechtliche Schutz der Host-Provider führt im deutschen Recht keineswegs dazu, daß diese von jeglichen Kontroll- und Sperrungspflichten befreit werden müßten. Vielmehr gebietet Art. 5 Abs. 2 GG eine Abwägung des Grundrechtsschutzes mit den durch allgemeine Gesetze geschützten Interessen Dritter. Da die Tätigkeit der Host-Provider nicht unzumutbar erschwert wird, wenn diese die ihnen bekannten Inhalte kontrollieren und gegebenenfalls sperren, diese Maßnahmen zum Schutz der Rechte Dritter auch erforderlich sind, führt diese Abwägung zu dem Ergebnis, daß eine auf die bekannten Inhalte beschränkte Haftung als mildestes Mittel mit Art. 5 Abs. 1 S. 2 GG in Einklang steht. In den USA wird dagegen nicht nur die unbeschränkte Haftung, sondern auch die Haftung, die auf der Kenntnis eines rechtswidrigen Inhalts gründet, als nicht mit der Redefreiheit in Einklang stehend erachtet. Schon das damit gegebene Haftungsrisiko könne – so der Court of Appeals im Fall *Zeran v. America Online* – die Provider dazu bewegen, die Anzahl der zu verbreitenden Inhalte zu verringern. Die Haftbarmachung der Host-Provider sei daher nichts anderes als die vom First Amendment ausdrücklich verbotene staatliche Einschränkung der Redefreiheit („intrusive government regulation of speech")[30].

Die Untersuchungen zeigen, daß sich das unterschiedliche Verständnis der Redefreiheit – generelle Vorrangstellung der Redefreiheit in den USA gegenüber der fallbezogenen Abwägung zwischen kollidierenden Rechtsgütern in Deutschland – auch bei der deliktischen Haftung der Host-Provider auswirkt. Es fällt allerdings auf, daß der Court of Appeals mit der zum Schutz der Redefreiheit entwickelten Haftungsimmunität von den im amerikanischen Recht für die Informationsverbreitung geltenden Grundsätzen abweicht. Zwar wurde in der bekannten Entscheidung *Smith v. California*[31] vom U. S. Supreme Court erklärt, eine verschuldensunabhängige Haftung, die einen Buchhändler dazu bewegen würde, die Anzahl der verkauften Bücher zur Minimierung seines Haftungsrisikos zu verringern, sei nicht mit der Redefreiheit zu vereinbaren. Hieraus wurde jedoch nicht der Schluß gezogen, daß die „distributor" von einer Haftung zu befreien sind. Ausgeschlossen wurde allein die Anwendung einer verschuldensunabhängigen Haftung. Einer Haftung bei Kenntnis bzw. fahrlässiger Nichtkenntnis wurden dagegen bislang keine verfassungsrechtlichen Bedenken entgegengebracht. Daran, daß die Haftung der Host-Provider zum Schutz der Redefreiheit im Internet ausgeschlossen und damit noch stärker beschränkt wird als die Haftung der „distributor", wird deutlich, daß die Rechtsprechung dem Meinungs- und Informationsaustausch im Internet in verfassungsrechtlicher Hinsicht einen Sonderstatus einräumt. Fraglich bleibt indes, ob der amerikanische Gesetzgeber mit Erlaß von § 230 (c) CDA tatsächlich die Intention hatte, die Redefreiheit im Internet durch einen Ausschluß der Providerhaftung selbst bei Kenntnis eines rechtswidrigen Inhalts zu schützen. Gegen eine solche Intention könnte jedenfalls das vom Gesetzgeber mit dem

---

[30] Ebenda S. 330.
[31] *Smith v. California*, 361 U. S. 147 (1959).

Digital Millennium Copyright Act 1998 für Urheberrechtsverletzungen eingeführte Haftungssystem sprechen, das eine Haftung der Host-Provider bei Kenntnis und Nichtentfernung der urheberrechtlichen Inhalte ausdrücklich vorsieht[32].

b. Förderung von Selbstregulierungsmaßnahmen

Sowohl in Deutschland als auch in den USA wird zur Verhinderung rechtswidriger Inhalte im Internet nicht auf eine Kontrolle und Restriktion der verfügbaren Inhalte von seiten des Staates[33], sondern auf eine von den Nutzern und Providern ausgehende Selbstregulierung des Internets gesetzt. Bei dieser Selbstregulierung spielen die Host-Provider eine überaus wichtige Rolle. Als „Herren über ihre Server" sind sie in der Lage, rechtswidrige Inhalte von ihrem Server zu entfernen und deren Verbreitung zu beenden. Wegen der Vielzahl der auf ihren Servern gespeicherten Datenangebote ist es ihnen in der Regel freilich nicht möglich, den gesamten Serverinhalt auf das Vorliegen rechtswidriger Inhalte hin zu überprüfen. Ist ein Inhalt jedoch als rechtswidrig identifiziert, sei es, weil der Host-Provider erfolgreich Inhaltskontrollen durchgeführt hat, sei es, weil er durch Selbstkontrollorganisationen oder Nutzer auf das Vorliegen eines solchen aufmerksam gemacht wurde, ist die Entfernung in der Regel unproblematisch.

Der deutsche Gesetzgeber hat dieser Handlungsmöglichkeit der Host-Provider mit § 5 Abs. 2 TDG Rechnung getragen. Nach dieser Regelung haften die Host-Provider, wenn sie einen positiv bekannten Inhalt, der sich in der Überprüfung als rechtswidrig herausstellt, trotz technischer Möglichkeit und Zumutbarkeit nicht der weiteren Nutzung entziehen. Ein ähnliches Konzept wie § 5 Abs. 2 TDG sieht auch Art. 14 RL vor, wonach Host-Provider für einen rechtswidrigen Inhalt haften, den sie trotz Kenntnis von Umständen, aus denen seine Rechtswidrigkeit offensichtlich wird, nicht sperren oder von ihrem Server entfernen. Die Durchführung von Selbstregulierungsmaßnahmen wird in Deutschland und auf EU-Ebene folglich dadurch gefördert, daß den Host-Providern bei einer diesbezüglichen Passivität eine Haftung für die gespeicherten Inhalte droht. In den USA zeigt sich indes ein gegensätzliches Bild. Wegen der von der Rechtsprechung auf Basis des § 230 (c) CDA entwickelten Haftungsimmunität haben die Host-Provider im amerikanischen Recht auch dann keine Haftung zu befürchten, wenn sie einen Inhalt nicht von ihrem Server entfernen, dessen Rechtswidrigkeit sie aufgrund von Kontrollen oder Hinweisen Dritter kennen.

Die US-Rechtsprechung erklärt dies neben dem oben angesprochenen Schutz der Redefreiheit damit, daß der Gesetzgeber sich mit Erlaß des § 230 (c) CDA dazu ent-

---

32 Vgl. zum Digital Millennium Copyright Act 1998 auch unten, S. 226.

33 Von staatlicher Seite kann der Verbreitung rechtswidriger Inhalte – wenn überhaupt – nur durch die Implementierung sogenannter „Firewalls" entgegengetreten werden, über die unerwünschte Inhalte dem Zugriff der Nutzer in dem jeweiligen Staat entzogen werden können. Allerdings hat sich diese Methode nicht nur als ineffizient erwiesen, sie wird als erhebliche Einschränkung des im Internet stattfindenden Meinungs- und Informationsaustauschs in den meisten Staaten zudem abgelehnt. Vgl. dazu *Sieber*, ZUM 1999, 196/198; *McGuire*, 74 N. Y. U. L. Rev. 750/774 (1999); *Spehr*, „Das Netz sperrt sich gegen Zensur", FAZ vom 1. Februar 2000, Seite T1.

schieden habe, die Verhinderung rechtswidriger Inhalte nicht über eine Haftbarmachung der Host- und Access-Provider erreichen zu wollen[34]. Zudem sei bei einer auf Kenntnis bzw. Unterrichtung gründenden Haftung („liability upon notice“) zu befürchten, daß die Provider die gespeicherten Inhalte möglichst zu ignorieren versuchten, um auf diesem Weg die für eine Haftung erforderliche Kenntnis zu vermeiden. Die Durchführung von Inhaltskontrollen sei unter diesen Umständen sehr unwahrscheinlich[35]. Dagegen ist einzuwenden, daß den Providern rechtswidrige Inhalte in der Regel nicht durch eigene Kontrollen bekannt werden, sie über das Vorliegen solcher Inhalte eher von Nutzern oder Selbstkontrollorganisationen unterrichtet werden. Besteht für die Provider wegen einer Haftungsimmunität jedoch kein Anreiz, solchen Hinweisen nachzugehen, ist zu befürchten, daß diesen Hinweisen in der Praxis keine Beachtung geschenkt wird. Genau dieses Ergebnis scheint die US-Rechtsprechung aber zu begrüßen. So erläuterte der Court of Appeals im Fall *Zeran v. America Online* weiter, eine auf der Kenntnis der Provider gründende Haftung sei abzulehnen, um den Provider nicht in die Situation zu bringen, allen Hinweisen auf rechtswidrige Inhalte folgen und die benannten Inhalte einer juristischen Prüfung unterziehen zu müssen. Die damit verbundene herausgeberische Entscheidung, ob eine weitere Verbreitung riskiert werden kann, könne dem Herausgeber im Bereich der Printmedien, wegen der Vielzahl der verbreiteten Inhalte jedoch nicht dem Host-Provider zugemutet werden.

Diese Argumentation ist aus verschiedenen Gründen nicht überzeugend. Zunächst kann der Aspekt der Vielzahl von Inhalten dann keine Rolle mehr spielen, wenn ein Host-Provider auf einen konkreten rechtswidrigen Inhalt hingewiesen wurde. In diesem Fall geht es nicht um die für Host-Provider schwierige Auffindung unbekannter rechtswidriger Inhalte, sondern um die Kontrolle bzw. Sperrung konkret benannter Inhalte. Diese Maßnahmen sind von den Host-Providern in der Regel ohne Schwierigkeiten durchzuführen. Zwar können sich die Hinweise auf verdächtige Inhalte insbesondere bei Host-Providern mit großem Datenvolumen häufen. In Anbetracht der Tatsache, daß die Host-Provider über ihre Tätigkeit überhaupt erst eine Verbreitung dieser rechtswidrigen Inhalte bewirken und als Betreiber der jeweiligen Internet-Server die einzigen sind, die eine Beendigung der Verbreitung erreichen können, ist jedoch auch der in diesem Fall große Arbeitsaufwand gerechtfertigt. Gerade weil aber mit der Kontrolle und Sperrung von Inhalten unter Umständen ein großer Arbeitsaufwand verbunden sein kann, erscheint es als verfehlt, hierfür wie die US-Rechtsprechung auf ein freiwilliges Tätigwerden der Provider zu setzen. Denn die Verbreitung rechtswidriger Inhalte kann wegen der unüberschaubaren Datenmassen im Internet nur dann effektiv verhindert werden, wenn gewährleistet ist, daß die Host-Provider mit Nutzern und Selbstkontrollorganisationen, die verdächtige Inhalte ermitteln, kooperieren und Maßnahmen zur Entfernung der als rechtswidrig

[34] *Zeran v. America Online,* 129 F. 3d 327/330.

[35] *Zeran v. America Online*, Inc., 958 F. Supp. 1124/1134; 129 F. 3d 327/333. Auch in Deutschland wurde dieses Argument als Kritik an § 5 Abs. 2 TDG vorgebracht. Als Konsequenz wurde hier jedoch eine Haftung auch für die dem Provider nicht bekannten Inhalte gefordert. Vgl. Teil 1, V. 2. b. cc. (2) (a) (aa).

nahmen zur Entfernung der als rechtswidrig identifizierten Inhalte ergreifen. Sind die Host-Provider jedoch nicht dazu verpflichtet, Hinweisen auf verdächtige Inhalte nachzugehen und entsprechende Maßnahmen durchzuführen, steht zu befürchten, daß eben diese Mitwirkung der Provider ausbleibt.

Durch die von der US-Rechtsprechung entwickelte Haftungsbefreiung der Host-Provider wird die Selbstregulierung des Internets folglich an entscheidender Stelle geschwächt. Die weitreichende Privilegierung der Host-Provider geht damit zu Lasten derjenigen, die von rechtswidrigen Inhalten im Internet betroffen sind und ein berechtigtes Interesse daran haben, deren Verbreitung zu beenden. Das deutsche Recht, das bei Erfüllung der in § 5 Abs. 2 TDG aufgeführten Voraussetzungen eine Inanspruchnahme der Host-Provider zuläßt, die Deliktshaftung mithin als Steuerungselement zur Erreichung einer effektiven Selbstregulierung des Internets einsetzt, scheint die Haftungsfrage aus diesem Grund besser zu lösen. Außerdem wird im deutschen Recht ein Interessenausgleich erzielt. Denn dadurch, daß für die Haftung auf die positive Kenntnis eines Inhalts abgestellt wird, wird einerseits die Durchführung von Selbstregulierungsmaßnahmen gefördert und dem Interesse der Verletzten an einer effektiven Verhinderung rechtsverletzender Inhalte Rechnung getragen, andererseits werden die Host-Provider über die Haftungsvoraussetzung der positiven Kenntnis vor zu großen Haftungsrisiken geschützt. Die bei der Haftungsfrage kollidierenden Interessen werden somit ausgeglichen. Ein ebensolcher Interessenausgleich wird auch mit der Regelung des Art. 14 RL erzielt. In Anbetracht der Tatsache, daß die Interessenkollision mit dem in den USA gefundenen Lösungskonzept einseitig zugunsten der Host-Provider entschieden wird, erscheinen die in Deutschland und auf EU-Ebene entwickelten Lösungskonzepte als vorzugswürdig.

Erstaunlich ist, daß mit § 512 (c) Digital Millennium Copyright Act 1998 (DMCA) für den Bereich des Urheberrechts ein dem deutschen Recht angenähertes Haftungssystem in das amerikanische Recht eingeführt wurde, welches der europäischen Kommission sogar als Vorbild für Art. 14 RL-V gedient hat[36]. Während also eine Haftung der Host-Provider für ehr- und persönlichkeitsrechtsverletzende Inhalte Dritter im amerikanischen Recht nach Auffassung der US-Rechtsprechung ausgeschlossen ist, haften Host-Provider für urheberrechtsverletzende Inhalte Dritter nach § 512 (c) (1) (A) DMCA, wenn sie bei Kenntniserlangung über das Vorliegen solcher Inhalte nicht unverzüglich tätig werden, um Maßnahmen zu deren Entfernung bzw. Sperrung zu ergreifen[37]. Damit wird dem berechtigten Interesse der Geschädigten an der Verhinderung rechtswidriger Inhalte im amerikanischen Recht Rechnung getragen, wenn es um Urheberrechtsverletzungen geht. Bei Ehr- und Persönlichkeitsrechtsverletzungen werden diese Interessen durch eine Haftungsimmunität der Host-Provider hingegen vernachlässigt. Diese Situation ist insofern nicht hinnehmbar, als kein Grund dafür ersichtlich ist, der Ehre und dem Persönlichkeitsrecht einer Person im Internet einen ge-

[36] Vgl. *Waldenberger*, EuWZ 1999, 296/301.
[37] *Markiewicz*, 7 CommLaw Conspectus 423/437 (1999).

ringeren Schutz zukommen zu lassen als dem Urheberrecht[38]. Abzuwarten bleibt, ob die US-Rechtsprechung angesichts der Haftungsregelungen des DMCA auch von der aus § 230 (c) CDA entwickelten Haftungsimmunität der Host-Provider Abstand nimmt oder ob das unterschiedliche Haftungsniveau beibehalten wird. In Anbetracht des § 512 (c) DMCA scheint jedenfalls die Vermutung der Rechtsprechung widerlegt zu sein, daß der amerikanische Gesetzgeber die Verhinderung rechtswidriger Inhalte im Internet nicht über eine Haftung der Host-Provider erreichen will.

2. Access-Provider

Aufgrund der weiten Auslegung von § 230 (c) CDA als eine die deliktische Haftung der Host- und Access-Provider ausschließende Vorschrift besteht im Hinblick auf die rechtliche Situation der Access-Provider in den USA kein Unterschied zu der Rechtslage in Deutschland. Wird mit der Verantwortlichkeit im deutschen Recht über § 5 Abs. 3 TDG auch die Deliktshaftung ausgeschlossen, wird dieser Haftungsausschluß im amerikanischen Recht über § 230 (c) CDA bewirkt. Wie bereits dargelegt, ist eine so weitreichende Privilegierung der Access-Provider nicht gerechtfertigt, wenn diese wissentlich einen rechtswidrigen Inhalt zugänglich machen[39]. Würde die US-Rechtsprechung aus § 230 (c) CDA nur einen Ausschluß der „publisher liability", nicht aber einen zu einer Haftungsimmunität führenden Ausschluß der „distributor liability" herauslesen, wäre genau dieser Kritikpunkt ausgeräumt. Denn in diesem Fall wäre bei Kenntnis eines rechtswidrigen Inhalts eine Haftung der Access-Provider begründet.

III. Gesamtergebnis

Dem Internet wird in den USA als neuem Forum der Meinungsäußerung und Mittel der Informationsverbreitung eine überragende Bedeutung beigemessen. Die von der US-Rechtsprechung für die Deliktshaftung der Host-Provider gefundene Lösung einer Haftungsimmunität macht dabei deutlich, daß die Protektion des Internets in den USA zum Teil auch zu Lasten der durch rechtswidrige Inhalte im Internet Geschädigten geht. In Deutschland wird das Interesse an der Ausnutzung der mit dem Internet gegebenen vielfältigen Betätigungsmöglichkeiten hingegen mit dem Bedürfnis an einer Bekämpfung rechtswidriger Inhalte im Internet ausgeglichen. Für Host-Provider gilt dementsprechend auch keine Haftungsimmunität. Vielmehr wird die Haftung dieser Anbieter eingeschränkt, mit der an die Kenntnis eines rechtswidrigen Inhalts geknüpften Kontroll- und Sperrungspflicht zugleich aber die Bekämpfung rechtswidriger Inhalte im Internet gefördert. Gerade weil die im deutschen Recht mit § 5 Abs. 2 TDG gefundene Lösung auf diesem Weg zu ausgewogenen Resultaten führt, ist sie der im

[38] So auch Pincus, 2 Green Bag (1999) 279/287.
[39] Siehe hierzu vor allem Teil 1, VI. 3., S. 79.

amerikanischen Recht für Host-Provider entwickelten Haftungsimmunität vorzuziehen. Dies gilt um so mehr, wenn man bedenkt, daß diese Haftungsimmunität gegenüber Ehr- und Persönlichkeitsrechtsverletzungen, nicht aber gegenüber Urheberrechtsverletzungen besteht. Denn dieses abweichende Haftungsniveau erweckt den Eindruck, als würde das Urheberrecht einer Person wegen seiner finanziellen und wirtschaftlichen Bedeutung in den USA stärker geschützt als die Ehre und das Persönlichkeitsrecht.

Die eingangs angestellte Vermutung, die USA hätten wegen ihrer praktischen Erfahrung Lösungsansätze entwickelt, die sich für das Internet als besonders geeignet und für die Behandlung der Haftungsproblematik im deutschen Recht deshalb als nachahmenswert darstellen könnten, hat sich hinsichtlich der Host-Provider mithin nicht bestätigt. Zu diesem Ergebnis führt auch die Gegenüberstellung der deliktischen Haftung der Access-Provider im deutschen und amerikanischen Recht. Denn mit der von der US-Rechtsprechung auch für Access-Provider entwickelten Haftungsimmunität, die diese auch bei der positiven Kenntnis eines rechtswidrigen Inhalts von einer Haftung befreit, ist eben die Schwachstelle gegeben, die an der deutschen Regelung des § 5 Abs. 3 TDG kritisiert wurde. Das amerikanische Recht wird sich jedoch insofern auch auf die Behandlung der Deliktshaftung dieser Anbieter im deutschen Recht auswirken, als die für Host- und Access-Provider im DMCA enthaltenen Haftungsregelungen in der E-Commerce-Richtlinie Berücksichtigung gefunden haben. Die im amerikanischen Recht nur für Urheberrechtsverletzungen geltenden Haftungsregeln stellen sich als überaus gelungen dar. Als günstig für eine effektive Selbstregulierung des Internets erscheint hier insbesondere die Regelung des § 512 (c) (2) DMCA, nach der die mit § 512 (c) (1) DMCA den Host-Providern gewährten Haftungsbeschränkungen nur dann gelten, wenn der Host-Provider eine Person benennt, die Hinweise auf Urheberrechtsverletzungen entgegennimmt und bearbeitet[40]. Würde hieraus eine allgemeine, nicht auf Urheberrechtsverletzungen beschränkte Verpflichtung der Host-Provider entwickelt, wäre gewährleistet, daß kein Hinweis auf verdächtige Inhalte im Internet ohne Wirkung bliebe.

Obwohl die Kommunikation und Informationsverbreitung im Internet in den USA einen besonders umfassenden Schutz erfährt, geht dieser Schutz nicht so weit, als daß die von den Content-Providern begangenen unerlaubten Handlungen weniger streng als im Offline-Bereich geahndet würden. So gelten für Content-Provider, die rechtswidrige Inhalte in das Internet stellen, wie im deutschen Recht grundsätzlich keine milderen Haftungsregeln als für traditionelle Informationsanbieter. In beiden Rechtsordnungen wird jedoch deutlich, daß Sachverhalte, die aus dem Offline-Bereich bekannt sind, im Internet zum Teil eine besondere Behandlung verlangen. Im Recht der USA gilt dies in Anbetracht der von der Lehre geforderten Einstufung von Privatpersonen als im Bereich des „defamation law“ geringere geschützte „public figures“ bzw. „limited public figures“. Im deutschen Recht wird dies daran deutlich, daß für den an-

---

[40] *Markiewicz*, 7 CommLaw Conspectus 423/437 (1999).Vgl. auch *Sieber*, ZUM 1999, 196/205, der von einem „Urheberschutzbeauftragten“ spricht.

zulegenden Sorgfaltsmaßstab bei Ehr- und Persönlichkeitsrechtsverletzungen nach Art des abrufbar gemachten Inhalts zu differenzieren ist. Die Abweichungen, die bei der Gegenüberstellung der deliktischen Haftung der Content-Provider im deutschen und amerikanischen Recht festzustellen sind, beruhen allerdings weniger auf unterschiedlichen internetspezifischen Lösungsansätzen. Ausschlaggebend für die hier gegebenen Differenzen sind vielmehr die allgemeinen Unterschiede des deutschen und amerikanischen Deliktsrechts, insbesondere der verschieden starke Einfluß der Meinungs- bzw. Redefreiheit auf die Deliktshaftung.

Schlußbetrachtung

Das Internet, das seinen Nutzern als weltumspannendes Computernetzwerk eine einzigartige Form der Kommunikation und Informationsverbreitung ermöglicht, wirft durch seine technischen Eigenarten vor allem bei der Deliktshaftung der Host- und Access-Provider Probleme auf. Während sich die Frage einer Deliktshaftung der Content-Provider unter Zugrundelegung der allgemeinen deliktsrechtlichen Regeln lösen läßt, sind zu einer Bewältigung der Haftungsproblematik bei den Host- und Access-Providern darüber hinaus Regelungen erforderlich, die den spezifischen Besonderheiten des Internets Rechnung tragen.

Die Arbeit hat gezeigt, daß Deutschland mit den Verantwortlichkeitsregelungen der § 5 TDG, MDStV über ein Instrumentarium verfügt, das diesen neuartigen Problemstellungen gerecht wird und das die allgemeine deliktische Haftung in angemessener Form modifiziert. Der mit den §§ 5 TDG, MDStV gesuchte Ausgleich zwischen der Notwendigkeit, rechtswidrige Inhalte im Internet zu bekämpfen, und dem Interesse, die Weiterentwicklung des Internets nicht durch zu strenge rechtliche Rahmenbedingungen zu hemmen, läßt zudem erkennen, daß Deutschland sich zunehmend von dem ihm zunächst nachgesagten Status als „internetfeindlicher Staat“[1] distanziert. Dies bedeutet freilich nicht, daß die Behandlung der deliktischen Haftung der Internet-Service-Provider im deutschen Recht nicht auch deutliche Schwächen aufweisen würde. So hat sich insbesondere die zur Abgrenzung des TDG und MDStV durchgeführte, an den Kriterien der Individual- und Massenkommunikation orientierte Differenzierung zwischen Tele- und Mediendiensten nicht bewährt und bedarf einer Überarbeitung.

Dem Umstand, daß innerstaatliche Regelungen wie die §§ 5 TDG, MDStV wegen der weltweiten Verbreitung des Datenmaterials über das Internet nicht ausreichen können, um die damit einhergehende, eine Vielzahl von Rechtsordnungen einbeziehende Haftungsproblematik zu bewältigen, wird – zumindest auf EU-Ebene – durch die am 17. Juli 2000 in Kraft getretene E-Commerce-Richtlinie Rechnung getragen. Die in dieser Richtlinie enthaltenen Verantwortlichkeitsregelungen zielen auf eine Vereinheitlichung der bislang verschiedenen Lösungskonzepte, die in den Mitgliedstaaten der Europäischen Union für die Frage der Verantwortlichkeit der Host- und Access-Provider entwickelt wurden. Über die so geschaffene Basis für eine einheitliche rechtliche Behandlung dieser Anbieter ist mit Inkrafttreten der E-Commerce-Richtlinie auch eine rasche Angleichung der deliktischen Haftung dieser Anbieter zu erwarten. Die Verantwortlichkeitsregelungen der Richtlinie verfolgen mit ihrer für Host-Provider vorgesehenen Haftungsbeschränkung und dem für Access-Provider vorgesehenen Haftungsausschluß eine ähnliche Konzeption wie die §§ 5 TDG, MDStV. Für die deliktische Haftung dieser Anbieter nach deutschem Recht sind mit dem Inkrafttreten der E-Commerce-Richtlinie daher keine grundlegenden Änderungen zu erwarten. Etwas anderes gilt für die Rechtslage in Frankreich und England. Hier ergaben sich in

[1] Vgl. hierzu McGuire, 74 N. Y. U. L. Rev. 750/768 (1999) m. w. N.

der Vergangenheit erhebliche Rechtsunsicherheiten aus dem Mangel an internetspezifischen Regelungen. Unter dem Eindruck der gesetzgeberischen Tätigkeiten auf EU-Ebene hat der französische Gesetzgeber aber bereits Ende Juni 2000 Regelungen zur Haftung der Internet-Service-Provider geschaffen. Vor diesem Hintergrund ist der Vorstoß auf EU-Ebene nicht nur wegen der für die europäischen Mitgliedstaaten anstehenden Harmonisierung der Deliktshaftung zu begrüßen. Die E-Commerce-Richtlinie hat zudem bereits heute dazu beigetragen, daß die Ausnutzung der mit dem Internet gegebenen Betätigungsmöglichkeiten nicht durch zu unsichere rechtliche Rahmenbedingungen behindert wird.

Obwohl mit der Richtlinie zum E-Commerce bereits ein maßgeblicher Schritt in Richtung einer Harmonisierung im Bereich des Internets getan ist, kann eine solche auf die EU beschränkte Harmonisierung nicht ausreichen, um der globalen Dimension dieser Problematik gerecht zu werden. Dies gilt insbesondere vor dem Hintergrund, daß die USA als Marktführer im Bereich des Internets zumindest für die Frage einer deliktischen Haftung der Host-Provider einem abweichenden Lösungsansatz folgen. Die für die Host-Provider in der US-Rechtsprechung entwickelte Haftungsimmunität gegenüber Ehr- und Persönlichkeitsrechtsverletzungen macht die USA zu einem attraktiven Standort für als Host-Provider tätige Internet-Unternehmen. Um zu vermeiden, daß die mit dem Richtlinienvorschlag angestrebte Harmonisierung der Providerhaftung dadurch ihre Wirkung verfehlt, daß die Provider ihre Aktivitäten in die USA verlagern, muß der nächste Schritt eine Harmonisierung mit den Lösungsansätzen im amerikanischen Recht sein. Dabei wäre es jedoch verfehlt, wenn von der mit dem Richtlinienvorschlag verfolgten Lösung der „notice and take down procedures“, die in ähnlicher Form auch über § 5 Abs. 2 TDG erzielt wird, zugunsten der im amerikanischen Recht geltenden Haftungsimmunität abgewichen würde. Bei der Gegenüberstellung dieser Lösungsansätze konnte vielmehr festgestellt werden, daß mit einer Haftungsimmunität der Host-Provider die zur Verhinderung rechtswidriger Inhalte im Internet erforderliche Selbstregulierung gerade wegen fehlender Sanktionen nicht erreicht wird. Auch wenn die Behandlung der Deliktshaftung der Host-Provider in den USA aus diesem Grund nicht als Muster für eine vereinheitlichte Lösung der Haftungsproblematik dienen sollte, könnte dem US-amerikanischen Recht aus einem anderen Grund eine Vorbildfunktion zukommen. Denn das für Host- und Access-Provider im Bereich des Urheberrechts geltende Haftungssystem des Digital Millennium Copyright Act 1998 hat der europäischen Kommission als Vorbild für die Verantwortlichkeitsregelungen der E-Commerce-Richtlinie gedient. Die Ähnlichkeit dieser beiden Lösungen läßt immerhin hoffen, daß eine transatlantische Rechtsangleichung auf dieser Basis erfolgen wird.

Das im Hinblick auf die Deliktshaftung der Internet-Service-Provider zu verzeichnende Harmonisierungsbestreben bezieht sich nicht auf die Content-Provider. Die rechtsvergleichenden Betrachtungen haben zwar gezeigt, daß auch bei der Haftung der Content-Provider deutliche Abweichungen zu erkennen sind. Diese finden ihre Ursache jedoch vornehmlich in den allgemeinen Unterschieden der nationalen Deliktsrechte. Durch die grenzüberschreitende Natur der elektronischen te. Durch die grenzüberschreitende Natur der elektronischen Kommunikation und Informationsverbreitung im Internet erlangen diese nationalen deliktsrechtlichen Besonderheiten und deren kollisionsrechtliche Behandlung eine erhöhte praktische Relevanz.

Literaturverzeichnis

Ackermann, Stephan, Ausgewählte Rechtsprobleme der Mailbox-Kommunikation, Dissertation Saarbrücken 1994

Appleton, Heather, Is the freedom of speech more important than the protection of human life?, in: 12 Loyola of Los Angeles Entertainment Law Journal, S. 585 ff. (1992)

American Law Institute, Restatement of the Law, Second, Torts, Vol. 3, §§ 507-707 A St. Paul, Minnesota 1977; Third, Products Liability, St. Paul, Minnesota 1998

Ballon, Ian C., Zeran v. AOL 'Why the Fourth Circuit is wrong', in: Journal of Internet Law, März 1998, S. 6 ff.

Bar, Christian von, Verkehrspflichten, Köln, Berlin, Bonn, München 1980

Ders., Entwicklung und Entwicklungstendenzen im Recht der Verkehrs-(sicherungs)-pflichten, in: JuS 1988, S. 169 ff.

Ders. (Hrsg.), Deliktsrecht in Europa, Köln, Berlin, Bonn, München 1994

Barendt, Eric/ Lustgarten, Laurence/ Norrie, Kenneth/Stephenson, Hugh, Libel and the Media, Oxford 1997

Bayman, Andrew, Strict liability for defective ideas in publications, in: 42 Vand. L. Rev., S. 557 ff. (1989)

Beckmann, Kirsten/Müller, Ulf, Online übermittelte Informationen: Produkte i. S. d. Produkthaftungsgesetzes?, in: MMR 1999, S. 14 ff.

Bensousson, Alain, Le multimédia et le droit, Paris 1996

Bérnat, Cécile, Les autoroutes de l'information, Paris 1997

Beucher, Klaus/ Leyendecker, Ludwig/ Rosenberg, Oliver von, Mediengesetze Kommentar zum Rundfunkstaatsvertrag, Mediendienstestaatsvertrag, Teledienstegesetz und Teledienstedatenschutzgesetz, München 1999

Bitan, Hubert, L'Internet représente-t-il une menace pour l'ordre public?, in: Expertises des systèmes d'information, Juli/August 1996, S. 266 ff.

Ders., Acteurs et responsabilité sur l'Internet", in: Gaz. Pal. 19-21 April 1998, S. 37 ff.

Bormann, Dirk Gerald, Die Praxis des Persönlichkeitsrechtsschutzes in Frankreich, Dissertation München 1974

Brazier, Magaret, Street on Torts, 8. Auflage London/Edinburgh 1988

Brelsford, James F., Online liability issues, in: First Annual Internet Law Institute, New York 1997, S. 471

Brelsford, James F./Wong, Nicole A., Online liability issues: defamation, invasion of privacy and negligent publishing", in: Practising Law Institute, Patents, Copyrights, Trademarks, and Literary Property Course Handbook Series, PLI Order No. G0-0001, Juni 1998, S. 707 ff.

Brisch, Klaus M., EU-Richtlinienvorschlag zum elektronischen Geschäftsverkehr, in: CR 1999, S. 235 ff.

Bröhl, Jörg M., Rechtliche Rahmenbedingungen für neue Informations- und Kommunikationsdienste, in: CR 1997, S. 73 ff.

Brüggemeier, Gert, Produzentenhaftung nach § 823 Abs. 1 BGB, in: WM 1982, S. 1294 ff.

Bullinger, Martin, Der Rundfunkbegriff in der Differenzierung kommunikativer Dienste, in: AfP 1996, S. 1 ff.

Cahn, Andreas, Produzentenhaftung für geistig verkörperte Leistungen, in: NJW 1996, 2899 ff.
Campbell, Christian (Hrsg.), International Media Liability – Civil Liability in the Information Age, Chichester 1997
Carter-Ruck, Peter F./ Starte, Harvey, Carter-Ruck on Libel and Slander 5. Auflage Edinburgh/London 1997
Cavazos, Edward A./Morin, Gavino, Cyberspace and the Law, Massachusetts 1994
Central Computer and Telecommunication Agency (CCTA), Legal issues and the Internet, London 1996
Chauleur, Pierre, Problèmes juridiques posés par Internet, in: Le Courrier Juridique des Finances, n° 87, Mai 1998, S. 1 ff.
Clark, David S./Ansay, Tugrul, Introduction to the Law of the United States, Boston 1992
Collins, Val, Privacy in the United Kingdom: a right conferred by Europe?, in: International Journal of Law and Technology, Winter 1993, S. 290 ff.
Conseil d'Etat, Section du rapport et des études, Internet et les réseaux numériques Etude adoptée par l'Assemblée générale du Conseil d' Etat, Paris, 2. Juli 1998
Cummins, Guylyn, Reno v. Aclu: The First Amendment on the Internet, in: Journal of Internet Law, September 1997, S. 1 ff.

Davidson, Stephen J./Podkopacz, Jerry S./Dechery, Laurie J., The Law of Cyberspace: Liability of Information Service Providers, in: Journal of Internet Law, July 1998, S. 14 ff.
Delaney, John F./Kim, Michelle N./Isser, Deborah H., The Law of the Internet: a summary of the U. S. Internet caselaw and legal developments, in: Practising Law Institute, Patents, Copyrights, Trademarks, and Literary Property Course Handbook Series, PLI Order No. GO-0044, Januar 1999, S. 63 ff.
Delta, George B./Matsuura, Jeffrey H., Law of the Internet, New York 1997
Deprez, Pierre/Fauchoux, Vincent, Les fournisseurs d'accès à l'Internet et le droit français", in: Expertises des systèmes de l'information, Dezember 1996, S. 429 ff.
Dies., Lois, Contrats et Usages du Multimédia, Paris 1997
Derieux, Emanuel, Droit de la communication, Paris 1991
Determann, Lothar, The New German Internet Law, in: 22 Hastings Int'l & Comp. L. Rev., S. 113 ff. (1998)
Deutsch, Ernst, Unerlaubte Handlung, Schadensersatz und Schmerzensgeld, 3. Auflage Köln, Bonn, Berlin, München 1995
Diederichsen, Uwe, Wohin treibt die Produzentenhaftung?,in: NJW 1978, S. 1281 ff.
Dupuis-Toubol, Frédérique/Tonnelier, Marie-Hélène/Lemarchand, Stèphane, Responsabilité civile et Internet", in: JCP 1997, éd. E, n° 13, S. 135 ff.

Eldregde, Laurence H., The Law of Defamation, Indianapolis, New York 1978
Engel, Christoph, Inhaltskontrolle im Internet, in: AfP 1996, S. 220 ff.
Engel-Flechsig, Stefan, Das Informations- und Kommunikationsdienstegesetz des Bundes und der Mediedienstestaatsvertrag der Länder, in: ZUM 1997, S. 231 ff.
Engel-Flechsig, Stefan/Maennel, Fritjof A./Tettenborn, Alexander, Neue gesetzliche Rahmenbedingungen für Multimedia, Heidelberg 1998
Dies., Das neue Informations- und Kommunikationsdienste-Gesetz, in: NJW 1997, S. 2982 ff.
Engel-Flechsig, Stefan/Roßnagel, Alexander, Multimedia-Recht, München 1998

Falque-Pierrotin, Isabelle, Internet, Enjeux juridiques, Rapport au ministre délégué à la Poste aux Télécommunications et à l'Espace et au ministre de la culture, Mission Interministrielle sur l'Internet, Paris 1997

Federrath, Hannes, Zur Kontrollierbarkeit des Internet, in: ZUM 1999, S. 177 ff.

Ferid, Murad/Sonnenberger, Hans-Jürgen, Das französische Zivilrecht, Bd.1/1, 2. Auflage Heidelberg 1994, Bd. 2, 2. Auflage Heidelberg 1986

Finsterwald, Jacques, L'Internet, les enjeux pour la France, in: Lamy droit de l'informatique, Bulletin d'actualité, n° 98, Dezember 1997, S. 10.

Fikentscher, Wolfgang, Schuldrecht, 9. Auflage Berlin, New York 1997

Flechsig, Norbert P., Haftung von Online-Diensteanbietern im Internet, in: AfP 1996, S. 333 ff.

Ders., Rechtsprobleme internationaler Datennetze im Lichte des Persönlichkeits- und Äußerungsrechts, in: Becker (Hrsg.), Rechtsprobleme internationaler Daten netze, Baden-Baden 1996

Foerste, Ulrich, Die Produzentenhaftung für Druckwerke, in: NJW 1991, S. 1433 ff.

Franklin, Marc A./Anderson, David A., Mass Media Law, Cases and Materials 5. Auflage Westbury, New York 1995

Frank, Karen S., Potential liability on the Internet, in: Practising Law Institute, Patents, Copyrights, Trademarks, and Literary Property Course Handbook Series, PLI Order No. G4-3962, März 1996

Freytag, Stefan, Urheberrechtliche Haftung im Netz, in: ZUM 1999, S. 185 ff.

Friedmann, Jessica R., Defamation, in: 64 Fordham L. Rev., S. 794 ff. (1995)

Gamm, Otto Friedrich Freiherr von, Persönlichkeitsschutz und Massenmedien, in: NJW 1979, S. 513 ff.

Godwin, Mike, Cyber Rights - Defending Free Speech in the Digital Age, New York, Toronto 1998

Gounalakis, Georgios, Der Mediendienste-Staatsvertrag der Länder, in: NJW 1997, S. 2993 ff.

Gray, John A., Strict liability for the dissemination of dangerous information, in: 82 Law. Libr. J., S. 497 ff. (1990)

Grazia Blumenfeld, Elisabeth de/Carome, Patrick J./Jain, Samir, Federal immunity for Online-Services – 47 U. S. C. Paragraph 230, in: Journal of Internet Law, Januar 1999, S. 20 ff.

Grimm, Dieter, Die Meinungsfreiheit in der Rechtsprechung des Bundesverfassungsgerichts, in: NJW 1995, S. 1697 ff.

Guimezanes, Nicole, Introduction au droit français, Baden-Baden 1995

Guenther, Nancy W., Good Samaritan to the Rescue: America Online free from publisher and distributor liability for anonymously posted information, in: Communication and the Law, Juni 1998, S. 35 ff.

Haedicke, Maximilian, Lex informatica oder allgemeines Deliktsrecht?, in: CR 1999, S. 309 ff.

Hardy, Trotter, The proper legal regime for Cyberspace, in: 55 U. Pitt. L. Rev., S. 993 ff. (1994)

Helle, Ernst, Der Schutz der Persönlichkeit, der Ehre und des wirtschaftlichen Rufes im Privatrecht, 2. Auflage Tübingen 1969

Hermann, Richard P., Who is liable for Online Libel, in: 8 St. Thomas L. Rev., S. 423 ff. (1996)

Hochstein, Rainer, Teledienste, Mediendienste und Rundfunkbegriff – Anmerkungen zur praktischen Abgrenzung multimedialer Erscheinungsformen, in: NJW 1997, S. 2977 ff.
Höckelmann, Eckhard, Die Produkthaftung für Verlagserzeugnisse, Dissertation Freiburg 1994
Ders., Die deliktische Produkthaftung für Verlagserzeugnisse, in: UFITA Bd. 135 (1997), S. 81 ff.
Hoeren, Thomas (Hrsg.)/Sieber, Ulrich, Handbuch Multimediarecht, Loseblatt-Sammlung, München, Stand: 1998
Hoeren, Thomas, Vorschlag für eine EU-Richtlinie über E-Commerce, in: MMR 1999, S. 192 ff.
Hoffmann-Riem, Wolfgang, Der Rundfunkbegriff in der Differenzierung kommunikativer Dienste", in: AfP 1996, S. 9 ff.
Hübner, Ulrich, Die Haftung des Gardien im französischen Zivilrecht, Karlsruhe 1972
Hübner, Ulrich/Constantinesco, Vlad, Einführung in das französische Recht, 3. Auflage München 1994
Huet, Jerôme, La responsabilité du fait de l'information, in: RTDciv, April/Juni 1988, S. 355 ff.
Huet, Jerôme/Maisl, Herbert, Droit de l'Informatique et des Télécommunications, Paris 1989

Iteanu, Olivier, Internet et le Droit, Paris 1996

Jarass, Hans/Pieroth, Bodo, Grundgesetz für die Bundesrepublik Deutschland, Kommentar, 4. Auflage München 1997
Johnson-Laird, Andy/Johnson-Laird, Niels, A house divided: Internet technology from the ground up", in: Journal of Internet Law, Juli 1997, S. 16 ff

Kahn, Daniel, Le statut des fournisseurs d'accès à l'Internet: trois pas en avant, in: Lamy droit de l'informatique, Bulletin d'actualité, n° 84, August/September 1996, S. 1 ff.
Kaogeropoulos, Léonidas, Quelques leçons des tentatives avortées de régulation d'internet, in: Gaz. Pal. 25/26. Oktober 1996, S. 29 ff.
Koch, Frank A., Internetrecht, München, Wien 1998
Ders., Zivilrechtliche Anbieterhaftung für Inhalte in Kommunikationsgesetzen, in: CR 1997, S. 193 ff.
Köster, Oliver/Bonin, Andreas von, Internet im Lichte neuer Gesetze, in: ZUM 1997, S. 821 ff.
Kötz, Hein, Deliktsrecht, 8. Auflage Neuwied 1998
Kreuzberger, Thomas, Internet – Geschichte und Begriff eines neuen Mediums, Wien, Köln, Weimar 1997
Kröger, Detlef/ Moss, Flemming, Mediendienst oder Teledienst? Zur Aufteilung der Gesetzgebungsmaterie Informations- und Kommunikationsdienste zwischen Bund und Ländern, in: AfP 1997, S. 675 ff.
Kurnit, Richard, Liability Online, in: Journal of Internet Law, Juni 1998, S. 15 ff.
Kurz, Raymond, Internet and the Law, Rockeville, Maryland 1996

Lambertie, Isabelle de, La responsabilité sur l'internet est un problème de qualification, in: Droit et Patrimonie, n° 55, S. 70 ff (1997)
Lang, Elisabeth, Die Haftung für Fehler in Druckwerken, Dissertation Erlangen-Nürnberg 1982

Larenz, Karl, Lehrbuch des Schuldrechts, Erster Band, AT, 14. Auflage München 1987
Larenz, Karl/Canaris, Claus-Wilhelm, Lehrbuch des Schuldrechts, Zweiter Band, BT/II 13. Auflage München 1994
Larroumet, Christian, La responsabilité du fait des produits défectueux après la loi du 19 mai 1998, in: Recueil Dalloz, 1998, Cahier Chronique, S. 311 ff.
Legler, Thomas, Das Recht am eigenen Bild auf der Datenautobahn, in: CR 1999, S. 439 ff.
Lehmann, Michael (Hrsg.), Internet und Multimediarecht (Cyberlaw), Stuttgart 1997
Lehmann, Michael, Unvereinbarkeit des § 5 TDG mit Völker- und Europarecht, in: CR 1998, S. 232 ff.
Lemeurier, François, Droit civil, 9. Auflage Paris 1991
Lewin, Tamar, If a flame signe, who is to blame?, in New York Times, 25. September 1994, Paragraph 4/3
Löffler, Martin/Ricker, Reinhart, Handbuch des Presserechts, 3. Auflage München 1994
Loewenheim (Hrsg.)/Koch, Frank A., Praxis des Online-Rechts, Rechtsfragen des elektronischen Geschäftsverkehrs, Weinheim, New York, Chichester, Brisbane, Singapore, Toronto 1998
Lloyd, Ian J., Liabilities for the Content of Online Services, in: 5 International Journal of Law and Information Technology, Winter 1995, S. 272 ff.
Luftman, Douglas B., Defamation liability for Online Services: The sky is not falling, in: 65 Geo. Wash. L. Rev., S. 1071 ff. (1996/1997)

Maennel, Fritjof A., Elektronischer Geschäftsverkehr ohne Grenzen – der Richtlinienvorschlag der Europäischen Kommission, in: MMR 1999, S. 187 ff.
Maisl, Herbert, Le droit du multimédia, Rapport de l'AFTEL, Paris, Juni 1996, S. 169 ff.
Mankowski, Peter, Internet im internationalen Vertrags- und Deliktsrecht, in: 63 RabelZ, S. 205 ff. (1999)
Markiewicz, Jennifer E., Seeking shelter from the MP3 Storm: How far does the Digital Millennium Copyright Act Online Service Provider liability limitation reach?, in: 7 CommLaw Conspectus S. 423 ff. (1999)
Martenczuk, Bernd, Die Haftung für Mediendienste zwischen Bundes- und Landesrecht, in: ZUM 1999, S. 104 ff.
Marty, Gabriel/Raynaud, Pierre, Droit civil, Les obligations, Band 1, 2. Auflage Paris 1988
Maunz, Theodor/Dürig, Günter/Herzog, Roman/ Scholz, Rupert, Grundgesetz, Kommentar, Bd. IV Art. 70-91 b, Loseblatt-Sammlung, Stand: 35. Ergänzungslieferung, Februar 1999, München
Max Planck Institut für ausländisches und internationales Privatrecht, Der zivilrechtliche persönlichkeits- und Ehrschutz in Frankreich, Schweiz, England und den Vereinigten Staaten von Amerika, Gutachten Tübingen 1960
Mayer, Franz, Recht und Cyberspace, in NJW 1996, S. 1782 ff.
Mazeaud, Henri et Léon/Mazeaud, Jean/Chabas, François, Leçons de Droit Civil, Teil 1, Band 2, 8. Auflage Paris 1997
McCarthy, J. Thomas, The Rights of Publicity and Privacy, Loseblatt-Sammlung, Stand: März 1999, St. Paul, Minnesota
McGuire, John F., When speech is heard around the world: Internet content regulation in the United States and Germany, in: 74 N. Y. L. Rev., S. 750 ff. (1999)
Medicus, Dieter, Bürgerliches Recht,18. Auflage München 1999

Mertens, Hans-Joachim, Verkehrspflicht und Deliktsrecht – Gedanken zur Dogmatik der Verkehrspflichtverletzung, in: VersR 1980, S. 379 ff.

Millstein, Julian/Neuberger, Jeffrey/Weingart, Jeffrey, Doing Business on the Internet: Forms and Analysis, New York 1998

Müller-Terpitz, Ralf, Regelungsreichweite des § 5 MDStV, in: MMR 1998, S. 478 ff.

Münchener Kommentar zum Bürgerlichen Gesetzbuch, Rebmann, Kurt/Säcker, Franz Jürgen/Rixecker, Roland (Hrsg.), Bd. 1 Allgemeiner Teil , 3. Auflage München 1993, Bd. 5 Schuldrecht BT/III , 3. Auflage München 1997

Myers, Brett Lee, Read at your own risk: publisher liability for defective how-to-books, in: 39 Ark. L. Rev., S. 477 ff (1991)

Nolte, Georg, Falwell vs. Strauß: Die rechtlichen Grenzen politischer Satire in den USA und der Bundesrepublik, in: EuGRZ 1988, S. 253 ff.

Neumann-Duesberg, Horst, Die verlegerischen Gefahrabwendungspflichten, in: NJW 1966, S. 624 ff.

Neumann-Klang, Sybille, Das Recht am eigenen Bild aus rechtsvergleichender Sicht, Frankfurt 1999

Nimmer, Raymond T., The Law of Computer Technology, Loseblatt-Sammlung, Stand: 1999, New York

O'Neil, Robert M., The Drudge case: a look at issues in cyberspace defamation, in: 73 Wash. L. Rev., S. 623 ff. (1998)

Palandt, Heinrich (Begr.), Bürgerliches Gesetzbuch, 58. Auflage München 1999

Perle, Gabriel E./Williams, John Taylor, The Publishing Law Handbook, Band 1, 2. Auflage New York 1998

Peters, Butz, Die publizistische Sorgfalt, in: NJW 1997, S. 1334 ff.

Person, Hillary E., Liability of Internet Service Provider, in: Journal of Internet Law, August 1997, S. 1 ff.

Dies., Defamation on the Internet: An International Perspective, in: Journal of Internet Law, Januar 1998, S. 16 ff.

Pichler, Rufus, Haftung des Host-Providers für Persönlichkeitsrechtsverletzungen vor und nach dem TDG, in: MMR 1998, S. 79 ff.

Piette-Coudol, Thierry/Bertrant, André, Internet et la Loi, Paris 1997

Pincus, Walter, The Internet paradox libel, slander & the First Amendment in Cyberspace, in: 2 Green Bag 2d, S. 279 ff (1999)

Porter, Fia F., Defamation speech on the Internet – Dish to be served chilled?, in N. Y. L. Sch. L. Rev., S. 732 ff. (1997)

Prinz, Matthias/Peters, Butz, Medienrecht, München 1999

Prosser, William Lloyd/Keeton, W. Page, The Law of Torts, 5. Auflage St. Paul, Minnesota 1984

Prosser, William Lloyd/Wade, John W./Schwartz, Victor E., Cases and Materials on Torts, 9. Auflage Westbury, New York 1994

Rath-Glawatz, Michael, Freiwillige Selbstkontrolle Multimedia Diensteanbieter e. V., in: CR 1997, S. 766 ff.

Reimann, Matthias, Einführung in das US-amerikanische Privatrecht, München 1997

Ricker, Reinhart, Unternehmensschutz und Pressefreiheit, Heidelberg 1989

Ricker, Reinhart/Müller-Malm, P., Auswirkung des zukünftigen Produkthaftungsgesetzes auf Presseverlage, in: AfP 1988/89, S. 506 ff.

Risacher, Nancy, La régulation des contenus illégaux et préjudiciables sur Internet, in: Lamy droit de l'informatique, n° 92, Mai 1997, S. 9 ff.
Rogers, W. V. H., Winfield & Jalowicz on Torts, 14.Auflage London 1994
Rolland, Walter, Produkthaftungsrecht, München 1990
Röhl, Klaus, Fehler in Druckwerken, in: JZ 1979, S. 369 ff.
Rose, Lance, Netlaw, Berkley, California 1995
Ross, Sandra, The imposition of tort liability on publishers who fail to warn, in: 39 Wayne L. Rev., S. 261 ff. (1992)

Salt, John Peter, Liability for Information and the Information Society, in: 5 International Journal of Law and Information Technology, S. 308 ff. (1997)
San Filippo, Augustin J., Publisher's liability for non defamatory torts, in: 18 Trial Law Q. , S. 55 ff. (1987)
Saxby, Stephen, Encyclopedia of Information Technology Law, London 1997
Schmitz, Inge, Persönlichkeitsrechte und zivilrechtliche Deliktshaftung im französischen und deutschen Recht, Dissertation Münster 1967
Schönke, Adolf (Begr.)/Schröder, Horst, Strafgesetzbuch, Kommentar 25. Auflage München 1997
Schulz, Wolfgang, Regulierung von Medien- und Telediensten, Reihe Arbeitspapiere des Instituts für Rundfunkökonomie an der Universität zu Köln, Mai 1997
Sédaillon, Valérie, Droit de l'Internet, Paris 1996
Sieber, Ulrich, Kontrollmöglichkeiten zur Verhinderung rechtswidriger Inhalte in Computernetzen, Teil 1 in: CR 1997, S. 581 ff.; Teil 2 in: CR 1997, S. 653 ff
Ders., Haftung für Online-Datenbanken, in: CR 1992, S. 518 ff.
Ders., Die Verantwortlichkeit von Internet-Providern im Rechtsvergleich, in: ZUM 1999, S. 196 ff.
Sheridan, David R., Zeran v. AOL and the effect of section 230 of the Communications Decency Act upon liability for defamation on the Internet, in 61 Alb. L. Rev., S. 147 (1997-1998)
Simitis, Spiros, Produzentenhaftung: von der strikten Haftung zur Schadensprävention, in: FS für Konrad Duden zum 70. Geburtstag, S. 605 ff., München 1977
Simon, Todd F., Libel as malpractice: News media ethics and the standart of care, in: 53 Fordham L. Rev., S. 449 ff (1984)
Smith, Gerald R., Media liability for physical injury resulting from the negligent use of words, in: 72 Minn. L. Rev., S. 1193 (1988)
Smith, Graham J. H., Internet Law and Regulation, London 1996
Soerhring, Jörg, Presserecht, 2. Auflage Stuttgart 1995
Soergel, Hans Theodor (Begr.)/Sieber, W. (Hrsg.), Bürgerliches Gesetzbuch Bd. 5/2, Schuldrecht IV/2, Stuttgart, Berlin, Köln, Frühjahr 1998
Spindler, Gerald, Deliktsrechtliche Haftung im Internet – nationale und internationale Probleme, in: ZUM 1996, S. 533 ff.
Ders., Haftungsrechtliche Grundprobleme der neuen Medien, in: NJW 1997, S. 3193 ff.
Ders., Verschuldensunabhängige Produkthaftung im Internet, in: MMR 1998, S. 119 ff.
Ders., Verschuldensabhängige Produkthaftung im Internet, in: MMR 1998, S. 23 ff.
Ders., Dogmatische Strukturen der Verantwortlichkeit der Diensteanbieter nach TDG und MDStV, in: MMR 1998, S. 639 ff.
Ders., Verantwortlichkeit von Diensteanbietern nach dem Vorschlag einer E-Commerce-Richtlinie, in MMR 1999, S. 199 ff.
Ders., Der neue Vorschlag einer E-Commerce-Richtlinie, in: ZUM 1999, S. 775 ff.

Starck, Boris, Droit civil, Obligations, Responsabilité délictuelle, 2. Auflage Paris 1985
Street, Lawrence, Law of the Internet, Charlottsville, Virginia 1997
Stone Weber, Jeremy, Defining Cyberlibel: A First Amendment limit for libel suits against individuals arising from computer Bulletin Board speech, in: 46 Case W. Res. L. Rev., S. 235 ff. (1995)

Taschner, Hans Claudius, Die künftige Produzentenhaftung in Deutschland, in: NJW 1986, S. 611 ff.
Taschner, Hans Claudius/Frietsch, Edwin A., Produkthaftungsgesetz, Kommentar 2. Auflage München 1990
Terré, François/Simler, Philippe/Lequette, Yves, Drot civil, Les obligations 6. Auflage Paris 1996
Toedt, D. C., The Internet: New issues confront the old law, in Journal of Internet Law, September 1997, S. 20 ff.
Ders., Torts liability in Cyberspace, in: Journal of Internet Law, Januar 1998, S. 16 ff.
Toulemon, André, Code de la Presse, 2. Auflage Paris 1960
Tourneau, Philippe le, La responsabilité civile, 3. Auflage Paris 1982
Tourneau, Philippe le/Cadiet, Loic, Droit de la responsabilité, Paris 1998

Vajou, Michel, La responsabilité civile et pénale des producteurs et diffuseurs d'information électronique, in : Lamy droit de l'informatique, Bulletin d'actualité, n° 85, Oktober 1996, S. 10 ff.
Vivant, Michel /Stanc, Christian le (Hrsg.), Lamy droit de l'informatique et des réseaux, Paris 1997

Waelde, Charlotte/Edwards, Lilian, Defamation and the Internet: a case study of anomalies and difficulties in the Information Age, in: 10 International Review of Law Computers and Technology, S. 263 ff. (1996)
Waldenberger, Arthur, Teledienste, Mediendienste und die Verantwortlichkeit ihrer Anbieter, in: MMR 1998, S. 125 ff.
Ders., Zur zivilrechtlichen Verantwortlichkeit für Urheberrechtsverletzungen im Internet, in: ZUM 1997, S. 176 ff.
Wenzel, Karl Egbert, Das Recht der Wort- und Bildberichterstattung, 4. Auflage Köln 1996
Ders., Wahrheit und Wertung in der Pressekritik, in: AfP 1979, S. 276 ff.
Westphalen, Friedrich Graf von, Produkthaftungshandbuch, Band 1, 2. Auflage München 1997, Band 2, 1. Auflage München 1991
Wimmer, Norbert/Michael, Gerhard, Der Online-Provider im neuen Multimediarecht, Baden-Baden 1998

Zöllner, Guido, Ehrschutz in den Vereinigten Staaten von Amerika – Vorbild für Deutschland?, in: ZUM 1997, S. 719 ff.
Zweigert, Konrad/Kötz, Hein, Einführung in die Rechtsvergleichung, 3. Auflage Tübingen 1996
Zuckmann, Harvey C./Corn-Revere, Robert C./Frieden, Robert M./Kennedy, Charles, Modern Communication Law, Band 1, St. Paul, Minnesota 1999

Kolibri 360 GmbH
Ferdinand-Jühlke-Straße 7
99095 Erfurt, Deutschland
produktsicherheit@kolibri360.de

Druck:
CPI Druckdienstleistungen GmbH
im Auftrag der
Kolibri 360 GmbH
Ferdinand-Jühlke-Str. 7
99095 Erfurt